Hildegard

GEO GRAPHIE 2

MENSCH UND RAUM

Hessen – Band 2

Herausgegeben und bearbeitet von:

Volkmar Günl, Manfred Heuser
Kurt-Willi Julius, Reinhard Martin
Ursula Mink, Eckart Pflüger, Dr. Hartmut Schulze

mit Beiträgen von:
Hans Gerst, Rainer Koch, Dr. Erhard Neuhoff
Edgar Reinert, Agathe Schüren
Ursula Steyer-Heidenreich

in Zusammenarbeit mit der Verlagsredaktion

Cornelsen

Titelfoto: Geysir auf Island (Julius)

Redaktion:
Gabriele Vogelsang
Gestaltung und technische Umsetzung:
Bernd Schirok
Kartographie und Graphik:
Carlos Borrell, Berlin;
Skip G. Langkafel, Berlin

1. Auflage Druck 4 3 2 1 Jahr 99 98 97 96

Alle Drucke dieser Auflage können im Unterricht nebeneinander verwendet werden.

Druck: Cornelsen Druck, Berlin

ISBN 3-464-08258-X

Bestellnummer 82580

gedruckt auf säurefreiem Papier, umweltschonend hergestellt aus chlorfrei gebleichten Faserstoffen

Inhaltsverzeichnis

Natur und Mensch 4

Die Entstehung der Erde 6

Der Schalenbau der Erde 10
1. Der Aufbau der Erde 10
2. Kontinente wandern 12

Formenwandel an der Erdoberfläche 14
1. Verwitterung und Abtragung 14
2. Ablagerung durch Wind und Wasser 16
3. Der Kreislauf der Gesteine 18
4. Die Arbeit des Eises 21
5. Das Meer formt die Küste 24

Kräfte aus der Erde 26
1. Erdbeben in Kalifornien 26
2. Tsunamis 29
3. Leben am Vulkan 30

Naturgefahren – Naturkatastrophen 32
1. Bergstürze, Lawinen und Muren im Gebirge 32
2. Wirbelstürme und Hochfluten in Bangla Desh 34
3. Hochwasser – immer öfter? 36
4. Gibt es Schutz vor Erdbeben? 37

Projekt: Nutzung der Naturkräfte 40
1. Wasser für Mühlen und Kraftwerke 42
2. Strom und Wärme von der Sonne 44
3. Stromerzeugung durch Wind 46
4. Wärme aus dem Erdinneren 47
5. Wärme und Strom aus Abfällen und Biomasse 48

Überblick: Nutzung dauerhafter Energiequellen 50

Kennzeichen für eine Gruppenaufgabe

Die Natur hat System 52

1. Die Entstehung der Jahreszeiten 54
2. Woher kommt der Wind? 56
3. Der Passat 57

Klimazonen und Landschaftsgürtel 58
1. Das Klimadiagramm 58
2. Die Klimazonen 59
3. Die Landschaftsgürtel 61

Überblick: Die Zonen der Erde 64

Menschen verändern ihren Lebensraum 66

Von der Wetterbeobachtung 68

Klima und Klimaänderungen 70

Der Treibhauseffekt: warm – wärmer – zu warm 72

Ozon: unten zu viel, oben zu wenig 74

Trinkwasser aus dem Hessischen Ried 76
1. Wasser für Frankfurt und Wiesbaden 76
2. Das Hessische Ried 78
3. Ökologische Folgen der Grundwasserentnahme 79

Das Halligmeer – ein Naturraum verändert sich 80
1. Die Entstehung der Halligen 80
2. Das Meer bedroht das Leben 81
3. Das Leben auf den Halligen im Wandel 82
4. Nationalpark Wattenmeer 83

Waldsterben und saurer Regen 84
1. Der Wald stirbt 84
2. Die Mittelgebirge im Überblick 88

Tropischer Regenwald: Nutzung und Gefährdung 90
1. Lebensgemeinschaft tropischer Regenwald 90
2. Der Regenwald Malaysias – ein unendlicher Holzlieferant? 92
3. Plantagenpflanzungen in Westmalaysia 94

Projekt: Der Regenwald braucht uns nicht – Wir brauchen den Regenwald 98

Großstaudämme – nur Eingriffe in die Natur? 100
1. Der Assuan-Staudamm – Erfolg oder Fehlschlag? 102
2. Der Atatürk-Stausee – Beginn eines Konflikts? 108

Leben im Sahel 110
1. Nomaden in der Sahelzone 110
2. Dürre und Desertifikation 112

Schatten über dem Sonnenstaat Kalifornien 114
1. Intensive Landwirtschaft durch Bewässerung 117
2. Wasser für Kaliforniens heißen Süden 118
3. Grundwasserprobleme im Salinas-Tal 119

Überblick: Unser Lebensraum verändert sich 120

Geobausteine 124

1. Arbeiten mit Tabellen 124
2. Arbeiten mit Diagrammen 125

Register 126
Bildquellen 128

Natur und Mensch

Edertalsperre – Nutzung der Wasserkraft

Stromboli – gefährdeter Lebensraum am Vulkan

Herborn – Gefährdung durch Hochwasser

Die Entstehung der Erde

Der älteste Urahn der Menschen!
Ein sensationeller Fund in der äthiopischen Wüste. Nicht weit entfernt von jener Stelle, wo man die bis dahin ältesten Relikte des Menschen gefunden hatte, entdeckte man 4,5 Mio Jahre alte Knochenreste. Mit ihnen läßt sich die Ahnenreihe des Menschen um weitere 0,5 Mio Jahre zurückverfolgen.

(nach: Bild der Wissenschaft 11/1994)

„Am Anfang schuf Gott Himmel und Erde; die Erde aber war wüst und wirr, Finsternis lag über der Urflut. [...]
Gott sprach: Es werde Licht. [...]
Dann sprach Gott: Das Wasser sammle sich an einem Ort, damit das Trockene sichtbar werde. So geschah es. Das Trockene nannte Gott Land, das Wasser Meer. [...]
Gott machte die beiden großen Lichter, das größere, das über den Tag herrscht, das kleinere, das über die Nacht herrscht, und die Sterne. [...]
Dann sprach Gott: Das Wasser wimmle von Leben [...], das Land bringe alle Arten von lebendigen Wesen hervor. [...] Gott schuf also den Menschen als sein Abbild."

(1. Buch Mose, 1 – 27)

„Einst lebte die Menschheit in einem himmlischen Paradies. Unter dem Himmel lag nicht Erde, sondern so weit man blickte, dehnte sich das Meer. Über dem Himmel stand noch keine Sonne, doch er war durchleuchtet vom Baum des Lichtes, der vor dem Haus des Himmelsherrn leuchtete.

Eines Tages tauchte eine große Wasserschildkröte auf, hob ihren Panzer über den Meeresspiegel, während die anderen Meerestiere zum Meeresboden hinabtauchten, um dort Schlamm und Sand zu holen. Sie warfen den Schlamm auf den Panzer der Schildkröte, und es entstand eine Insel, die nach und nach größer wurde. Durch Zauberkraft vermehrte sich die Insel, und es entstand die Welt. Pflanzen und Tiere begannen sich zu verbreiten."

(Indianische Schöpfungsgeschichte)

Lange Zeit herrschte in Europa der Glaube an die biblische Schöpfungsgeschichte vor. Sie schien die Frage nach der Entstehung der Erde zu beantworten.

Im 17. Jahrhundert verkündete der irische Erzbischof Usher, der die Ausführungen der Bibel wörtlich nahm, daß die Erde am 26. Oktober 4004 v. Chr. um 9:00 Uhr morgens erschaffen worden sei.

Die Frage nach dem „Woher" hat die Menschen schon immer stark beschäftigt. Deshalb gibt es bei allen Völkern Erzählungen, die sich mit der Entstehung des Weltalls, der Erde und des Lebens befassen.

Diese Schöpfungsmythen sind religiöse Deutungen. In den letzten Jahrhunderten vor Christi Geburt versuchten die Griechen auf Grund von Beobachtungen, naturwissenschaftliche Erklärungen zu finden.

Heute ermöglichen es moderne Forschungsmethoden und Techniken, Aussagen über die Entstehung des Universums, unseres Planetensystems sowie der Erde zu machen:

- Moderne Teleskope, mit denen nicht nur Licht, sondern auch andere Energieformen empfangen werden können, und Satelliten ermöglichen es, ferne Sterne und Galaxien zu beobachten. Dabei wurde festgestellt, daß diese sich mit rasender Geschwindigkeit von einem gemeinsamen Mittelpunkt entfernen. Man kann berechnen, wann dieses Auseinanderdriften begonnen haben muß.
- Mit physikalischen Methoden kann das Alter von Gesteinen bestimmt werden: Die ältesten Gesteine der Erde sind etwa vor vier Milliarden Jahren entstanden.

Entgegen den Berichten in den Medien sind die wissenschaftlichen Erkenntnisse bei weitem nicht so abgesichert und anerkannt, wie es dem Laien erscheinen mag. Sie stellen oft nur Hypothesen (unbewiesene Vorstellungen) dar, die dem heutigen Stand der Wissenschaft entsprechen. Neuere Erkenntnisse können sie jederzeit umstoßen.

Vom „Urknall" bis heute

1. *Vor etwa 15 Milliarden Jahren fand der sogenannte* ***Urknall*** *statt (Big Bang). In unvorstellbar kurzer Zeit bei ungeheuer hohen Temperaturen und Druckverhältnissen entstand aus Energie in einem komplizierten Vorgang Materie, die durch eine Explosion auseinandergeschleudert wurde. Fast mit Lichtgeschwindigkeit breitete sie sich in alle Richtungen aus. Dabei verteilte sich die Materie ungleichmäßig.*
2. *An manchen Stellen zog sich die Materie infolge der eigenen Anziehungskräfte zu einem riesigen* ***rotierenden Ball*** *zusammen. Die Staub- und Gasmassen erhitzten sich auf mehrere 1000 °C. Dieser Vorgang fand für unser Sonnensystem vor etwa 10 Milliarden Jahren statt.*
3. *Durch die rasche Drehbewegung flachte der Ball infolge der Fliehkräfte zu einer Scheibe ab. Über 99 % der Masse sammelten sich im Mittelpunkt* ***(Ursonne).*** *Kleinere Verdichtungen in unterschiedlichen Abständen vom Mittelpunkt entwickelten sich zu den einzelnen* ***Planeten,*** *die sich in der gleichen Richtung um die Sonne drehen.*
4. *Vor etwa 5 Milliarden Jahren war dieser Vorgang abgeschlossen. Zu jener Zeit zog die* ***Erde*** *als* ***Glutball*** *um eine Sonne, die viel stärker als heute strahlte.*
5. *Dann begann die Abkühlung der Erde. Erste Krustenteile bildeten sich vor etwa 4,5 Milliarden Jahren. Dabei sanken die schwereren Bestandteile zum Erdmittelpunkt, die leichteren blieben aber oben. Damit war der* ***Schalenaufbau*** *der Erde abgeschlossen.*
6. *Vor etwa 4 Milliarden Jahren war die Abkühlung so weit fortgeschritten, daß es eine fast geschlossene* ***Kruste*** *gab. Vulkane rissen sie jedoch an vielen Stellen immer wieder auf, und die ausgestoßenen Gase bildeten die* ***Uratmosphäre.***
7. *Als die Temperatur der Erdkruste auf etwa 300 °C gesunken war, regnete es in den oberen Regionen der Atmosphäre zum ersten Mal, jedoch verdampfte das niedergehende Regenwasser sofort. Erst als die Erdkruste eine Temperatur von weniger als 100 °C erreichte, bildeten sich während Jahrtausende anhaltender Regenfälle die* ***Urmeere.*** *Als sich das Meerwasser auf 70 °C abgekühlt hatte, konnte in den Tiefen der Meere* ***Leben*** *entstehen, das sich in den folgenden Jahrmillionen weiter entwickelte.*

Die letzten „Tage" in der Entwicklungsgeschichte der Erde

Erdzeitalter	Formation (Alter in Jahren)	„Geologische Jahresuhr"	Entwicklung der Lebewelt		Land-Meer-Verteilung in Mitteleuropa	Erdgeschichtliche Vorgänge, Lagerstätten, Klima
ERDNEUZEIT	**Quartär** 1,5 Mio Jahre Pleistozän / Holozän	31 Dezember		Entwicklung der Tier- und Pflanzenarten auf den heutigen Stand. Älteste **Menschenfunde** aus dem Pleistozän.		Heutige Verteilung von Kontinenten und Ozeanen; Überformung der Landschaft durch Gletscher, die nach ihrem Rückzug mächtige Ablagerungen (z. B. im Alpenvorland) hinterlassen. Moorbildung. Klima: Temperaturabnahme im Pleistozän; Wechsel von Kalt- (Eis-) und Warmzeiten; im weiteren Verlauf Entwicklung der heutigen Klimaverhältnisse.
ERDNEUZEIT	**Tertiär** 65 Mio Jahre	29 Dezember		Entwicklung und Ausbreitung der **Säugetiere** (Vorläufer der heutigen Arten). Weiterentwicklung von **Vögeln** und Insekten. Üppige Vegetation mit einer Vielzahl von Blütenpflanzen und Baumarten (Grundlage für die spätere Braunkohle).	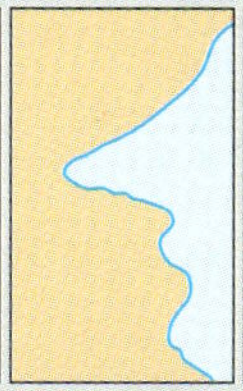	Das Meer zieht sich etwa bis auf den heutigen Küstenverlauf zurück. In den Randgebieten bilden sich Erdöl- u. Braunkohlelager. Im Zusammenhang mit der Auffaltung der Alpen: Einbruch des Oberrheingrabens, Schrägstellung Südwestdeutschlands, Starker Vulkanismus. → **Braunkohle**: Ville, Ostdeutschland, Böhmen; **Salz**: Elsaß; **Erdöl**: Norddeutschland, Alpenvorland. Klima: Zunächst subtropisch; später allgem. Klimaverschlechterung: mild u. feucht.
ERDMITTELALTER	**Kreide** 140 Mio Jahre	26 Dezember		Gegen Ende der Kreidezeit: Aussterben der Saurier. Erste **Säugetiere** und **Knochenfische** treten auf. Entstehung von **Blütenpflanzen**. Erste **Laubbäume** treten auf.	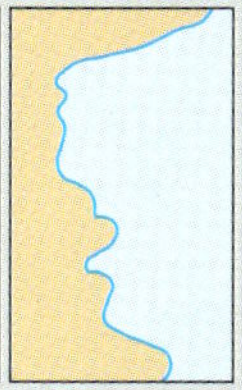	Zerfall des Südkontinents (Gondwana), Bildung des Atlantischen Ozeans und des Nordseebeckens. Während Norddeutschland unter der Oberfläche des Kreidemeeres liegt, ist Süddeutschland Abtragungsgebiet. → **Eisenerz** in Salzgitter. Klima: Warm und feucht.
ERDMITTELALTER	**Jura** 195 Mio Jahre Schwarzer / Brauner / Weißer	24 Dezember		Blütezeit der Saurier (Meeres-, Flug-, Dinosaurier). Erstes Auftreten des **Urvogels Archäopterix.** Reiche Vorkommen von **Ammoniten, Belemniten** und **Seelilien.** Reichste Entfaltung von Nadelbäumen.		Warme Meere überschwemmen Europa und Amerika. Das Südwestdeutschland überflutende Jurameer bildet mächtige, versteinerungsreiche Sedimentschichten (Schwäbische und Fränkische Alb). → **Erdöl** in der Nordsee, Nordafrika, Vorderer Orient. Klima: Warm und zunehmend feucht.
ERDMITTELALTER	**Trias** 225 Mio Jahre …t-…tein / Muschelkalk / Keuper	23 Dezember		Reptilien – vor allem **Saurier** beherrschen das Land. Erste **kleine Säugetiere** treten auf. Vorherrschen von **Nadelbäumen**.	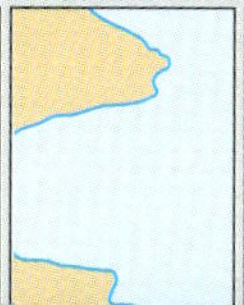	Südwestdeutschland wird vor mächtigen Sedimentschichten bedeckt, die im Buntsandstein und Keuper überwiegend festländischen Ursprungs sind, während im Muschelkalk Meeresablagerungen überwiegen (Gäu-Flächen). → **Salz** und **Gips** in Südwestdeutschland

Gebirgsbildung: Heutige Hochgebirge (z. B. Alpen, Himalaya, Rocky Mountains, Anden).

ERDALTERTUM

Zeitalter	Datum	Bild	Lebewesen	Land/Meer	Erdgeschichte
Perm 285 Mio Jahre	21 Dezember		**Ammoniten**. Vorkommen von **Nadelbäumen**.		→ **Salz** in Norddeutschland. Zwischen Nord- und Südkontinent bildet sich das Thetysmeer. Starker Vulkanismus im Schwarzwald. **Klima** Heiß und trocken
Karbon 350 Mio Jahre	18 Dezember		Auftreten von **Reptilien** und ersten **geflügelten Insekten**. Blütezeit der **Lurche** u. a. Amphibien. Im Meer haben sich **Fische** als vorherrschende Tiere durchgesetzt. Ausgedehnte Wälder mit **Sporenpflanzen (Bärlappgewächse, Schuppenbaum)** bilden die Grundlage für die spätere Steinkohle.		Die Gebirgsbildung bewirkt weltweit einen Rückzug des Meeres. In Mulden und Randtiefen bilden sich Kohlelager. → **Steinkohle** im Ruhrgebiet, Raum Aachen, Saarland, Belgien, England, Donezbecken, USA, Nordchina. Das Grundgebirge im Schwarzwald und im Odenwald entsteht. **Klima** Sehr warm und feucht; in Mitteleuropa z. T. tropisch.
Devon 405 Mio Jahre	16 Dezember		Pflanzen (**Farne**, **Schachtelhalme**) und **erste Landtiere** „erobern" das Festland. Entwicklung von **ersten Insekten**, sowie Übergangsformen zwischen Fischen und Lurchen.	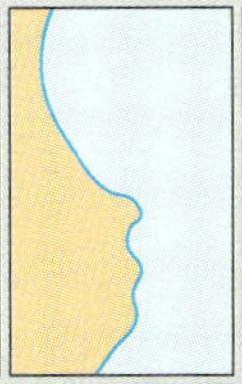	**Klima** Wärmer als im Silur, feucht.
Silur 440 Mio Jahre	15 Dezember		Blütezeit der wirbellosen Meerestiere. Entwicklung der **ältesten Wirbeltiere** (Panzerfisch). Algen, **Pilze**, **Flechten** begrünen langsam die Erde.		Durch Gebirgsbildung entleeren sich die Binnenmeere und die Ozeane. Zurück bleiben Salzlager und organische Meeresablagerungen. → **Salz**, **Erdöl** in den USA **Klima** Wärmer als im Ordovicium, feucht.
Ordovicium 500 Mio Jahre	13 Dezember		Weiteres Vorherrschen von Algen. Starke Zunahme der Artenzahl wirbelloser Meerestiere (Korallen, Schnecken, Quallen).	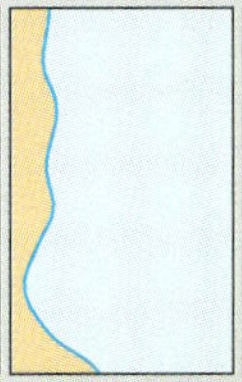	**Klima** Warm und feucht.
Kambrium 570 Mio Jahre	10 Dezember		Schnelle Entwicklung und Verbreitung **wirbelloser Meerestiere** (z. B. Trilobiten). **Algen** im Urozean.		Mehr oder weniger zusammenhängende Landmassen im Bereich des Nordkontinents (Laurasia) und des Südkontinents (Gondwana). **Klima** Zunächst kühl, später wärmer und trocken.

Gebirgsbildung: Europäische Mittelgebirge (z. B. Schwarzwald, Vogesen, Rheinische Mittelgebirge, Odenwald), Appalachen, Ural. (Perm bis Devon)

Gebirgsbildung: Skandinavien, Britische Inseln, Appalachen. (Silur bis Ordovicium)

Der Schalenbau der Erde

Hitziges Ende
Die kontinentale Tiefbohrung in der Oberpfalz ist am 12. Oktober 1994 beendet worden. Etwa eine halbe Milliarde Mark hat das wissenschaftliche Unternehmen gekostet.

Es ging dabei nicht um Rohstoffe, sondern um Grundlagenforschung: Erkenntnisse über den Aufbau der Erdkruste, Spannungen und Temperaturen im Untergrund, Ursachen von Erdbeben und Zusammensetzung des Gesteins. Das ehrgeizige Ziel, 12 oder sogar 14 Kilometer Tiefe zu erreichen, wurde allerdings verfehlt. Nach vier Jahren Arbeit blieb der Meißel bei Kilometer 9,1 stehen – ein Mückenstich für die Erde, die bis zum Mittelpunkt 6371 Kilometer mißt. Unerwartet hohe Temperaturen – zuletzt herrschten im Bohrloch mehr als 260 Grad Celsius – bereiteten dem Vorhaben ein vorzeitiges Ende. In diesem Hexenkessel verhielt sich das Gestein bereits plastisch und verformte sich, anstatt zu brechen. Zudem quetschte der enorme Druck den Bohrkanal immer wieder zusammen und verklemmte das Gestänge.

(nach: Bild der Wissenschaft 12/1994)

1. Der Aufbau der Erde

Über den Aufbau der Erdkugel ist aus direkten Beobachtungen nur wenig zu erfahren. Folgende Methoden verhelfen uns aber, Erkenntnisse über das Erdinnere zu gewinnen:

- Tiefbohrungen in den obersten Schichten der Erdkruste,
- **Seismische Messungen** (Seismik = Erdbebenkunde) bei künstlich erzeugten und natürlichen Beben,
- Untersuchungen von vulkanischem Gestein wie Lava oder von Meteoritenmaterial.

Die tiefste **Bohrung** erreichte auf der Halbinsel Kola eine Tiefe von 12 km – und dies bei einem Erdradius von fast 6400 km. Der Bohrkern wurde wissenschaftlich auf seine Zusammensetzung untersucht.

Für seismische Messungen wurden einige Tonnen Sprengstoff gezündet und dadurch Schallwellen erzeugt. Aus der Geschwindigkeit, mit der die Wellen durch die Erdschichten dringen, lassen sich Schlüsse auf die Abfolge der Schichten ziehen: Jedesmal wenn die Schallwellen eine andere Schicht erreichen, wird von im Boden verteilten hochempfindlichen Mikrophonen ein Echo aufgefangen und in einem Meßwagen aufgezeichnet (Abb. 11.2). Die aufgezeichneten Echokurven **(Seismogramme)** legen folgende Grobgliederung der Erdkugel nahe: Obere Kruste – Untere Kruste – Mantel – Kern (Abb. 11.1).

Mit seismischen Methoden kann im wesentlichen nur geklärt werden, daß es verschiedene Materialschichten gibt. Will man jedoch Auskunft über die Zusammensetzung des Erdinneren erhalten, das kein Bohrer jemals erreicht und aus dem kein Vulkan Material fördert, so muß man sich anderer Methoden bedienen.

Aus den Anziehungskräften zwischen Erde und Mond können Geophysiker die Gesamtmasse der Erde errechnen und ihre durchschnittliche Dichte bestimmen. Hierbei ergibt sich, daß ein Kubikzentimeter „Erdkugelmaterial" etwa sechs Gramm wiegt. Das erscheint relativ hoch, wenn man es mit einem Stück aus der Oberen Kruste (Granit 2,7 g/cm^3) vergleicht. Die hohe Durchschnittsdichte kann nur zustandekommen, wenn das Erdinnere besonders schwer ist. Zur Klärung dieser Behauptung bedient man sich einer vergleichenden Untersuchung, indem man Meteoritenfunde analysiert, denn man geht davon aus, daß die Erde ähnlich wie andere Himmelskörper aufgebaut ist.

Ungeklärt ist bis heute der **Aggregatzustand,** d. h. die Zustandsform, in der sich das Material in den tieferen Zonen der Erdkugel befindet. Man nimmt an, daß der Mantel zähplastisch ist. Der Kern soll – trotz seiner sehr hohen Temperatur (5000 °C) – fest sein, da auf ihn ein enormer Druck der äußeren Schichten wirkt. Selbst der Aufbau der Oberen und Unteren Kruste ist nicht in allen Einzelheiten untersucht.

1. Beschreibe den Schalenbau der Erde.
2. Wie erfahren wir, wie es im Inneren der Erde aussieht?

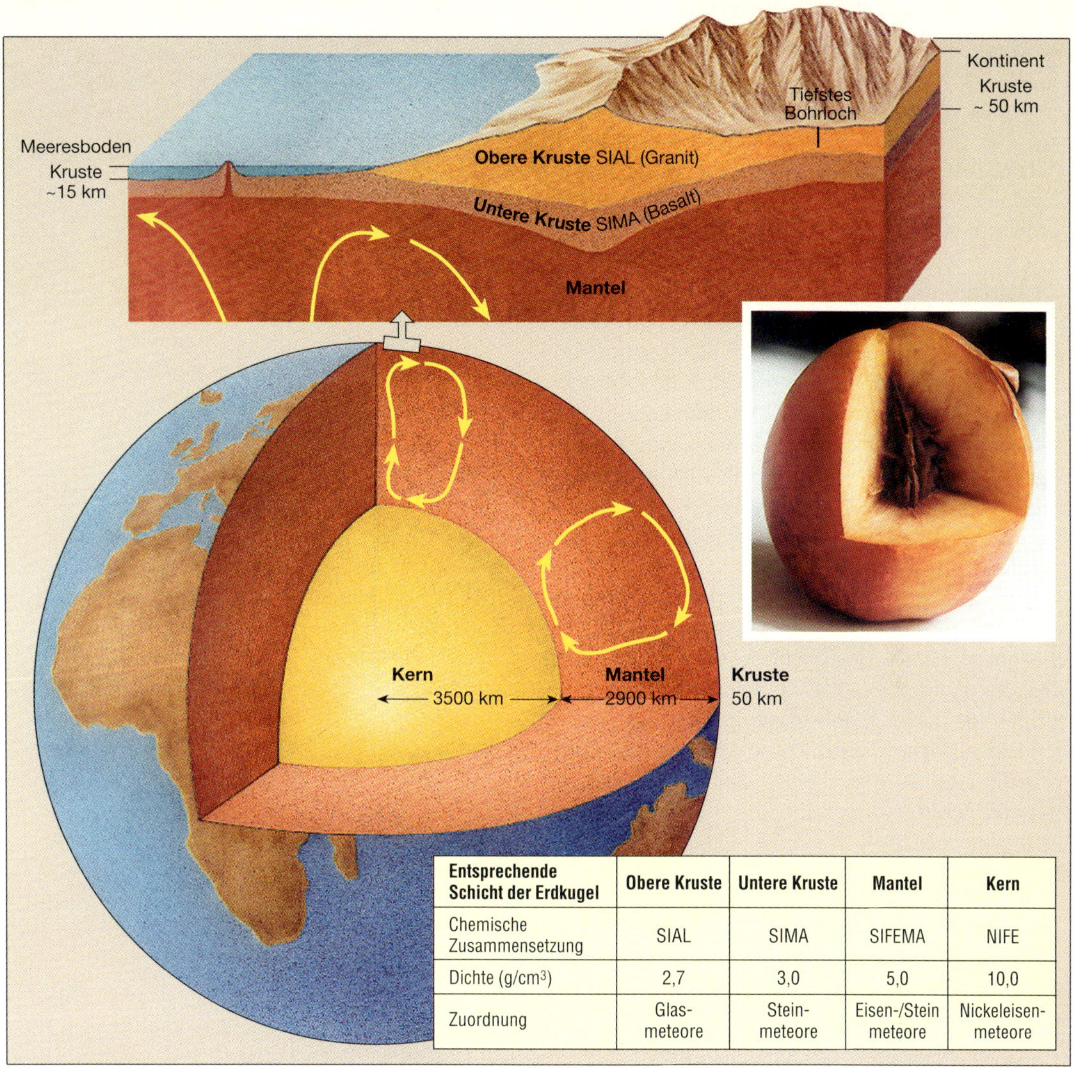

Entsprechende Schicht der Erdkugel	Obere Kruste	Untere Kruste	Mantel	Kern
Chemische Zusammensetzung	SIAL	SIMA	SIFEMA	NIFE
Dichte (g/cm³)	2,7	3,0	5,0	10,0
Zuordnung	Glas-meteore	Stein-meteore	Eisen-/Stein meteore	Nickeleisen-meteore

11.1 Der Aufbau der Erde

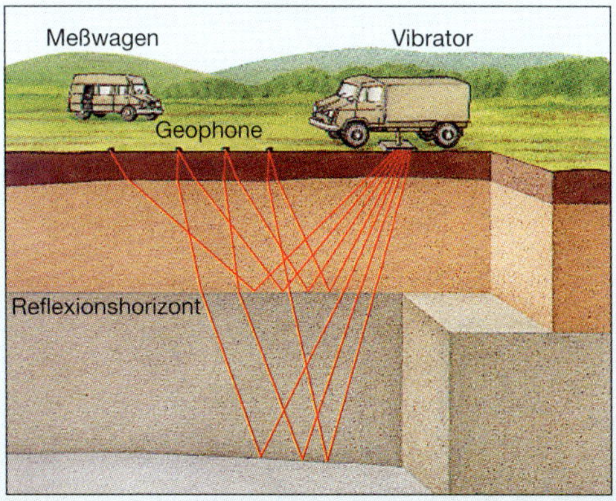

Statt den Boden durch Explosionen von Sprengstoff in Schwingungen zu versetzen, fahren heute Lastwagen 1 m² große Rüttelplatten aus und versetzen mit ihren 14 Tonnen schweren Fahrzeugen 20 Sekunden lang den Boden in gleichmäßige Schwingungen. Dieser Vorgang wird unzählige Male in kurzen Entfernungsabständen wiederholt. Mit empfindlichen Spezialmikrophonen (Geophone) werden in einem Meßwagen die von den unterschiedlichen Erdschichten reflektierten Bodenschwingungen aufgenommen und aufgezeichnet. Aus ihrem Verlauf lassen sich Aussagen über die Beschaffenheit des Untergrunds machen. Auch Erdbeben erzeugen Schwingungen, die oft die gesamte Erdkugel durchlaufen. Ihre Aufzeichnung gibt Aufschluß über die tiefsten Schichten der Erde.

11.2 Seismische Messungen

2. Kontinente wandern

Zwei Sachverhalte sind auffällig: a) Die Küstenlinien rund um den Atlantik lassen sich wie ein Puzzle zusammenfügen; b) die meisten Erdbeben- und Vulkangebiete verteilen sich wie auf Linien aufgereiht über die Erde.

Der Forscher Alfred Wegener (ab 1907 Professor in Marburg/Lahn) vertrat die Theorie von der Verschiebung der Kontinente (s. S. 12). Demnach seien die heutigen Erdteile durch das Zerbrechen und Auseinanderdriften eines Urkontinents entstanden. Heute wissen wir, daß das heiße Erdinnere aus dem festen Erdkern, dem weitgehend flüssigen Erdmantel und der darauf schwimmenden dünnen, festen Erdkruste besteht. Sie ist im Schnitt 50 km dick und besteht aus Platten, die sich bewegen (Tektonik).

Die meisten Erdbeben und Vulkane hängen mit tektonischen Bewegungen zusammen. Die Ursachen für die Bewegungen sind noch nicht endgültig bewiesen. Wahrscheinlich drückt aufsteigendes heißes Gesteinsmaterial im Erdmantel von unten gegen die Kruste und reibt an ihr. Eine Erklärung bietet die Theorie der **Konvektionsströme**.

3. Beschreibe die Zerstückelung der Erdkruste (Abb. 12.1).

4. Beschreibe die unterschiedliche Bewegung der Platten. Nenne Formungsprozesse, die damit zusammenhängen.

5. Beschreibe die möglichen Plattenbewegungen anhand von Abb. 13.1 und Text.

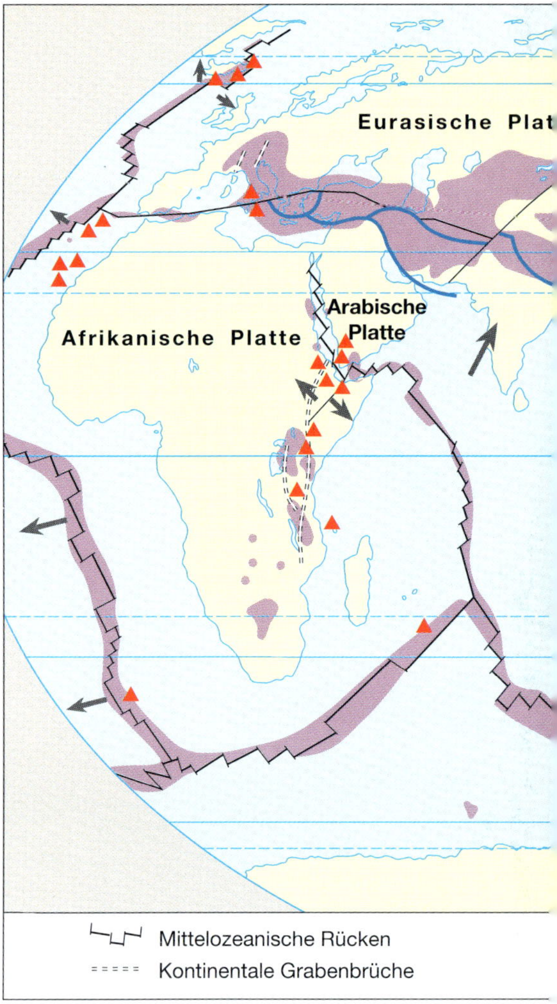

12.1 Die Platten der Erdkruste

Die Theorie der Plattentektonik

Mit Hilfe moderner Untersuchungen ergibt sich heute ein Bild für die ***tektonischen Vorgänge*** *auf der Erde, das eine Fülle verschiedener Vorgänge erklären kann. Man geht davon aus, daß die Erdkruste in Platten zerstückelt ist* ***(Plattentektonik).*** *Entgegen früherer Ansichten durchpflügen aber die Kontinente nicht die Ozeankruste, wie etwa Eisbrecher das zugefrorene Meer. Vielmehr werden die Platten (Kontinente und Ozeanböden) im Erdmantel durch Strömungen (Konvektionsströme) bewegt:*

1. *An den Mittelozeanischen Rücken driften Platten auseinander. Neue ozeanische Kruste bildet sich.*
2. *An den* ***Subduktionszonen*** *bewegen sich Platten aufeinander zu. Eine Platte taucht unter die andere und so wird Krustenmaterial in den Erdmantel zurückgeführt.*
3. *Wenn Kontinentalplatten aufeinanderstoßen, werden Krustenteile übereinandergeschoben und zusammengepreßt. Die jungen Faltengebirge, z. B. die Alpen und der Himalaya, sind so entstanden.*
4. *An manchen Stellen gleiten Platten horizontal aneinander vorbei. Bekanntestes Beispiel ist die San Andreas-Verwerfung.*

Auf den Seiten 26 bis 31 findest du Raumbeispiele für Plattenbewegungen. Suche sie in Abb. 12.1 und mache dir die Vorgänge klar.

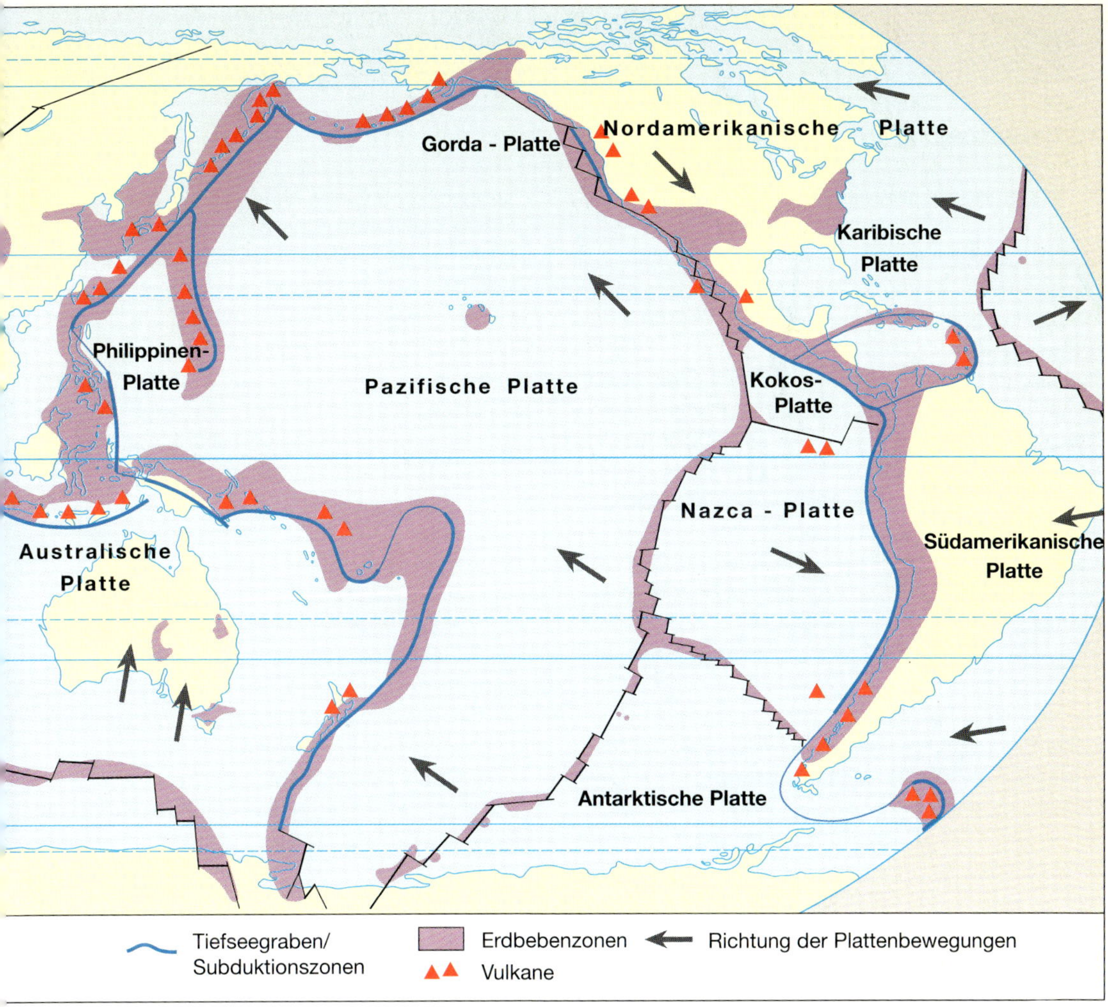

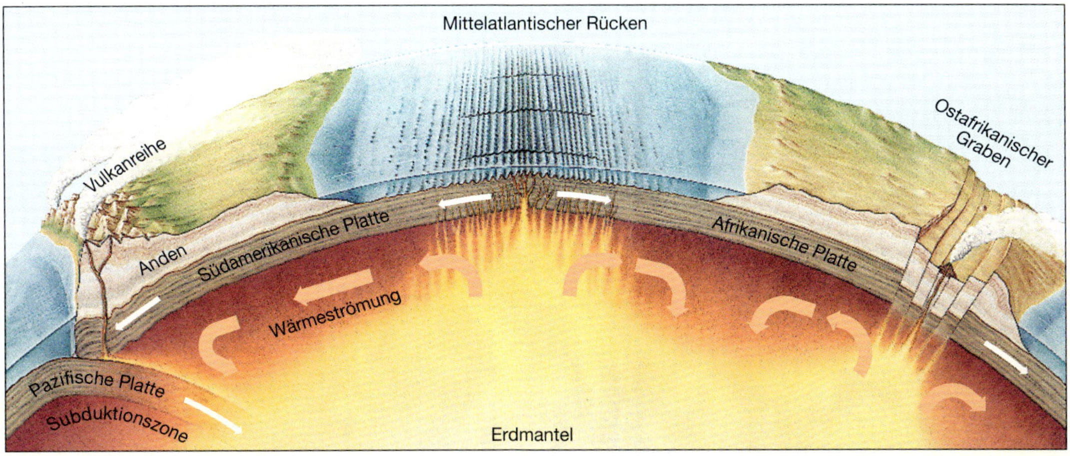

13.1 Bewegungen im Erdinnern (Konvektionstromtheorie)

Formenwandel an der Erdoberfläche

1. Verwitterung und Abtragung

1. Halte ein Stück Kreide unter Wasser und lege es in den Gefrierschrank. Was kannst du nach einigen Stunden beobachten?

Geologische Forschungen haben ergeben, daß die Alpen über 12 000 m hoch sein müßten, wenn nur die aufbauenden Kräfte aus dem Erdinneren **(endogene Kräfte)** wirksam wären. Die höchsten Alpengipfel sind aber nicht einmal 5000 m hoch. Während die endogenen Kräfte die Gebirge auffalten, arbeiten die **exogenen Kräfte** von außen an ihrer Zerstörung und an ihrem Abtransport. Diese Vorgänge nennt man **Erosion.** Temperaturschwankungen, Wind und Wasser bewirken die Zerkleinerung des Gesteins. Diese Veränderung der Gesteine heißt **Verwitterung.**

Gesteinsschutt am Fuß von Felswänden ist eine Folge der **mechanischen Verwitterung.** Sie bewirkt eine allmähliche Zertrümmerung des Gesteins zu grobem Schutt, Sand und Staub. Die Ursache liegt in Temperaturschwankungen: Bei Temperaturanstieg dehnen sich die verschiedenen Minerale eines Gesteins unterschiedlich aus, bei Temperaturrückgang ziehen sie sich wieder zusammen. Dadurch entstehen Spannungen an der Oberfläche und Gesteinsscherben springen ab. Die **Frostsprengung** ist die wirksamste Art der mechanischen Verwitterung. Sie tritt überall auf, wo Wasser vorhanden ist und die Temperaturen zeitweilig um den Gefrierpunkt schwanken. Wasser dringt durch Spalten ins Gestein ein, gefriert und sprengt es, weil sich sein Volumen beim Gefrieren um 9% ausdehnt.

Ein in seiner Wirkung vergleichbarer Vorgang ist die **Salzsprengung.** Wenn Salzlösungen ins Gestein eindringen, bilden sich beim Verdunsten Salzkristalle. Diese haben ein größeres Volumen als das Wasser, üben dadurch Druck auf das Gestein aus und sprengen so Teile davon ab.

In Kalkgebirgen wird die **chemische Verwitterung** besonders deutlich. Auch sie ist an Wasser gebunden. In das Gestein eindringendes Sickerwasser zersetzt den löslichen Kalk und schafft an der Oberfläche unregelmäßige Vertiefungen, die **Karren.** In der Tiefe werden kleine und größere Höhlen ausgelaugt. Im Laufe von Jahrmillionen sind so die Kalksteinhöhlen entstanden.

Auch das Regenwasser trägt zur chemischen Verwitterung bei. In ihm lösen sich die in der Luft befindlichen Gase und bilden Säuren, die das Gestein zersetzen. Der „Saure Regen“ ist vor allem in Städten wirksam, wo er Bauwerke, Steinfiguren und Denkmäler zerstört.

Im Boden lebende Mirkoorganismen, vor allem aber die Pflanzenwurzeln, zerstören auf mechanischem und chemischem Wege das Gestein.

14.1 Schutthalden

14.2 Windschliff

Das verwitterte Gesteinsmaterial bleibt nur zum Teil dort liegen, wo es entstanden ist. Das meiste wird abtransportiert und an anderer Stelle wieder abgelagert. Schwerkraft, Wasser, Eis und Wind besorgen den Abtransport und verändern die Landschaft. Das oberflächlich abfließende Regenwasser spült die Gesteinstrümmer und Schwebstoffe (Sand, Staubteilchen) ab und schwemmt sie in die Bäche und Flüsse.

Flüsse schaffen Täler oder gestalten Täler um. **Schluchten** entstehen, wenn schnellfließendes Wasser sich in hartes Gestein einschneidet. Auch die **Canyons** sind so entstanden. Außerhalb der Gebirge läßt die Fließgeschwindigkeit nach, so daß der Fluß Hindernisse nicht abtragen kann, sondern umgehen muß, und daher seine Fließrichtung ändert. So entstehen **Täler,** die der Fluß häufig in vielen Windungen durchzieht.

Auch die Abtragung durch Eis läßt sich deutlich im Gebirge beobachten. Sie wird im wesentlichen durch Gletscher verursacht. Die Gebirgsgletscher haben ihren Ursprung oberhalb der Schneegrenze. Hier bleibt der Schnee das ganze Jahr über – vor allem in den Mulden – liegen und lagert sich ab. An warmen Tagen und bei starker Sonneneinstrahlung taut auch oberhalb dieser Grenze der Schnee ein wenig auf, nachts gefriert er wieder. Dieses wiederholte Auftauen und Gefrieren macht den weichen Schnee hart und körnig. Er wird zu **Firn.** Neue Schneemassen fallen darauf und pressen den Firn zusammen. Bläuliches Gletschereis entsteht, das langsam (im Durchschnitt bis 15 cm am Tag) talabwärts fließt. Dabei reißt es Material aus dem Untergrund und den Wänden der Täler heraus und gestaltet sie zu **Trogtälern** um. Wenn ein Gletscher abschmilzt, sind seine Spuren unverkennbar. Der Untergrund weist deutliche **Gletscherschrammen** auf, felsige Unebenheiten und Erhebungen sind abgeschliffen. Vor der Gletscherstirn, dem Ort, an dem das Eis endgültig schmilzt, entsteht eine **Endmoräne.** Endmoränen bestehen aus Steinblöcken, deren Kanten vom Transport gerundet sind, aus Kies, Sand und Lehm. Die kantigen Blöcke, die von den Wänden und Vorsprüngen auf die Firnfläche gefallen sind, bilden die **Seitenmoränen. Grundmoräne** heißt das zerriebene und gerundete Material, das vom Gletscher an seinem Grund mitgeführt wird.

Bizarre Felsformen in der Wüste sind das Ergebnis der Arbeit des Windes. Grober Sand wird dicht über den Boden geweht, so daß er wie ein Sandstrahlgebläse die Felsen angreift. Überall dort, wo der Boden nicht durch eine Pflanzendecke geschützt wird und trocken ist, kann der Wind auch den Boden ausblasen und wegwehen.

2. Die Abb. unten zeigen verschiedene Formen der Verwitterung und Abtragung. Erkläre mit Hilfe des Textes, wie sie entstanden sind.

3. Der Kölner Dom ist in den letzten 30 Jahren schneller verwittert als in den 300 Jahren davor. Begründe.

4. Welche Formen der Verwitterung könnt ihr in eurer Umgebung beobachten? Achtet auf Geländeformen und alte Gebäude.

15.1 Klamm

15.2 Trogtal

16.1 Dünen

2. Ablagerung durch Wind und Wasser

Der Wind und das Wasser können das verwitterte Gesteinsmaterial so lange transportieren, wie ihre Transportkraft größer ist als die Schwerkraft. So kann Staub über Hunderte, ja Tausende Kilometer mitgeführt werden. Der vom Wind transportierte Staub wird erst abgelagert, wenn die Windgeschwindigkeit nachläßt. Aus den großen Wüsten Innerasiens wird er z. B. nach China geweht, wo er als **Löß** abgelagert wird. Die Lößdecke ist dort bis zu 600 m dick geworden.

Die **Dünen** an Küsten, auf Inseln und in den Wüsten sind ebenfalls Windablagerungen. Sie können durch den Wind in Bewegung geraten und dadurch Kulturland vernichten und menschliche Siedlungen gefährden. Die über 60 m hohe, am Fuß über 600 m breite Wanderdüne auf der Kurischen Nehrung verschüttete im Laufe der letzten Jahrhunderte sieben Dörfer. Im Jahr 1825 begrub sie einen Ort, der 44 Jahre später auf der anderen Seite der Düne wieder zum Vorschein kam.

Der größte Teil des Verwitterungsmaterials wird von Flüssen transportiert. In ihrem Oberlauf führen sie wegen des starken Gefälles viele Gesteinstrümmer mit sich. Die Steine nutzen sich beim Weitertransport durch das Schieben und Rollen gegeneinander und auf dem Grund ab. Ecken und Kanten werden abgeschliffen, und das Geröll wird zu Kies. Dieser wird schließlich zu Sand zerrieben.

Immer wenn die Fließgeschwindigkeit nachläßt, wird die Transportkraft geringer. Der Fluß ist gezwungen, einen Teil seiner Fracht abzusetzen. An seiner Mündung muß er sein gesamtes Material ablagern: das gröbere in Ufernähe, das feinere weiter draußen. Dort wird es von den Gezeiten weggespült. In einem See oder in einem gezeitenarmen Meer bleiben die Ablagerungen an der Mündung liegen. Der Fluß muß mit der Zeit seine eigenen Ablagerungen umfließen und sich in Mündungsarme gabeln. So entsteht ein **Delta.**

5. Betrachte Abb. 16.2 und 16.3. In welchen Flußabschnitten wurden die beiden Fotos aufgenommen?

6. Ravenna war früher eine Küstenstadt, heute liegt es einige Kilometer vom Meer entfernt. Versuche, diese Veränderung zu erklären.

7. Suche Deltamündungen am Mittelmeer.

16.2 Sprudelnder Flußlauf

16.3 Ruhiger Flußlauf

Wir experimentieren

Wie das fließende Wasser die Erdoberfläche gestaltet, könnt ihr in verschiedenen Versuchen nachprüfen. Dazu solltet ihr einen Sandkasten oder die Sprunggrube auf dem Sportplatz benutzen. Falls ihr die Versuche im Klassenraum durchführen wollt, benötigt ihr eine Holzkiste, die mindestens zwei Meter lang ist. Dazu könnt ihr zwei Obstkisten zusammenbauen. Die Kiste müßt ihr mit einer Folie auslegen und dann Sand hineinschütten. Es muß auch ein Becken zum Auffangen des Wassers vorhanden sein.

Versuch:
Wie entstehen Erosionsrinnen und Schwemmfächer?

Hilfsmittel:
Sand und Erde, am besten gemischt; Wasserschlauch oder Gießkanne.
Vorbereitung:
Feuchtet den Sand etwas an und baut dann einen Sandberg.
Durchführung:
Laßt Wasser langsam den Sandhang hinunterlaufen, indem ihr den Wasserhahn nur ein wenig öffnet oder das Wasser langsam aus der Gießkanne ausgießt.

1. Beobachtet euren Versuch und notiert die Vorgänge.
- Was passiert mit dem Sand?
- Welche Formen entstehen im oberen und im unteren Teil des Sandhügels?

2. Wiederholt dann euren Versuch und laßt dabei mehr Wasser schneller den Hang hinunterlaufen.
- Welche Unterschiede beobachtet ihr gegenüber dem ersten Versuch?

3. Wiederholt den Versuch auch mit trockenem Sand.
- Was könnt ihr jetzt beobachten?
- Welche Unterschiede lassen sich dieses Mal feststellen?

Versuchsaufbau

Ablauf gegen Ende

Ablauf zu Beginn

Versuchsergebnis

3. Der Kreislauf der Gesteine

„Muscheln auf dem Gipfel gefunden!“, können Wanderer berichten, die in den Kalkalpen unterwegs waren. Tatsächlich findet man in 3000 m Höhe versteinerte Muscheln.

Vor etwa 200 Mio Jahren befand sich dort, wo heute Mitteleuropa liegt, ein über 1000 km breiter Ozean. Flüsse lagerten hier Geröll, Sand und Schlamm ab. Außerdem sanken tote Meerestiere und winzige Kalkteilchen zum Grund.

Diese **Sedimente** (Ablagerungen) lagen locker auf- und nebeneinander, die Zwischenräume waren mit Meerwasser gefüllt. Aber bald wurden die Sedimente auf Grund ihres eigenen Gewichtes dichter zusammengedrückt. Durch ständig nachkommendes Material nahm der Druck auf die unteren Schichten zu. Der erhöhte Druck und die in größeren Tiefen erhöhte Temperatur führten dazu, daß sich das Sediment zu Sedimentgestein verfestigte. Diese Verfestigung sorgte dafür, daß z.B. aus Kalkablagerungen Kalkstein wurde.

Das Gestein blieb nicht immer am Meeresboden liegen. Die Theorie der Plattentektonik (vgl. S.13) hilft, seine Bewegung zu erklären. Vor 65 Mio Jahren begannen die Afrikanische Platte und die Europäische Platte, sich aufeinander zuzubewegen. Der große Ozean zwischen ihnen wurde dadurch immer kleiner. Der Meeresboden und damit auch die Ablagerungen wurden durch den starken Druck gestaucht, aufgefaltet und teilweise übereinandergeschoben.

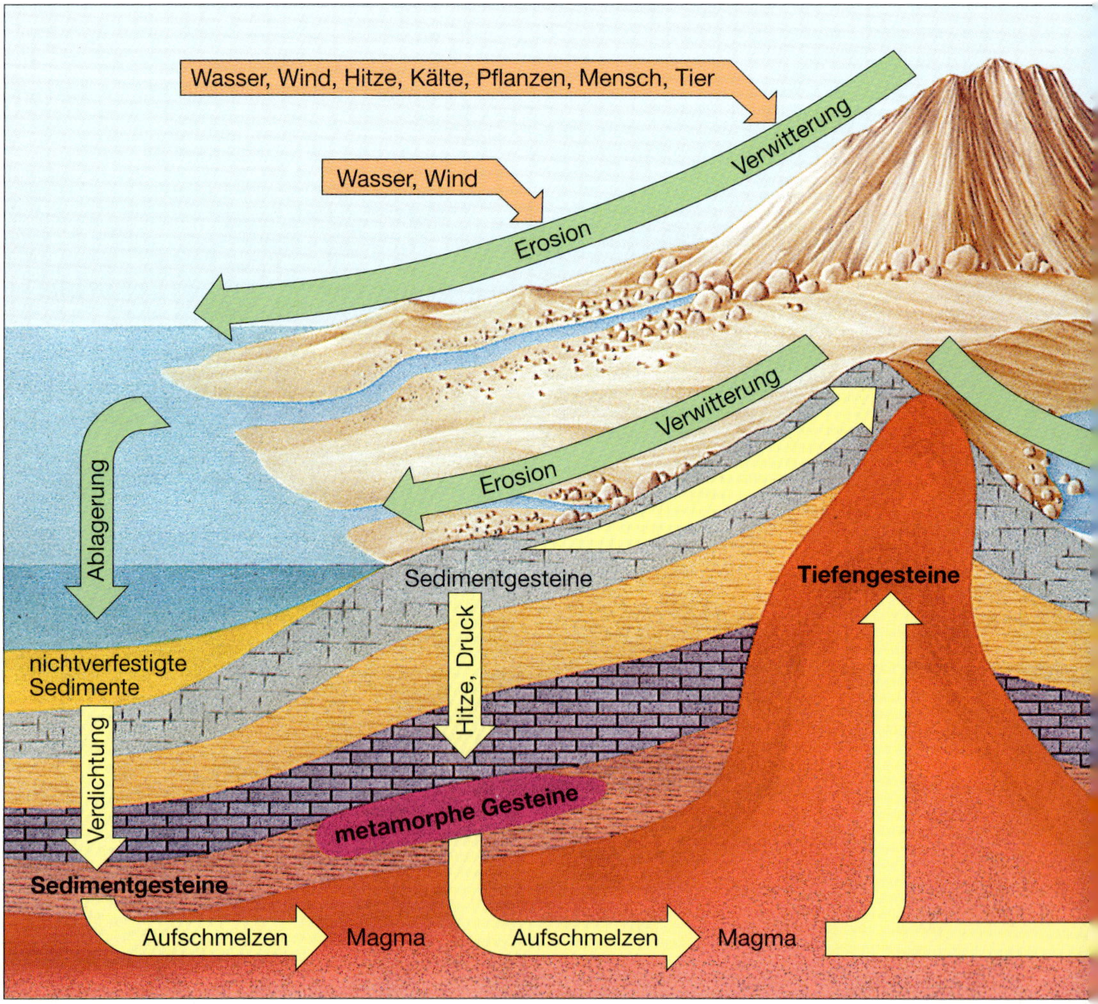

18.1 Kreislauf der Gesteine

Durch die Auffaltung sind die Alpen entstanden. Vom damaligen Ozean ist nur das Mittelmeer übriggeblieben. Die Hebung beträgt heute noch etwa 1,5 mm im Jahr. Die Alpen müßten heute eigentlich mindestens 12 000 m hoch sein …

19.1 Versteinerungen

Durch tektonische Vorgänge (z. B. Hebung oder Senkung von Teilen der Erdkruste) gelangen sowohl Sediment- als auch Tiefengesteine in tiefere Regionen der Erdkruste und werden dort aufgeschmolzen. Durch Hitze aus dem Erdinneren und Druck von oben durch mächtige Gesteinsschichten entstehen **Umwandlungsgesteine,** z. B. Gneis aus Granit oder Sedimenten, Marmor aus Kalkstein.

8. Abb. 18.1 zeigt Vorgänge im Bereich der Erdkruste, die den Kreislauf der Gesteine verdeutlichen. Die Pfeile kennzeichnen die Kräfte, die jeweils wirksam werden. Ordne folgende Begriffe zu: Verfestigung, Verwitterung, Auffaltung, Ablagerung, Abtragung.

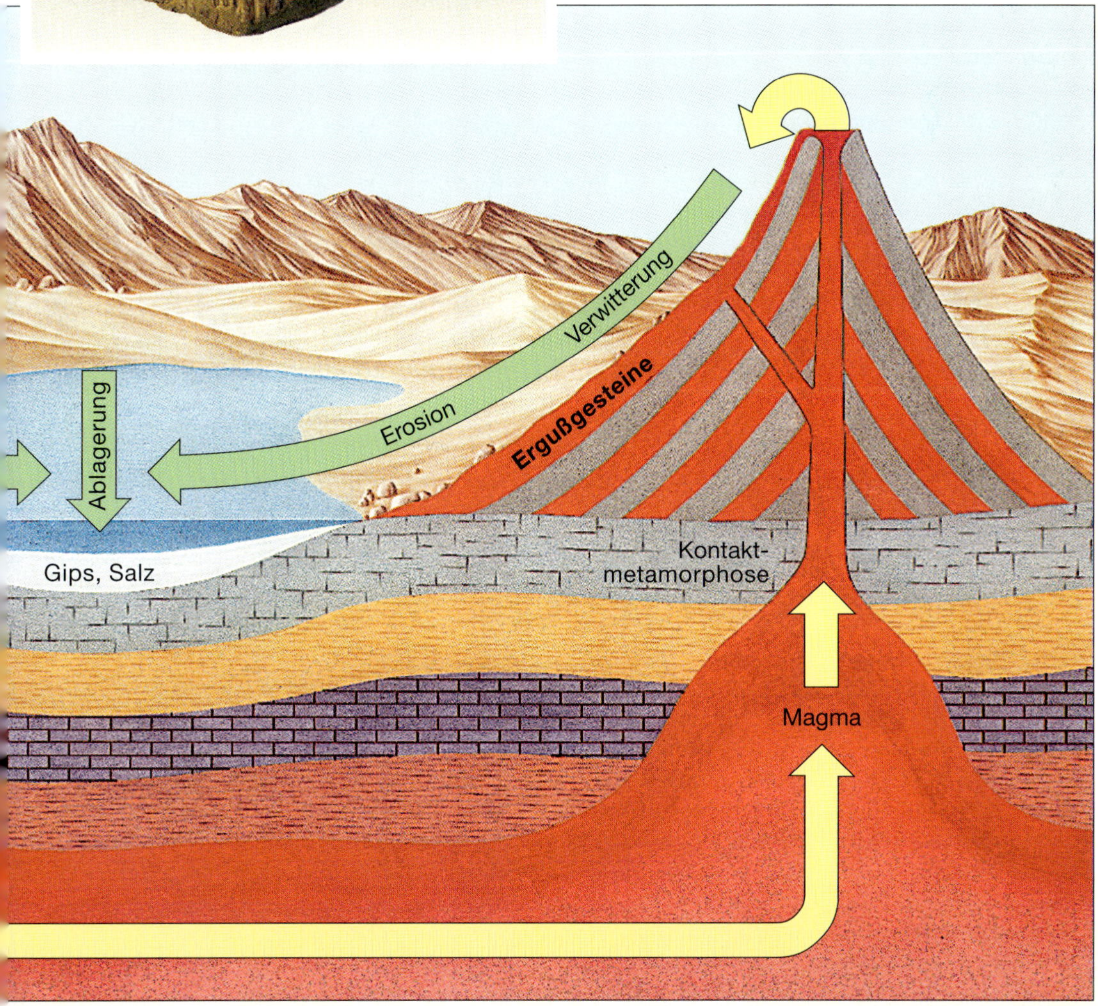

Bei den Mammutjägern

Ein Tag in der Altsteinzeit vor ca. 200 000 Jahren

Hinter dem Endmoränenwall hatte die 50 Köpfe zählende Horde unter einem Felsvorsprung Schutz vor dem eisigen Wind gefunden, der vom fernen Eisrand herüberwehte.

Der Winter war hart und grausam lang gewesen und hatte besonders unter den Alten mehrere Todesopfer gefordert. Seit geraumer Zeit hatte man gelernt, mit dem Feuersteinknollen Funken zu schlagen und konnte sich nun beliebig oft um das wärmende Feuer versammeln. Die Stimmung war jedoch gedrückt, denn die Jäger waren schon zweimal ohne Beute von ihren Streifzügen zurückgekehrt. Die getrockneten Fleischvorräte gingen dem Ende zu, die Tagesrationen wurden immer kleiner. Der Hunger nagte in den Gedärmen; Wurzeln, getrocknete Beeren, Früchte und Samen vermochten ihn nicht zu stillen. Nicht auszudenken, wenn nun auch noch Harro, der fuchsschlaue und bärenstarke Führer der Horde, erfolglos zurückkehren würde.

Einen Tagesmarsch vom Lager entfernt schob sich vorsichtig ein windgegerbtes Gesicht durch das Gebüsch. Unter einer fliehenden Stirn und hervorstehenden Augenwülsten spähten Harros funkelnde Augen angestrengt in die flachwellige, von Zwergsträuchern, Moosen und Gräsern bedeckte Tundrenlandschaft. Seine starken Unterkieferknochen mahlten ärgerlich auf einem Birkenzweig, denn nirgends zeigte sich das ersehnte Wild, und Hunger und Kälte setzten auch seinem muskulösen, stark behaarten Körper zu.

Doch da, was war das? Mit Händen und Armen in der Luft herumfuchtelnd rief er lautlos seine Gefährten herbei, die er auf Sichtweite hinter sich gelassen hatte. Herbeigeeilt beugten sich alle über die Fährte, witterten und schnatterten aufgeregt durcheinander. Ja, das war klar, mindestens zwei Alttiere und ein Junges. Sollten sie diesmal mehr Glück haben?

Die Spur führte in die gewünschte Richtung. Dorthin, wo die Männer der Horde schon vor Wochen auf einem Wildwechsel eine tiefe Grube gegraben hatten. Diese Grube hatte sie tagelange, mühevolle Arbeit mit bloßen Händen, mit Ästen, Geweihschaufeln und Knochen gekostet. Drei starke Pfähle mit im Feuer gehärteten Spitzen hatten sie fest in den Grubenboden gerammt und das ganze sorgsam mit Ästen, Zweigen, Blättern und Moos abgedeckt.

Die Wurfspeere mit fester Hand umklammert, hasteten sie, immer schneller werdend, der frischen Fährte nach. Wieder vergeblich? Nein – aus der Grube drang ihnen ohrenbetäubendes Geschrei entgegen. Ein vier Meter hoher Riese hatte sich die spitzen Pfähle in den mächtigen Leib gebohrt. Nun töteten die Jäger das Mammut mit ihren Speeren, deren Spitzen sie ebenfalls im Feuer gehärtet hatten. Hunger und Kälte waren vergessen. Die Männer sprangen in die Grube. Hastig schnitten sie mit ihren schaftkantigen Klingen aus Feuerstein Fleischfetzen ab und stillten ihren größten Hunger. Das Fleisch braten – das hatte Zeit bis morgen, wenn die ganze Horde ein Fest feierte, um die Beute herumtanzte und sich bis zum Umfallen mit Fleisch vollstopfte. Mammutjagdglück, das bedeutete 4000 kg Fleisch – viele Wochen ohne Sorge.

9. Listet auf, was ihr über die Lebensumstände in der Altsteinzeit erfahrt. Ordnet eure Antworten in einer Tabelle nach den Gesichtspunkten: Wohnen, Werkzeuge, Nahrung, Zusammenleben. Ergänzt diese Liste z. B. anhand von Geschichts- oder Sachbüchern.

4. Die Arbeit des Eises

Das Norddeutsche Tiefland erstreckt sich zwischen den Küsten von Nord- und Ostsee und den deutschen Mittelgebirgen. Es ist Teil des Europäischen Tieflands, das sich von Nordfrankreich bis zum Uralgebirge ausdehnt.

Das Europäische Tiefland entstand während der Eiszeiten, d. h. die Oberfläche dieses riesigen Gebietes wurde vom Eis geformt (vgl. Abb. 21.1). Von 600 000 bis 10 000 vor Christus gab es drei Eiszeiten. Zwischen ihnen lagen Warmzeiten, in denen selbst in Skandinavien die Gletscher fast vollständig abschmolzen.

Gewaltige Eismassen stießen von Skandinavien bis zu den Mittelgebirgen vor. Dabei hobelten sie den Untergrund ab und schoben Geröll- und Sandmassen vor sich her. In Deutschland entstand so die flachwellige Moränenlandschaft zwischen Schleswig-Holstein und Mecklenburg-Vorpommern. Ein Teil dieser Landschaft ist die Geest mit ihren nährstoffarmen Kies- und Sandböden. In Senken bildeten sich dort, wo Schmelzwasser nicht ablief oder Grundwasser zutage tritt, Seen und Moore.

21.1 Moränenlandschaft

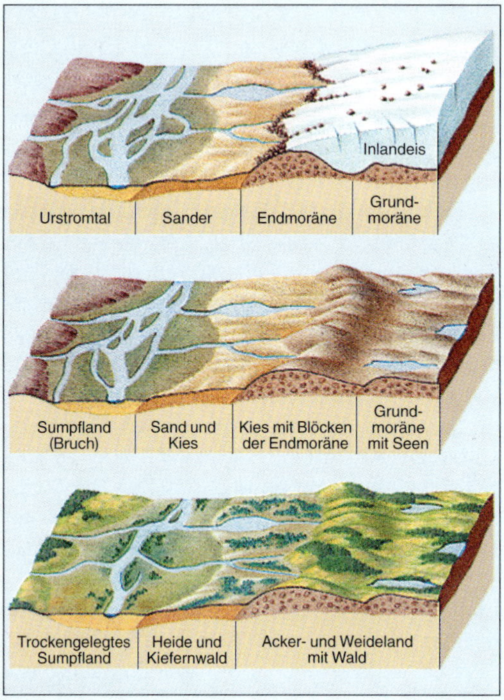

In Nordeuropa bildete sich während der Eiszeiten eine bis zu 1 000 m dicke Eisdecke. Die Eismassen schoben sich von Skandinavien aus als mächtige Gletscher nach Süden bis in die Norddeutsche Tiefebene vor.

Beim Vordringen transportierte das Eis Felsbrocken, Geröll und Erde mit. Wo die Gletscher abschmolzen, türmte sich das mitgebrachte Material zu Hügeln auf. Diese Erhebungen nennt man ***Endmoränen.*** *Teilweise wurde das Gestein unter der mächtigen Eisdecke zerrieben. Nach dem Abschmelzen des Eises blieb es als* ***Grundmoräne*** *zurück. In den Rinnen, die die Gletscher auf ihrem Grund aushobelten, bildeten sich Seen.*

Am Südrand des Eises floß das Schmelzwasser in breiten ***Urstromtälern*** *ab. Die entstandenen sumpfigen Niederungen werden heute noch von zahlreichen Wasserläufen durchzogen. Das Schmelzwasser führte viel Sand mit sich. Er wurde vor dem Eisrand und vor den Endmoränen als* ***Sander*** *abgelagert. Auf diesen Flächen wachsen heute Heide und Kiefernwälder.*

22.1 Die Überformung der Landschaft während der Eiszeit

Gletscher

Nicht nur während der Eiszeiten haben **Gletscher** die Erdoberfläche vieler Regionen geformt, z. B. in Nordamerika und Skandinavien, in den Alpen und in Norddeutschland. Auch heute ist etwa ein Zehntel der Erdoberfläche vergletschert. Neben dem Grundwasser sind Gletscher die größten Süßwasserspeicher der Erde. Wenn dieses Eis schmelzen würde, dann stiege der Meeresspiegel der Weltmeere um ca. 80 m an.

Die Schmelzwasser der Gletscher dienen der Regulierung der Wasserstände vieler Alpenflüsse gerade im Sommer bei den geringeren Niederschlägen. Eine Reihe von Gletscherbächen werden aufgestaut bzw. in Stauseen umgeleitet und zur Stromerzeugung genutzt. Außerdem bieten die Gletscher Anziehungspunkte für Touristen, besonders im Sommer wenn der Schnee in der Umgebung geschmolzen ist.

Gletscher entstehen oberhalb der **Schneegrenze,** wo auch im Sommer die Niederschläge meistens als Schnee fallen. In den Alpen sind das die Gipfelregionen über 3000 m Höhe. In großen Mulden sammelt sich der Schnee. Bei Sonnenschein taut die oberste Schneeschicht an. Nachts gefriert sie wieder. Durch häufiges Auftauen und Gefrieren entsteht der harte, körnige Firn. Durch zunehmenden Druck darüberliegender Schichten verdichtet sich der Firn zu Gletschereis. Dieses Entstehungsgebiet eines Gletschers nennt man **Nährgebiet.**

Hat das Eis eine bestimmte Stärke erreicht, beginnt es, langsam talwärts zu fließen. Seine Geschwindigkeit hängt von der Eisdicke und dem Gefälle des Untergrundes ab. Am Tschiervagletscher legt das Eis z. B. täglich bis zu 50 m zurück. Die Spannungen an der Eisoberfläche sind so groß, daß sich tiefe **Gletscherspalten** bilden. Gletscherbruch nennt man das Gewirr von Längs- und Querspalten, Eistürmen und Zacken.

Unterhalb der Schneegrenze, im **Zehrgebiet,** taut der Gletscher ab und bildet die **Gletscherzunge.** Durch zahlreiche Risse und Spalten sickert das Schmelzwasser im Eis nach unten. Es fließt als Gletscherbach durch das Gletschertor ab.

Die mächtigen Eismassen reißen bei ihrer Bewegung große Mengen Fels und Geröll los und lagern diese als **Moränen** unter sich, vor sich und an der Seite ab. Durch ihre abtragende Kraft schaffen sie aus engen V- oder Kerbtälern breite U- oder **Trogtäler** (vgl. Abb. 15.2).

23.1 Der Tschierva-Gletscher in der Berninagruppe

10. Ordne den Zahlen in Abb. 23.1 die passenden Begriffe zu (Hilfe: Abb. 23.2). Erkläre die Entstehung der Gletscherteile.

11. Beschreibe, wie ein Gletscher die Landschaft formt.

12. Welche Bedeutung haben Gletscher?

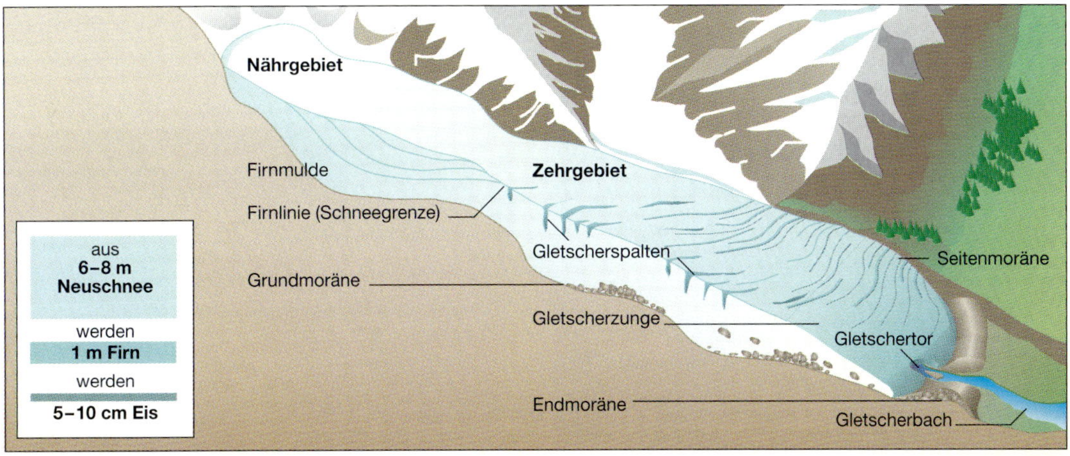

23.2 Querschnitt durch einen Gletscher

24.1 Rückwanderung eines Kliffs

5. Das Meer formt die Küste

Die Küste, der Grenzbereich zwischen Land und Meer, ist ständig Veränderungen unterworfen. Die Küstenzone ist dem Wind, den Gezeiten und Strömungen des Meeres ausgesetzt. Diese Kräfte formen die Küste beständig um. Seit Jahrhunderten erfahren die Menschen an der Küste, wie das Meer aufbaut, aber auch wieder zerstört. Seit Jahrhunderten fordern gewaltige Sturmfluten immer wieder Menschenleben. Die stetige Veränderung der Küstenformen im Laufe der Zeit läßt sich auch am Beispiel der Insel Sylt erkennen (vgl. Abb. 25.1 und 25.2).

An der Nordsee ist unter dem Einfluß der Gezeiten eine **Wattenküste** entstanden. Angetrieben von der Kraft der Gezeiten und des Windes rollen unaufhörlich Wellen an die **Flachküste.** Mit auflaufender Flut gleiten die Wellen weiter den Ufersaum hinauf, laufen aus und kehren ins Meer zurück. Dabei lagern sich der mitgeführte Sand und Schlick ab. Kaum merklich wächst so millimeterweise Land aus dem Meer. Es entsteht die Marsch mit nährstoffreichen, schweren Böden, die für die Landwirtschaft entwässert werden.

Steilküsten bieten dem Meer Angriffsflächen, es entstehen **Kliffs,** die vor allem bei Sturmfluten dem Wellengang ausgesetzt sind. Steilküsten sind zurückweichende Küsten, weil das Meer das herabfallende Material wegräumt. Will man den Landverlust einschränken, muß man besondere Maßnahmen zum **Küstenschutz** treffen.

24.2 Rotes Kliff auf Sylt

Baden, Wandern und in der Sonne liegen: Wer will das nicht, wenn er auf Sylt Urlaub verlebt? Aber diese Urlaubsfreuden sind gefährdet. Wind, Sturm und Wellen „nagen“ an den Inseln und verändern ihr Aussehen. Vor 700 Jahren lag Sylt noch 12 km weiter westlich. Pro Jahr verliert die Insel etwa 90 cm Küste an das Meer. Schon sind die Strandpromenaden von Westerland und Wenningstedt bei Sturmfluten bedroht. Die Sturmfluten von 1962, 1972 und 1976 sind den Bewohnern in schlimmer Erinnerung geblieben. Bei Hörnum, im Süden von Sylt, besteht bei Sturmflut die Gefahr, daß die Insel durchbricht.

Um die Zerstörungen aufzuhalten und den Strand zu erhalten, baggern Spezialschiffe jährlich große Sandmengen aus der Nordsee und spülen sie auf den Strand. Die Sandvorspülungen sind bis zu 40 m breit und 7 m hoch. Damit will man sowohl den Strand, als auch vor allem die Einrichtungen des Fremdenverkehrs erhalten. Schließlich leben die Bewohner der Nordseeinseln heute hauptsächlich vom Tourismus.

Maßnahmen zum Küstenschutz sind sehr kostspielig. Sandvorspülungen sind nach etwa sieben Jahren wieder abgetragen, so daß man neuen Sand aufspülen muß.

13. Vergleiche die Form der Insel um 1648 mit der von heute. Erkläre die Veränderungen.

14. Der Küstenschutz auf den Inseln kostet viele Millionen Mark. Diskutiert Gründe, die für den Erhalt der Inseln sprechen.

15. Beschreibe und erläutere die in Abb. 25.1 erkennbaren Veränderungen.

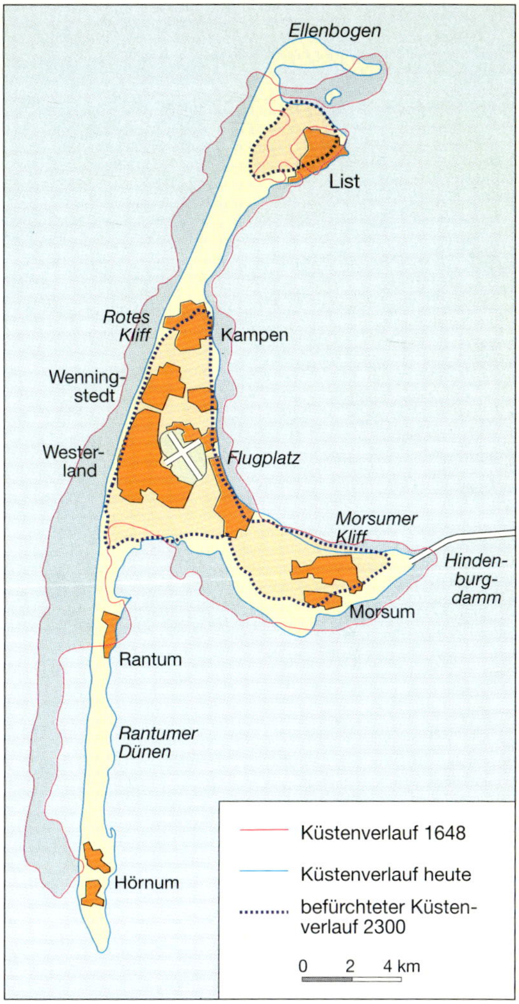

25.2 Die Insel Sylt um 1648 und heute

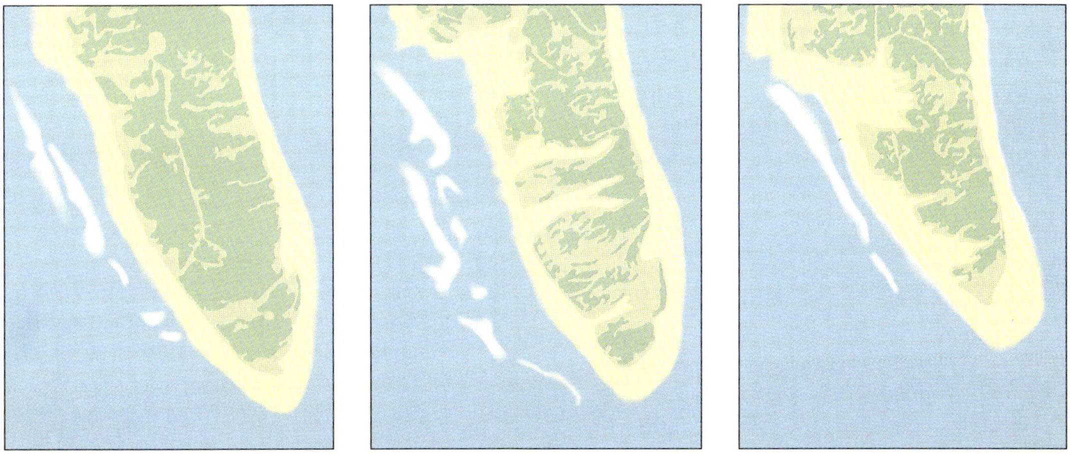

25.1 Die Südspitze von Sylt 1978, 1984 und 1995

Kräfte aus der Erde

26.1 Folgen des Erdbebens in Los Angeles

Die Stärke von Erdbeben wird gemessen nach den Schwingungsausschlägen von Meßgeräten (Seismographen). Die Ausschläge werden aufgezeichnet und ausgewertet. Die Maßeinteilung ist logarithmisch; das heißt, ein Beben der Stärke 2 ist zehnmal stärker als eines der Stärke 1.

Ausschläge von Seismographen:

Stärke 1	einfacher Ausschlag. Nur durch Instrumente nachweisbar.
Stärke 2	doppelter Ausschlag, **10fache** Energie des Bebens. Auch nahe beim Epizentrum kaum spürbar.
Stärke 3	dreifacher Ausschlag, **100fache** Energie
Stärke 4	vierfacher Ausschlag, **1000fache** Energie
Stärke 4,5	mäßige Schäden: leichte Risse im Verputz, in Wänden, an Schornsteinen
Stärke 5	fünffacher Ausschlag, **10 000fache** Energie
Stärke 6,5	starkes Beben: allgemeiner Gebäudeschaden, Zerstörung einzelner Gebäude, Risse im Boden
Stärke 8	Großbeben mit katastrophalen Auswirkungen: Einsturz vieler Gebäude, Spalten im Boden, Hangrutschungen, starke Veränderung der Erdoberfläche
Stärke 8,6	bisher höchster gemessener Wert

26.2 Die Richter-Skala

1. Erdbeben in Kalifornien

„Bei dem Erdbeben am 17. 1. 1994 in Los Angeles sind 60 Personen getötet worden. Die Sachschäden werden auf 20 bis 30 Mrd Dollar geschätzt. Das Beben der Stärke 6,6 ereignete sich um 4.31 Uhr und dauerte 45 Sekunden. Das Epizentrum lag im Stadtteil Northridge, 19 km über dem Herd des Bebens. Unzählige Gebäude wurden beschädigt oder zertrümmert. Straßen rissen auf, Autobahnbrücken und Schnellstraßen auf Pfeilern stürzten ein. Die Sperrung vieler Autobahnen verstärkte das Verkehrschaos in der Millionenstadt. 6 Krankenhäuser sind zerstört, die übrigen 90 dem Ansturm der über 10 000 Verletzten kaum gewachsen. Die Patienten mußten z. T. auf den Parkplätzen betreut werden. Der Stadtteil Sylmar ist am stärksten betroffen. Hunderte von Gebäuden gerieten in Brand, weil die Gasleitungen gebrochen und explodiert waren. Hier brachen auch eine Erdgasfernleitung, eine Pipeline für Erdöl und die Rohre, die Trinkwasser aus den nordkalifornischen Stauseen heranführen. Die Wasser-, die Stromversorgung und die Telefonverbindungen sind nahezu völlig zusammengebrochen. Über 1500 Nachbeben verbreiteten weiterhin Angst und Schrecken."

(nach einem Reporterbericht vom 19. Januar 1994)

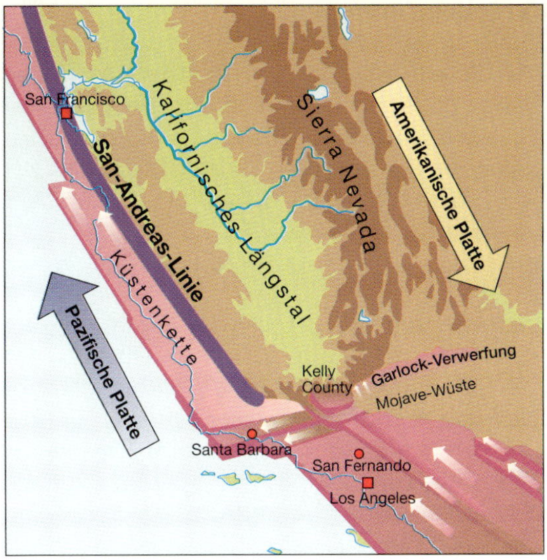

27.1 Die San-Andreas-Verwerfung in Kalifornien

Ursachen der Erdbeben an der San-Andreas-Verwerfung

Die Erdkruste ist keine feste Einheit, sondern besteht aus sich bewegenden Platten. Zwei solcher Platten driften in Kalifornien aneinander vorbei: die Nordamerikanische und die Pazifische. In Kalifornien bilden die beiden Plattenränder die San-Andreas-Verwerfung, die sich vom nördlichen Nachbarstaat Oregon über 1000 km bis nach Mexiko erstreckt. Die Platten schieben sich mit etwa 5 cm pro Jahr aneinander vorbei. So haben sie sich in den letzten 140 Mio Jahren um über 560 km gegeneinander verlagert.

Beim Vorbeigleiten verhaken sich immer wieder einzelne Plattenteile. Dabei bauen sich Spannungen auf, die sich in Erdbeben entladen. Beim Erdbeben von 1906 wurde ein Versatz der Platten bis zu 6 m beobachtet. Der Riß, der sich zeigte, war über 400 km lang. Noch heute zeugen abknickende Flüsse und verschobene Bergrücken davon.

1. Notiert die größten Probleme der Bevölkerung nach dem Erdbeben vom 17. 1. 1994.
2. Beschreibe anhand von Abb. 27.1 den Verlauf der San-Andreas-Verwerfung.
3. Erläutere die Entstehung von Erdbeben in Kalifornien mit Hilfe des Textes und Abb. 27.1.
4. Was bedeutet die Stärke 4 auf der Richterskala im Vergleich zu Stärke 8?

Leben mit dem Erdbebenrisiko in Kalifornien

1906 forderte die schwere Erdbeben-Katastrophe mehr als 2500 Todesopfer. Fast 30 000 Gebäude wurden durch die Wucht des Bebens oder durch Brände aus umgestürzten Kohleöfen oder geborstenen Gasleitungen zerstört.

In Kalifornien gibt es strenge Bau- und Rettungsvorschriften, aber man muß sie auch befolgen! Alle kennen das hohe Risiko, aber aus Sorglosigkeit oder Nachlässigkeit wurden trotz weiterer Erdbeben Schnellstraßen, Industrie- und Geschäftszonen, Strom- und Wasserleitungen und sogar Staudämme ohne angemessene Schutzvorrichtungen angelegt.

Kaum eine Familie trifft Vorsorge nach den Aufforderungen der Behörden, Mobiliar und Hausrat befestigt aufzustellen und in einem sicheren Raum trockene Kleidung, Konserven, Batterien, Medikamente und warme Decken bereitzuhalten. Selbst in Schulen oder Krankenhäusern werden nur selten Katastrophenübungen abgehalten, bei denen man Verhaltensregeln für den Ernstfall übt. „Mich trifft es schon nicht," spielen viele Kalifornier die Gefahr herunter (siehe auch S. 37).

5. Angenommen, es wäre möglich gewesen, die ca. 20 Mio Menschen, die zwischen San Francisco und Los Angeles leben, 6 Stunden vor dem Beben zu warnen: Was hätte geschehen können?

Datum	Zentrum des Bebens (Epizentrum)	Stärke
12. 12. 1812	San Bernardino	7,2
Juni 1838	San Francisco	7,0
09. 01. 1857	Südkalifornien	8,3
21. 10. 1868	Hayward	6,8
26. 03. 1872	Owens Valley	8,0
18. 04. 1906	San Francisco	8,3
29. 06. 1925	Santa Barbara	6,3
04. 11. 1927	Lompoc	7,5
10. 03. 1933	Long Beach	6,3
18. 05. 1940	Imperial Valley	7,1
21. 07. 1952	Kern County	7,7
21. 12. 1954	Eureka	6,6
09. 04. 1968	Borrego Mountain	6,4
09. 02. 1971	San Fernando	6,6
08. 11. 1980	Eureka	7,2
02. 05. 1983	Coalinga	6,7
01. 10. 1987	Whittier Narrows	5,9
17. 10. 1989	Santa Cruz	6,9
April – Juni '92	Südkalifornien	5,0–7,0
17. 01. 1994	Northridge/L. A.	6,6

28.1 Schwere Erdbeben in Kalifornien

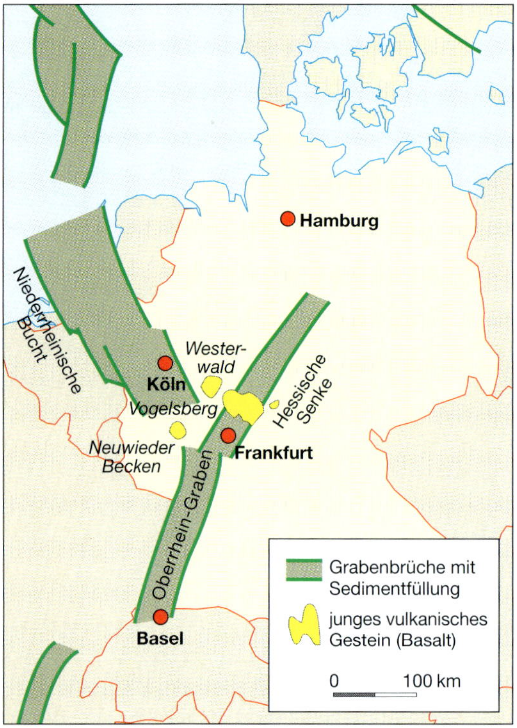

28.2 Erdbebengebiete in Deutschland

Erdbeben in Hessen

Ein dumpfer Knall. Häuser zitterten, Wände wackelten, Scheiben klirrten, Türen flogen auf, Menschen flohen panikartig auf die Straßen. Eine Minute vor 12 bebte gestern in Mittelhessen die Erde. Eine Serie von Erdbeben von Sonntag bis gestern mit der Stärke von 3,0 bis 5,0 auf der Richter-Skala erschütterte den Westerwald.

(Herborner Tageblatt, Dienstag 29. 6. 1982)

Frankfurt und das Rhein-Main-Gebiet sind am Samstag um 13.45 Uhr von einem Erdbeben von 10 Sek. mit der Stärke 3,8 (Richterskala) aufgeschreckt worden. In der Innenstadt blieben Rolltreppen stehen, wackelten Schränke und Schreibtische und fielen Gardinenstangen herunter. Nach Messungen der Seismologen lag das Epizentrum im Frankfurter Stadtgebiet. Tektonische Verschiebungen der Erdkruste sind die Ursache.

(Frankfurter Allgemeine Zeitung, 26. 5. 1990)

29. 11. 1985 — Dillzeitung

Das nächste Erdbeben kommt bestimmt – in Kalifornien werden schon Berechnungen über die Zahl der Opfer angestellt.

1. 3. 1986 — Dillzeitung

Erdbebengefahr in Kalifornien wächst – Verschwindet die Filmstadt Hollywood im Meer?

27. 9. 1986 — Herborner Tageblatt

In Kalifornien: Schweres Erdbeben ist unvermeidlich – nur der Zeitpunkt ungewiß.

7. 1. 1989 — Dillzeitung

Warten auf das nächste große Beben in Kalifornien.

8. 8. 1990 — Frankfurter Allgemeine Zeitung

Größere Wahrscheinlichkeit für heftige Erdstöße bei San Francisco nicht 1:1, sondern jetzt 2:1.

19. 10. 1990 — Frankfurter Allgemeine Zeitung

Ein Jahr nach dem Beben vom 17. 10. 1989 – Kommt jetzt erst die große Katastrophe?

8. 12. 1990 — Herborner Tageblatt

Neue Störzone entdeckt – Kaliforniens Erdbebenrisiko über Nacht um 50 % erhöht.

2. 5. 1991 — Frankfurter Allgemeine Zeitung

Erdbeben an der Westküste Nordamerikas? Unterschätzte Gefahr – meßbare Spannungen.

16. 12. 1992 — Frankfurter Allgemeine Zeitung

Risse im Boden Kaliforniens – Erdbebengefahr erneut gestiegen.

2. Tsunamis

Gewaltige Flutwellen, Tsunamis genannt, (japanisch Hafenwellen), entstehen bei untermeerischen Erdbeben, Vulkanausbrüchen und riesigen Hangrutschungen. Sie türmen sich bis über 30 m Höhe auf und verwüsten Küstenabschnitte. Als die Vulkaninsel Krakatau explodierte, entstand eine Welle, die das 70 km entfernt ankernde Kriegsschiff „Berouw" mehr als 3 km ins Landesinnere Sumatras schleuderte.

Tsunamis können ganze Ozeane durchlaufen. Sie breiten sich in der Tiefsee mit Geschwindigkeiten bis zu 900 km/h aus. Ihre Wellenhöhe beträgt dabei zunächst kaum 2 m, und die Wellenkämme sind bis zu 100 km oder mehr von einander entfernt. Nähern sie sich den Küsten, bremsen sie ab. Dafür aber verkürzt sich der Abstand der Wellen, und diese werden höher. Wo Hindernisse wie Korallenriffe, Felsbänke oder Inseln die Tsunamis nicht abschwächen, stoßen sie in die Buchten hinein. Dort schaukeln sich die Wellenberge auf, so daß die 3. oder 4. Welle die größte Höhe und Wucht erreicht.

Seit 1948 wird Zug um Zug ein „International Pacific Tsunami Warning System" aufgebaut, das die Stärke von Erdbeben und Flutwellen und deren Richtung berechnet. So kann die betroffene Küstenregion gewarnt werden. In gefährdeten Küstenabschnitten Japans versucht man sich zusätzlich zu schützen durch Mauern und Deiche entlang der Küste, die Anlage von Schutzwaldstreifen, künstlichen Wellenbrechern, Verlagerung von Siedlungen und durch jährliche Katastrophenübungen.

In vorgeschichtlicher Zeit verursachten untermeerische Hangrutschungen vor der norwegischen Küste vermutlich gewaltige Tsunamis. Die Gefahr solcher Ereignisse mit Auswirkungen auf die deutsche Küste besteht weiter.

29.1 Die Woge, japanischer Holzschnitt, 1831

6. Vergleiche die Tsunami-Entstehungsgebiete in Tab. S. 29 mit den Karten 12.1 und 38.1.

7. Beobachte und beschreibe, wie sich die Wellen beim Eintauchen eines Steins in Wasser verhalten.

8. Die vorgeschichtlichen Tsunamis an der Nordsee waren höher als 30 m. Welche Auswirkungen hätte das heute?

Verheerende Tsunamis

Jahr	Entstehungsgebiet	Ursache	Ungefähre Wellenhöhe am Ufer in m	Todesopfer circa
1500 v. Chr.	Santorin (Mittelmeer)	Vulkanausbruch	7	?
1755	östl. Atlantik (Lissabon)	Erdbeben	10	?
1868	Peru / Chile	Erdbeben	15	?
1883	Krakatau (Indonesien)	Vulkanausbruch	7	30 000
1896	Honshu (Japan)	Erdbeben	25	26 000
1933	Honshu (Japan)	Erdbeben	25	3 000
1946	Aleuten	Erdbeben	12	?
1956	Griechenland	Erdbeben	30	?
1960	Chile	Erdbeben	25	1 300
1964	Alaska	Erdbeben	30	120
1966	Peru	Erdbeben	6	110
1975	Hawaii	Erdbeben	4	?
1976	Philippinen	Erdbeben	9	8 000
1978	Indonesien	Vulkanausbruch	9	700
1979	Kolumbien	Erdbeben	5	260
1983	Japan	Erdbeben	14	100

30.1 Erkaltender Lavastrom

30.2 Kulturen im Lavaboden des Ätna

Vulkane – Fluch oder Segen?

Immer wieder kündigt der fast 3300 m hohe Ätna auf Sizilien einen Ausbruch an. Tagelang gibt es starke Erdstöße. Riesige Rauchsäulen stehen über dem Berg. In den letzten 15 Jahren brach der Ätna 1983, 1985, 1992 und 1995 aus.

„Seit Wochen donnert, grollt und erzittert er. Die Rauchwolke über dem Gipfel wird immer bedrohlicher. Für den Sommer 1992 hatte man den Ausbruch erwartet, doch jetzt im April ist es schon soweit. Mit einigen dumpfen Donnerschlägen öffnet sich einer der 270 Krater des Vulkans. Rauch, Asche und Gesteinsbrocken werden emporgeschleudert, und glühende Lava fließt in gewaltigem Strom zu Tal. Alles Brennbare wird zu einem Flammenmeer. Der Glutstrom rückt direkt auf das Dorf Zafferana Etnea (570 m hoch) zu. Doch, so lange es geht, wollen die Menschen in ihrem Zuhause bleiben.“ *(aus Zeitungsberichten)*

Experten hatten eine rettende Idee. Das Herborner Echo berichtete darüber am 14. 4. 1992:

„Atempause am Ätna – Lava gebremst: Im Notstandsgebiet am Ätna ist es offenbar gelungen, durch die Zündung von 15 Minen mit rund 500 kg Sprengstoff in 2000 m Höhe am Rande des Lavastroms den Fluß der Lava abzubremsen und in das unbewohnte Bove-Tal abzuleiten. Am Vortage hatte schlechtes Wetter den Abwurf von Bomben und schweren Zementblöcken aus Hubschraubern verhindert.“

3. Leben am Vulkan

Durch Vulkane werden häufig Siedlungen und Kulturland zerstört. Doch sind gerade die Regionen an den Vulkanen besonders dicht besiedelt. Der fruchtbare Boden, der sich aus Lava und Vulkanasche bildet, ist eine gute Voraussetzung für die Landwirtschaft. Am Ätna wachsen Äpfel, Kirschen, Apfelsinen, Zitronen, Aprikosen, Mandeln, Oliven, Feigen, Weintrauben, Melonen, Eßkastanien und alle Arten von Gemüse. Sie bilden die Erwerbsgrundlage der Bauern.

Trotz ihrer Explosivkraft und Unberechenbarkeit sind auch die Vulkane auf Java (Indonesien) und anderen tropischen Inseln Asiens Anziehungspunkt für die Menschen. Die Böden in den Tropen laugen schnell aus und werden dadurch unfruchtbar. Fällt die Vulkanasche beständig als feiner Gesteinsstaub, dann düngt sie die Felder.

Vom **Magma** erhitztes Grundwasser wird als Dampf oder Heißwasser zur Herstellung von Elektrizität (z.B. in Island, Italien), zum Beheizen von Gebäuden und Treibhäusern (z.B. in Island) und für Badeanlagen (z.B. in Japan, Italien, Ungarn) genutzt. In der Eifel, der Wetterau, im Westerwald und Taunus sprudelt kohlensäurehaltiges Mineralwasser aus dem Boden (z.B. in Selters). In Wiesbaden wird natürlich-heißes Wasser am Kochbrunnen und schwefelhaltiges Wasser am Faulbrunnen zu Heilkuren verwendet.

Die Entstehung von Vulkanen

Vulkane zeugen von Veränderungen in der Erdkruste. Da man die Vorgänge im Erdinneren nicht direkt beobachten kann, ist die Erforschung der Vulkanausbrüche (Eruptionen) noch recht lückenhaft. Jeder Vulkan ist offensichtlich ein Individuum. Sein Aufbau, seine Form sowie die Menge und Zusammensetzung der Auswurfmassen (Gase, Lockermaterial, Laven) sind von anderen „Feuerbergen" so verschieden, daß es sogar schwierig ist, die Vulkane bestimmten Typen zuzuordnen.

Eine mögliche Einteilung der Vulkane:

Explosivvulkane, die durch explosionsartige Ausbrüche entstanden sind (Maar, Vulkankegel, Caldera); **Ergußvulkane,** die ihr Aussehen durch sehr heiße Lava erhalten haben (Tafel- und Schildvulkane); **Schichtvulkane,** bei denen sich Lagen aus Lava-, Tuff- und Ascheschichten abwechseln; **Tiefenvulkane,** die nicht bis zur Oberfläche durchdrangen.

Aus großer Tiefe steigen Gase und flüssiges Gestein (Magma) durch Risse in der Erdkruste durch den Vulkanschlot nach oben auf. An der Erdoberfläche treten sie explosionsartig oder als Lava mit über 1000 °C aus. Bei heftigen Eruptionen wird feiner Gesteinsstaub, die Asche, vom Wind sogar über weite Entfernungen verteilt. In Extremfällen kann dadurch die Sonne verdunkelt und das Klima vorübergehend beeinflußt werden. Wasser und Asche verbinden sich vereinzelt zu verheerenden Schlammströmen, die alles unter sich begraben.

Vulkanismus in Deutschland

In den Vulkangebieten Deutschlands gibt es keine aktiven Vulkane mehr. Die meißten waren vor 20 – 30 Mio Jahren tätig. Ehemalige Vulkangebiete in unserer Nähe sind die Eifel, das Siebengebirge und der Hohe Westerwald, der Katzenbuckel im Odenwald, der Vogelsberg, der Knüll und die Rhön sowie die Hessische Senke und der Meißner.

Die jüngsten der über 200 Eifelvulkane haben sich sogar erst vor 12 000 – 9 000 Jahren gebildet. 1980 wurde in einer Frankfurter Zeitung gefragt, ob die Eifelvulkane wieder tätig werden könnten. Zuvor hatten Forscher in geringer Tiefe der Erdkruste eine Zone ganz oder teilweise geschmolzenen Magmas ausgemacht. Ob die Eifelvulkane denn wirklich für alle Zeiten schliefen, lautete eine Frage 1985. Damals hatte man festgestellt, daß sich der Boden des Laacher Sees bei Koblenz erheblich erwärmt hatte. Außerdem entwich sehr viel vulkanisches Kohlendioxid aus dem See.

Der See von Maria Laach ist das größte der etwa 50 Maare der Eifel. Maare sind meist mit Wasser gefüllte trichter- oder schüsselförmig eingetiefte Vulkane, die vermutlich durch Wasserdampfexplosionen aus erhitztem Grundwasser entstanden. Häufig sind dabei auch Asche und Bimstuffe ausgeworfen worden, die man heute zu Baumaterial (z. B. Hohlblocksteine) verarbeitet. In Steinbrüchen baut man auch vulkanische Gesteine wie Basalt, Diabas und Trachyt ab. Sie sind als Platten, Säulen, Pflastersteine oder Schotter sowie für den Deichbau am Meer zu verwenden.

9. Erkläre die Entstehung von Vulkanen und beschreibe die Vorgänge beim Ausbruch.

10. Suche die Vulkane (S. 30) im Atlas. Gibt es noch weitere Vulkane in der Nähe?

11. Begründe deine Meinung zu „Vulkane – Fluch oder Segen?"

12. Suche Vulkangebiete in Deutschland (Atlas).

13. Erkläre die Begriffe Selterswasser, Kochbrunnen und Faulbrunnen.

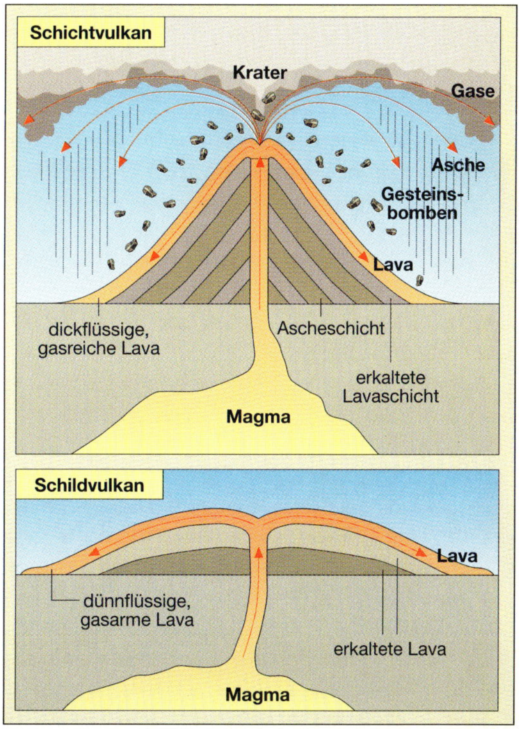

31.1 Vulkantypen

Naturgefahren – Naturkatastrophen

32.1 Bergsturz im Veltlin in den italienischen Alpen

Immer wieder berichten die Medien über Naturgefahren, die katastrophale Auswirkungen haben. Erdbeben, Vulkanausbrüche, Unwetter, Stürme, Fluten, Kälte- oder Hitzewellen, Schneestürme, Dürren, Erdrutsche oder Lawinen richten Verwüstungen an. Dann stellt sich häufig die Frage nach den Ursachen oder den Schutzmöglichkeiten. Gängige oder leichte Antworten müssen aber nicht immer stimmen!

1. Bergstürze, Lawinen und Muren im Gebirge

28. Juli 1987: „Ein furchtbarer Knall erschüttert das Veltliner Tal zwischen Sondrio und Bormio. Rund 50 Mio m³ Erde, Schutt und Schlamm begraben 2 im Tal liegende Ortschaften. Die Ostflanke des 3022 m hohen Pizzo Copetto hat sich nach wochenlangen Regenfällen auf einer Breite von 2 km gelöst. Beide Dörfer liegen unter 100 m hohen Massen begraben. Die Mehrzahl der Bewohner kommt nur deshalb mit dem Leben davon, weil man die Orte wegen Hochwassergefahr Tage vorher geräumt hat. Einige blieben und gehören jetzt zu den 28 Todesopfern und Hunderten von Verletzten. Hinter der 3,5 km langen, 400 m breiten und 100 m hohen Barriere hat sich ein See aus 20 Mio m³ Wasser aufgestaut. Weitere Bergstürze drohen in diesen See zu stürzen und Flutwellen auszulösen.“ (nach Zeitungsberichten)

1963 stürzten Felsmassen urplötzlich in den Stausee von Vaiont in einem unbewohnten Seitental der Piave (italienische Alpen). Die Flutwelle brandete über die Staumauer und zerstörte im Piavetal drei Ortschaften. Fast 2000 Tote waren zu beklagen.

Solche Felsstürze und -gleitungen geschehen häufiger im Hochgebirge. Sie hat es früher gegeben, und sie sind auch in der Zukunft nicht auszuschließen. Im Veltlin hatte man den angeblich Schuldigen schnell ausgemacht: die Waldzerstörung durch den Menschen. Vielleicht wurde der Felssturz dadurch beschleunigt. Doch nur die wenigsten aller Bergstürze sind durch das Zutun von Menschen ausgelöst oder verursacht worden. Heute siedeln aber zu viele Menschen zu nahe an den möglichen Gefahrenzonen. Der alte Grundsatz „Vermeiden durch Meiden“ wird oft sträflich mißachtet. Schützende Bauwerke wie Verbauungen sind wegen der Zufälligkeit und Größe der Felsabgänge im allgemeinen wenig wirksam. Es ist deshalb wichtig, Anzeichen eines bevorstehenden Niedergangs (Felsspalten, Sturzschuttbildung, Bewegungen des Hangs, Geräusche) zu registrieren und die Bevölkerung wie im Veltlintal zu warnen.

33.1 Hangverbauung

Mit Pickel und Schaufel in die Berge

Im Februar 1990 fegte ein Sturm den Schutzwald oberhalb des Schweizer Bergdorfes Curaglia weg. Heute steht am Hang ein Flickwerk aus Holzbarrikaden und Jungbäumen. Freiwillige haben im Sommer nach der Katastrophe Fußwege und Terrassen angelegt. In mühsamer Knochenarbeit pflanzten sie kleine Bäume zwischen die Barrikaden. (nach Greenpeace Magazin 5/91)

Lawinen und Muren – Was schützt davor?

Die Orte in den Hochgebirgen sind auch durch Lawinen und Muren (Abgänge von Schnee- bzw. Geröllmassen) gefährdet. Besonders die jüngeren Ortsteile sind davon betroffen, die man leichtfertig in Risikozonen errichtete.

Durch Verbauung der Wildbäche, der Murgang- und der Lawinenbahnen versucht man sich zu schützen: Steinmauern und -pfeiler, Betonstufen und treppenartig eingebuchtete Betonwälle, Eisenträger, Gitter und Gatter aus Holz oder Aluminium, Tunnel und Lawinendächer (Galerien) sind solche Baumaßnahmen. Dadurch können die Gefahren zwar teilweise gebremst oder abgeleitet werden, sie bekämpfen aber die Bedrohungen nur punktuell und nicht flächenhaft. Auch halten sie kein Wasser im Boden fest (siehe S. 36).

Mittlerweile hat man erkannt, daß Bergwälder der wirksamste, billigste und dauerhafteste Schutz gegen Naturgefahren sind. Schutzwälder direkt oberhalb von Orten nennt man auch **Bannwälder.** Dabei sollte der Wald möglichst naturbelassen oder naturnahe aufgebaut sein. Die ständige natürliche Verjüngung darf nicht durch unsachgemäßes Betreten, Wildverbiß bei einem zu hohen Tierbestand, die Waldweide von Nutzvieh oder durch Luftschadstoffe gestört werden.

Aufforstungen sind nicht immer leicht zu bewältigen, wenn durch Erosion der Boden schon weitgehend abgetragen worden ist (vgl. Abb. 36.2), und nur noch Fels die Oberfläche bildet.

1. Nenne Anzeichen eines baldigen Felssturzes.

2. Erläutere den Spruch „Vermeiden durch Meiden“.

3. Beschreibe einen naturnahen Wald und erkläre den Begriff Bannwald.

4. Die Verbauungen nennt man auch Kunstwald. Begründe.

5. Worin könnte dein Beitrag zur Rettung der Bergwälder bestehen (Einkauf, Urlaub, ...)?

33.2 Lawinenverbauungen und Bannwälder

2. Wirbelstürme und Hochfluten in Bangla Desh

Stichwort Bangla Desh: Asiatisches Land mit einer Fläche von 144 000 km² und 107 Mio Einwohnern (740 E./km²). Fast ganz Bangla Desh ist Schwemmland aus Geröll, Schlamm und Sand der Ströme Ganges, Brahmaputra und Meghna. Das fruchtbare Flußdelta ist über 80 000 km² groß und liegt nur wenig höher als der Meeresspiegel. Bei allen Hochwassern der Flüsse, fast regelmäßig während der Monsunregen, entstehen Fluten, die das halbe Land unter Wasser setzen können. Bei Springfluten des Golfes von Bengalen und bei Wirbelstürmen von dort überdecken bis zu 6 m hohe Fluten durch Rückstau oder vom aufgepeitschten Meer her nahezu 80 % der Staatsfläche. Die mehr als 1000 Mündungsarme der Flüsse und die Küsten sind nur teilweise durch niedrige Deiche eingefaßt. Die vielen kleinen bewohnten Sandinseln sind völlig ungeschützt.

Ein „Flutaktionsplan" der Regierung sieht Flutkontrollen, Frühwarneinrichtungen und den Bau von Betonfluchtbunkern auf Stelzen vor. Dem bettelarmen Land fehlt aber zur lückenlosen Verwirklichung der Maßnahmen das nötige Geld.

Durch das Bevölkerungswachstum von über 3 % im Jahr ist das Land hoffnungslos überbevölkert. Da fast alle Menschen von der Landwirtschaft leben müssen, entsteht ein enormer „Landdruck": So wird auch der letzte Winkel im risikoreichen, flutgefährdeten Mündungsgebiet landwirtschaftlich genutzt.

Am 24. April 1991 war es wieder soweit:

Bereits zum vierten Mal seit 1970 traf ein Wirbelsturm das Küstengebiet von Bangla Desh. Mit Spitzengeschwindigkeiten bis zu 235 km/h tobte der Sturm 8 Stunden lang mit bis zu 6 m hohen Wellen. Kleinere Inseln verschwanden für immer im Meer – und ihre Bewohner mit ihnen.
„Ich habe die Kinder an mir festgebunden", berichtete die 24jährige Razia Katum, „und konnte gerade noch auf das Dach des Hauses steigen. Bis zu dem Bunker auf Stelzen, wo unsere Kinder sonst zur Schule gehen, war eine Flucht viel zu weit. Dann rasten die Wassermassen auf uns zu." Nach offiziellen Angaben forderte die Katastrophe 150 000 Tote, 10 Millionen Menschen wurden obdachlos. Für die Überlebenden war das Grauen aber noch nicht zu Ende. Viele schleppten sich tagelang durch das schlammige Wasser und fanden kaum sauberes Wasser zum Trinken. Cholera und andere Epidemien breiteten

34.1 Folgen eines Wirbelsturms über Bangla Desh

Leben mit der Flut

Madinal Haq lebt auf der dem Delta vorgelagerten Insel Hatia. Früher besaß er hier sechs Hektar Land, von denen er mit seiner Familie gut leben konnte. Seit der Ozean seine Felder weggeschwemmt hat, gehört er zu den Landlosen. Unter ein paar Bäumen steht seine Hütte, umgeben von einem winzigen Garten, der die Familie mit Gemüse versorgt. Die Haqs wohnen keine zehn Meter vom Meer entfernt. Madinal kann zusehen, wie die Strömung den Lehmboden wegreißt. In wenigen Tagen wird er seine Hütte abbrechen müssen und fortziehen – zum achten Mal, seitdem er kein eigenes Land mehr besitzt. Wenn er Glück hat, gibt es anderswo auf der Insel ein paar Quadratmeter Land. Vielleicht muß er aber auch in eine der großen Städte gehen. Möglicherweise findet die Familie einen Platz in einem der Slums. Doch für Neuankömmlinge gibt es in Dacca kaum Arbeitsplätze. Daher werden sie eher neben den Bahngleisen oder woanders unter Zeltplanen, Plastikfolien und Pappkartons hausen müssen.

(nach Geo 7/1991)

6. Vergleiche die Oberflächengestalt von Bangla Desh mit der von Deutschland.

7. Wie schützt man sich bei uns gegen Hochwasser und Sturmfluten?

8. Nenne mögliche Folgen der Erwärmung der Atmosphäre für Bangla Desh. Welche Ursachen und Lösungen werden diskutiert?

sich aus. Dazu kam der Hunger: die Lagerhäuser von Chittagong waren größtenteils zerstört, die Reisfelder fortgeschwemmt. Weite Flächen sind womöglich für Jahre versalzen. Die Garnelenfarmen versanken in den Fluten, ebenso die meisten Schiffe der Fischereiflotte. Nur ein Bruchteil konnte mit Hubschraubern aus der Luft mit Trinkwasser, Medikamenten, Brot oder vorgekochtem Reis versorgt werden. *(nach Geo 7/1991)*

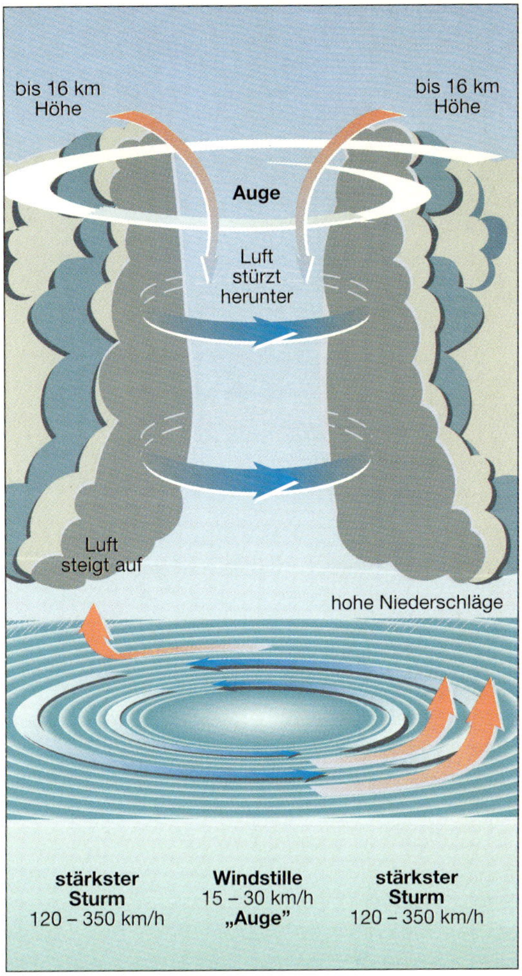

35.1 Wirbelsturm (Zyklon)

Wirbelstürme

Jedes Jahr entstehen auf der Erde durchschnittlich 80 tropische Wirbelstürme. Sie bilden sich über Ozeanflächen, die wenigstens 27 °C warm sind. Man bezeichnet sie als Hurrikane in Amerika, Zyklone oder Taifune in Asien und Willy-Willies in Australien. Sie können einen Durchmesser von 2000 km und Drehgeschwindigkeiten von über 350 km/h erreichen. Mit meist nur 25–30 km/h wandern sie über Meer und Land.

An den Küsten entstehen dabei riesige Flutwellen, die wie in Bangla Desh verheerend sein können. Über dem Land lassen sie Schneisen der Verwüstung hinter sich. Tornados, die nur über Land entstehen, sind Wirbelstürme mit viel geringerem Durchmesser. Sie haben aber eine ähnliche zerstörerische Gewalt.

Es gibt bereits Frühwarnsysteme zur Vorhersage von Wirbelstürmen. Mit Flugzeugen fliegen die Meteorologen in das „Auge" eines sich entwickelnden Wirbelsturms hinein. Sie benötigen die Meßwerte, um Vorhersagen treffen zu können. In Amerika haben die Warnungen meistens Erfolg, so daß sich die Bevölkerung der gefährdeten Gebiete in Sicherheit bringen kann. In Bangla Desh werden viele Menschen von den Warnungen im Radio oder Fernsehen nicht erreicht. Wohin sollen sie auch fliehen, wenn fast alles überschwemmt ist?

Klimatologen befürchten für die Zukunft noch häufigere und heftigere Unwetter und Wirbelstürme. Die Temperatur der Atmosphäre hat sich erhöht. Außerdem vergrößerten sich die über 27 °C warmen Flächen der Ozeane in den letzten 30 Jahren um ein Drittel.

36.1 Karikatur

3. Hochwasser – immer öfter?

Im Herbst 1994 wurde der Süden Europas von Stürmen und sintflutartigen Regenfällen heimgesucht. In Griechenland, Südfrankreich und Norditalien versanken Ortschaften oft tagelang in den Fluten. In Mitteleuropa traten im Januar und Februar 1995 nach starken Regenfällen und durch die Schneeschmelze der Rhein und seine Nebenflüsse, die Maas sowie die Weser und ihre Zuflüsse über die Ufer. In Melsungen und Rotenburg überschwemmte die Fulda die Innenstädte, Kassel wurden Verkehrslinien unterbrochen. Frankfurt am Main wurde vom größten Hochwasser seit 1926 betroffen. Es gab Katastrophenalarm. Koblenz und Köln am Rhein hatten nach einem Jahr erneut Rekordhochwasser. In den Niederlanden mußten für eine Woche 250 000 Menschen evakuiert werden, weil die Deiche der Mündungsarme des Rheins aufzuweichen drohten.

Starke, länger andauernde Niederschläge führen immer zu hohen Abflüssen, besonders im Winter, wenn durch vorausgegangene Schnee- und Frosteinwirkung die Versickerung vermindert ist. Eine Zunahme solcher Niederschlagswetterlagen scheint sich in den letzten Jahren anzudeuten. In ihrer Folge gefährden Hochwasser mit ihren Wasser- und Schlammassen immer häufiger ganze Landstriche.

Die Wissenschaftler erforschen die Auswirkungen menschlicher Eingriffe in die Natur. Die Zerstörungen der Bergwälder durch Luftverschmutzung und Rodungen führen zu geringerer Wasserspeicherung. Erhöhte Wasserabflüsse und Bodenabspülungen sind die Folge. Die Menschen überbauen immer mehr Flächen, die Landschaft wird zunehmend versiegelt. Zusätzlich tragen begradigte, kanalisierte oder eingeengte Wasserläufe dazu bei, daß die Flüsse häufiger über die Ufer treten. An manchen Stellen sind bereits Auen wiederhergestellt worden, das heißt, **renaturiert** worden. Sie bieten bei Hochwasser genügend Ausgleichsflächen.

9. Nenne und beschreibe Eingriffe in die Natur, die zu Hochwasser führen könnten.

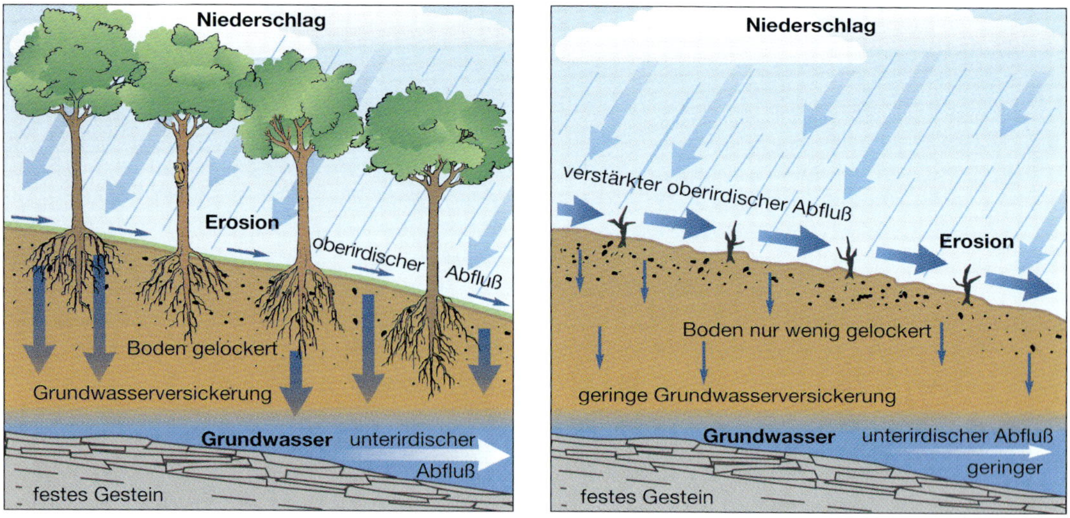

36.2 Abfluß des Niederschlags im Wald und im offenen Land

4. Gibt es Schutz vor Erdbeben?

Am 18.1.1995 bebte die Erde im Raum Kobe-Osaka in Japan, um 5.41 Uhr für 20 Sekunden. Über 5300 Tote, 28 000 Verletzte, 272 000 Obdachlose, 22 000 zerstörte Gebäude und Schäden in Milliardenhöhe sind die Bilanz. Das Epizentrum lag in der Bucht von Kobe, die Erdbebenwellen breiteten sich bis Kobe in knapp 10 Sekunden aus.

„Nun rächte sich die Selbstgerechtigkeit, mit der Japaner im Januar 1994 die Schäden des Erdbebens von Los Angeles kommentierten. Solche einstürzenden Autobahnen und Gebäude könne es in Japan nicht geben, verbreitete sogar der japanische Bauminister. Jetzt ist das Vertrauen der Japaner in ihre Bautechnik, ihre modernste Erdbebenvorhersage und Katastrophenbewältigung dahin! In Japan konnte noch kein einziges schweres Erdbeben vorhergesagt werden."

(nach: Frankfurter Allgemeine Zeitung vom 19. 1. 1995)

Die Erdbebenvorhersage ist tatsächlich schwierig. Seismographen zeichnen die Erdbebenwellen auf. Mit Laserstrahlen werden Erdbewegungen und Verschiebungen, Veränderungen in Gesteinsschichten und im Erdmagnetfeld vermessen. Sogar ungewöhnliches Verhalten von Tieren wird als möglicher Vorbote gedeutet. Alle Mühen sind bisher wenig erfolgreich. Nur ein erdbeben- und katastrophenbezogenes Verhaltenstraining und eine gezielte Bauweise versprechen bisher in den dicht bevölkerten Gebieten eine Rettung.

Vulkanausbrüche dagegen kündigen sich in der Regel an (vgl. S. 30), so daß eine Warnung und sorgfältige Räumung meistens Opfer an Menschenleben verhindert. Schlammströme können noch weit entfernte Orte bedrohen, wenn ein Ausbruch mit starken Regenfällen zusammentrifft.

10. Nennt Möglichkeiten, sich vor Erdbeben zu schützen.

Katastrophentag – 13 Mio Japaner übten mit
Über 13 Mio Japaner folgten dem Aufruf der Regierung, am „Katastrophentag" ihr Wissen über das Verhalten bei Erdbeben aufzufrischen und Schutzmaßnahmen zu üben. Die Erstkläßler setzten ihre Erdbebenschutzkappen auf. In Behörden und Unternehmen fanden die Übungen während der Frühstückspause statt. Hausfrauen und Kinder kamen zu den Vorführungen der Polizei und Feuerwehr in die Parks.

(Rheinische Post)

37.1 Katastrophenübung in Japan

Das pyramidenförmige Transamerica Building in San Francisco ist ein Beispiel moderner erdbebensicherer Architektur. Die Dreiecksträger und betonverkleideten Stahlsäulen an der Basis des 260 m hohen Gebäudes können das Doppelte der in den Bauvorschriften der Stadt veranschlagten Erdbebenbelastung aushalten. Bei einem Erdbeben wird dieses Gebäude wahrscheinlich nur 60 cm weit ausschwingen. Zu erwarten wären bei einem gewöhnlichen Bau dieser Höhe 90 cm.

37.2 Erdbebensicheres Hochhaus

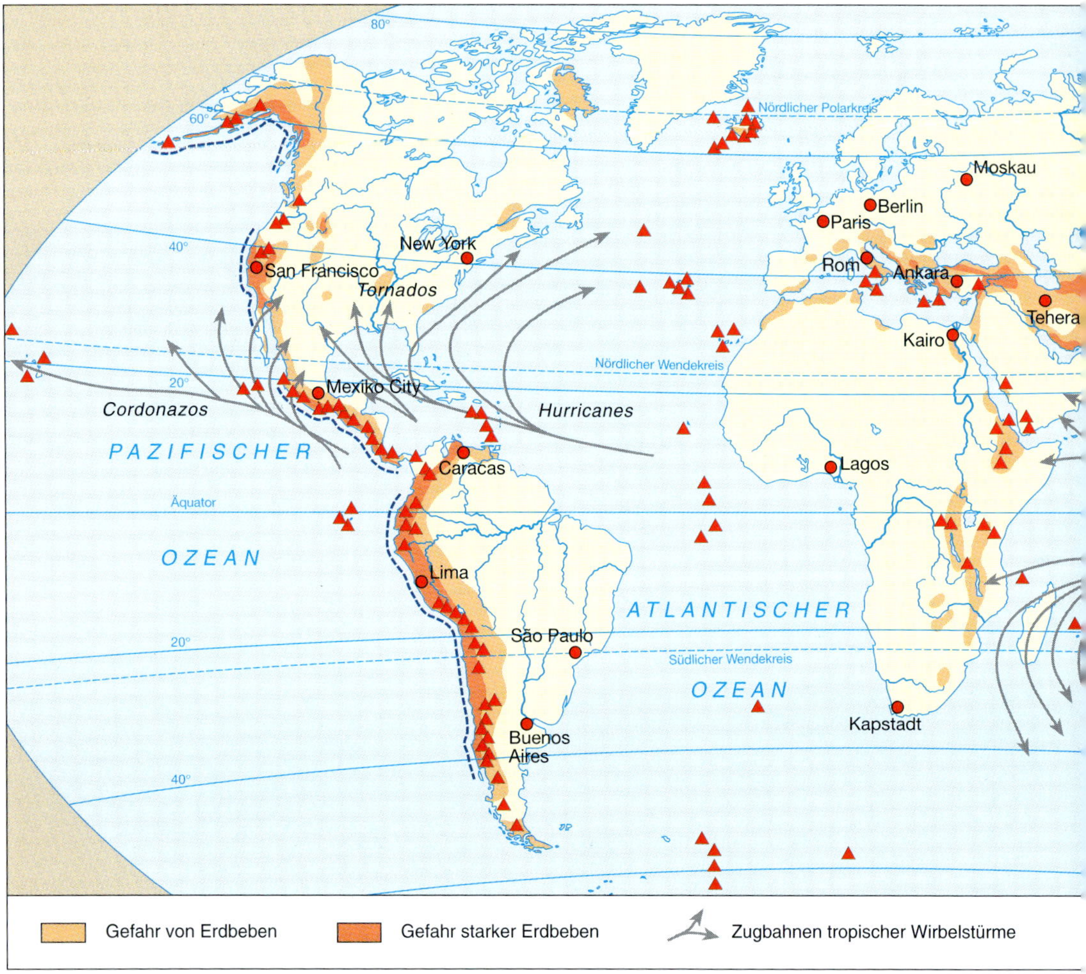

38.1 Katastrophengefährdete Gebiete der Erde

Unruhige Erde – „Rätselhafte" Vorgänge

Silbenrätsel:
Gesucht werden 17 Fachwörter, die du in den vorangegangenen Kapiteln kennengelernt hast.

Schreibe diese Begriffe in dein Heft und unterstreiche jeweils den Buchstaben, der in Klammern angegeben ist. Von oben nach unten ergeben diese Buchstaben einen weiteren Begriff.

asche - ben - be - do - duk - epi - erd - ero - erup - fun - ge - graph - kon - kra - la - la - len - lo - ma - mag - me - me - mo - mu - na - ne - nik - on - on - on - ons - plat - re - reo - seis - si - strö - sub - tai - te - ten - tek - ter - ti - ti - ti - to - tor - trum - va - vek - wel - wi - zen

1. Abtransport verwitterten Gesteins (7)
2. Gesteinsschmelze im Erdinnern (5)
3. asiatische Bezeichnung für einen Wirbelsturm (1)
4. Abtauchvorgang von Erdplatten (2)
5. Erd- oder Schuttstrom im Gebirge (3)
6. Eintiefung an der Vulkanspitze (1)
7. Verschiebung von Erdplatten (3)
8. Erdoberfläche direkt über dem Erdbebenherd (7)
9. Gesteinsschmelze an der Erdoberfläche (2)
10. Gesteinsströme im Erdmantel (12)
11. Wirbelsturm über Nordamerika (1)
12. Aufzeichnungsgerät von Erdbebenwellen (8)
13. Wetterkundler (7)
14. Ausbruch eines Vulkans (4)
15. feines Vulkangestein (4)
16. Ausbreitungsbewegungen von Erdstößen (13)
17. Abgang von Schneemassen (5)

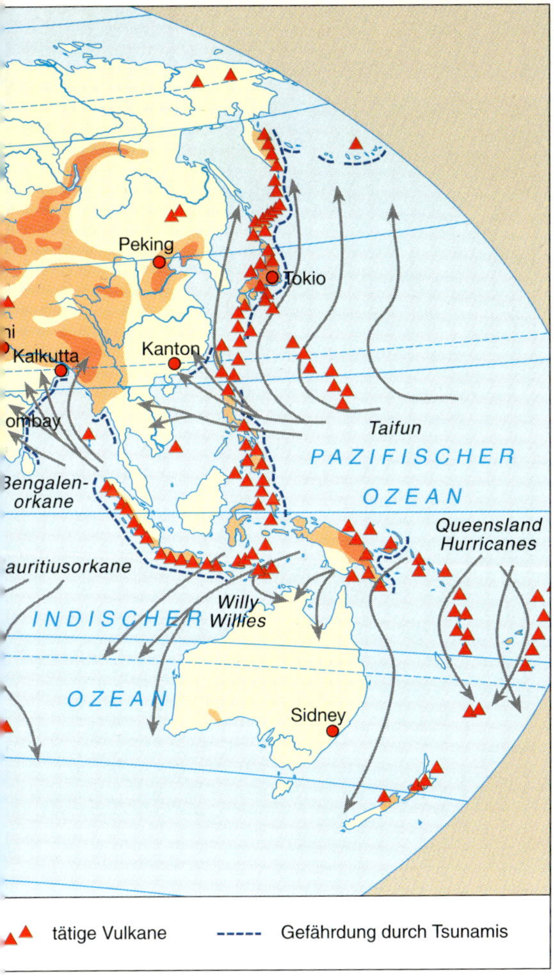

Auflistung: Naturkatastrophen seit 1962		
Datum	**Ereignis**	**Tote**
16./17.2.1962	Sturmflut an der Nordseeküste und in Hamburg	315
1.5.1970	Erbeben in Peru	52 000
12.11.1970	Wirbelsturm in Bangla Desch	200 000
Juni 1972	Hurrikan Agnes in den USA	122
November 1972	Herbststürme in Mitteleuropa	54
23.12.1972	Erdbeben in Nicaragua	5 000
April 1974	Tornado in den USA	322
September 1974	Hurrikan Fifi in Honduras	9 000
Januar 1976	Winterstürme in Europa	82
4. 2.1976	Erdbeben in Guatemala	22 778
6. 5.1976	Erdbeben in Italien	978
8. 7.1976	Erdbeben in China	750 000
24.11.1976	Erdbeben in der Türkei	3 626
4. 3.1977	Erdbeben in Rumänien	1 581
August 1979	Hurrikan David, Karibik	1 400
Mai 1980	Vulkanausbruch Mt. St. Helens in den USA	60
10.10.1980	Erdbeben in Algerien	2 590
23.11.1980	Erdbeben in Italien	3 114
Jan./April 1983	Überschwemmungen, Peru und Ecuador	500
31. 3.1983	Erdbeben in Kolumbien	250
26. 5.1983	Erdbeben in Japan	104
30. 10.1983	Erdbeben in der Türkei	1 330
Dezember 1982	Kältewelle in den USA	471
2. 9.1984	Taifun Ike auf denPhilippinen	über 1 000
23. 5.1985	Wirbelsturm in Bangla Desch	40 000
19. 9.1985	Erdbeben in Mexiko	23 000
13.11.1985	Vulkanausbruch in Kolumbien	23 000
19./20.1.1986	Orkan über Europa	4
Herbst 1986	Überschwemmungen in Indien	1 078
10. 10.1986	Erdbeben in El Salvador	1 500
5. 3.1987	Erdbeben in Ecuador	über 2 000
Juli 1987	Hitzewelle in Griechenland über	1 000
7. 12.1988	Erdbeben in Armenien	25 000
Jan./Febr. 1990	Orkan über West- und Mitteleuropa	50
18. 7.1990	Erdbeben auf den Philippinen	2 000
April 1991	Überschwemmung in Bangla Desch durch Zyklon über	150 000
9. 6.1991	Vulkanausbruch auf den Philippinen	über 200
13. 4.1992	Erdbeben im Dreiländereck (D, B, NL)	1
26. 8.1992	Hurrikan Andrew über Florida und Lousiana	21
17. 8.1994	Erdbeben auf den Philippinen	3 564
November 1994	Überschwemmungen in Südeuropa	über 100
18. 1.1995	Erdbeben in Japan	über 5 300
28. 5.1995	Erdbeben auf Sachalin	über 2 000

Katastrophengefährdete Gebiete

Topographische Übung:

Arbeite mit Abb. 38.1 und dem Atlas.

1. Schreibe die Küstenstreifen und Inselgruppen auf, die durch Erdbeben oder Vulkane gefährdet sind. Ordne nach Erdteilen.
2. Der Rand des Pazifischen Ozeans wird auch als „Feuerring“ bezeichnet. Begründe.
3. Welche Staaten sind durch tropische Wirbelstürme gefährdet? Ordne nach Kontinenten.
4. Über welchen Meeren entstehen Wirbelstürme?
5. Welche Gebiete bleiben von Naturkatastrophen weitgehend verschont? Welche Gründe dafür kannst du nennen?
6. Vergleiche die Karte der Naturkatastrophen mit einer Weltkarte „Bevölkerungsdichte“ (Atlas).

Projekt: Nutzung der Naturkräfte

Die Klasse 8a der Freiherr-vom-Stein-Schule aus Eppstein/Ts. verbringt eine Woche am Edersee. Dort trifft sie auf die 8d der Burgwaldschule aus Frankenberg, die ebenfalls auf Klassenfahrt ist. Beide Klassen wollen unbedingt die Edertalsperre besichtigen. Man beschließt, gemeinsam einen großen Bus zu nehmen.

Beide Klassen haben im Unterricht das gleiche Thema: die Nutzung der Naturkräfte zur Strom- und Wärmeerzeugung, um umweltschonend Kohle, Öl und Gas einzusparen.

Die Schüler aus Eppstein berichten, daß sie im nahen Wiesbaden viele Beispiele hierfür kennen: Große Solarzellenanlagen auf Parkhäusern und an Parkscheinautomaten erzeugen Strom, warme Quellen heizen Gebäude. Wind- und Wasserkraftanlagen, wie sie in Nordhessen bestehen, kennen sie aus ihrer Umgebung aber nicht.

Im Unterricht wird das Thema vertieft. In Arbeitsgruppen entstehen Wandzeitungen mit Informationen über Energie, weitere Lehrausflüge folgen. Im Arbeitslehre-Unterricht stellen die Schülerinnen und Schüler Modelle her, die zeigen, wie man mit Wasser, Wind und Sonne Antriebskräfte, Strom und Wärme erzeugen kann.

Energiebedarf und -verbrauch

Energie, wie sie die Natur zur Verfügung stellt, nennt man **Primärenergie.** Sie wird z. B. durch Kohle, Öl, Gas oder Uran bereitgestellt. Die bekannten und zu vertretbaren Kosten abbaubaren Vorräte der **fossilen Rohstoffe** werden irgendwann verbraucht sein. Experten sprechen von ca. 50 Jahren beim Erdöl, 65 Jahren beim Erdgas und ca. 230 Jahren bei der Kohle bei gleichbleibendem Verbrauch auf der ganzen Welt. Sonne, Wind, Wasser und Erdwärme sind ebenfalls Primärenergien. Ihre Vorräte sind praktisch unerschöpflich; man spricht daher von dauerhaften oder **regenerativen Energiequellen.**

Wir sind es heute gewohnt, Energie jederzeit zur Verfügung zu haben: Die Wohnung ist warm, wir waschen uns mit warmem Wasser, kochen unser Essen, stellen Fernseher, Radio oder CD-Spieler an. Wir denken kaum darüber nach, ob die Energie für immer reichen wird.

Allein zwischen 1960 und 1973 hat sich der Energieverbrauch in der Bundesrepublik Deutschland und der damaligen DDR nahezu verdoppelt. Seitdem hat die Industrie dank verbesserter Technik ihren Verbrauch um ein Drittel senken können. Auch der private Verbrauch ist seit Ende der 80er Jahre dank verbesserter Haushaltsgeräte und Sparmaßnahmen kaum noch gestiegen. Die Sparmöglichkeiten sind jedoch begrenzt. Und: seit 1973 verdoppelte sich der Verbrauch im Verkehr.

Im Energieverbrauch pro Kopf liegen wir Deutsche an dritter Stelle in der Welt. Zwar war der Verbrauch 1993 nicht höher als 20 Jahre zuvor, jedoch zwingen die Verknappung der Rohstoffe und die durch sie hervorgerufenen Umweltgefahren weiter zu sparsamerem Energieeinsatz.

1. Bisher hast du viel über die zerstörende Wirkung von Naturkräften gelernt. Naturkräfte können aber auch nutzbringend eingesetzt werden. Beschreibe anhand der Bilder auf S. 40.

2. Werte Abb. 41.1 für 1973 und 1993 aus.

3. Informiert euch über den Energieverbrauch an eurem Schulort und in der Schule (Elektrizitätswerk, Hausmeister).

4. Nennt Beispiele dafür, wie die dauerhaften Energiequellen Wasser, Sonne, Wind und Erdwärme schon früher genutzt wurden?

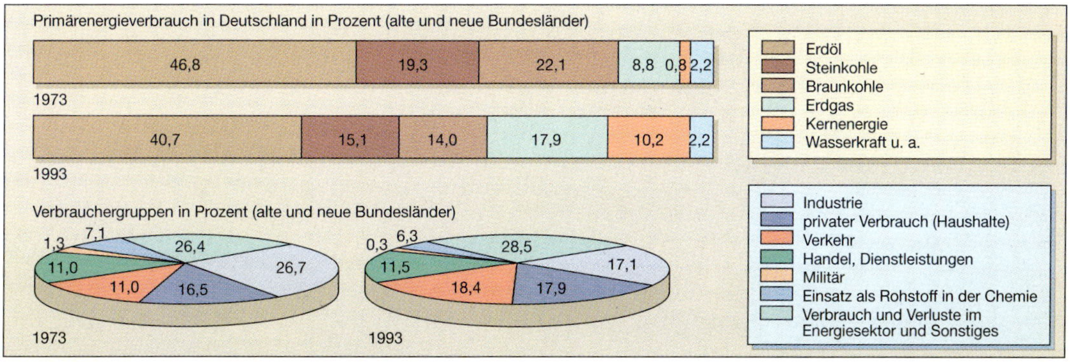

41.1 Primärenergieverbrauch in Deutschland

1. Wasser für Mühlen und Kraftwerke

Linda, Anja und Elleni informieren sich über Wasserkraft. Sie stellen fest, daß es ganz unterschiedliche Nutzungsformen gibt:

„Bereits im 3. Jahrhundert vor Christus kannte man in Byzanz einfache Wasserräder. Sie erlangten aber erst ab der Mitte des 16. Jahrhunderts größere Bedeutung. Zu dieser Zeit erfand man Wasserräder, bei denen das Wasser von oben auf das Rad geleitet wird. Schnell verbreiteten sie sich und bildeten eine wichtige Grundlage für den Aufschwung des Gewerbes und vieler Lebensbereiche. Vor der Erfindung der Dampfmaschine im Jahre 1769 wurde vor allem die Wasserkraft als Antrieb genutzt: Mühlräder trieben z. B. Mahl-, Pumpwerke, Sägemühlen und Hämmer zur Metallbearbeitung direkt oder über Treibriemen und Zahnräder an. Vor etwa 100 Jahren begann man, die Wasserkraft auch zur Stromerzeugung zu nutzen."

In der näheren Umgebung des Schulortes Frankenberg gibt es viele kleine Wassermühlen. Die meisten stehen still. In einigen wird noch Korn gemahlen. Es gibt aber auch Mühlen, die Strom erzeugen. Ein Modell eines Wasserrads zur Stromerzeugung wollen Melanie, Nina und Martin im Laufe ihres Projekts bauen.

Die Stromerzeugung mit **Wasserkraft** ist besonders umweltfreundlich. Hierbei läßt sich das Prinzip des Dynamos einfach anwenden: Das Wasser treibt Turbinenschaufeln, die sich drehen und in Generatoren den Strom erzeugen.

Bei **Wärmekraftwerken** (vor allem Kohle- und Kernkraftwerke) muß durch Verbrennung oder Kernspaltung erst Wasserdampf erzeugt werden, der die Turbinen antreibt. Dabei geht mehr als die Hälfte der Energie bei der Umwandlung oder als Abwärme verloren.

Eine der größten Anlagen Deutschlands zur Nutzung der Wasserkraft befindet sich am Edersee. Michael, Elvir und Magdalena haben den Besuch im Kraftwerk zusammengefaßt:

„Die Edertalsperre wurde 1908 bis 1914 erbaut. Fast 900 Menschen wurden umgesiedelt. Von den drei Dörfern, die der ca. 27 km lange See überflutete, findet man heute bei Niedrigwasser nur noch Reste von Grundmauern und die mit Betonplatten abgedeckten alten Gräber vor.

Ursprünglich hatte die 400 m lange und 48 m hohe Staumauer hauptsächlich zwei Aufgaben:

- *Wasser aufzustauen, das früher nach starken Regenfällen oder der Schneeschmelze am Unterlauf der Eder große Schäden angerichtet hatte (der See kann über 200 Milliarden Liter fassen).*
- *Wasser bereitzuhalten, bei Bedarf im Sommer dann abzulassen und damit die Schiffahrt auf Fulda und Weser aufrecht zu erhalten.*

Seit 1915 wird am Edersee außerdem durch Wasserkraft auch Strom erzeugt.

Direkt an der Staumauer liegt das ***Speicherkraftwerk*** *Hemfurth I (Abb. S. 4). Dort wird Wasser*

Materialliste
- Holzreste
- Metallstiel als Welle
- 2 Kugellager
- Bleche (z. B. aufgeschnittene Dose) für Schaufeln
- Schwungrad (z. B. von alter Nähmaschine)
- Treibriemen
- kleines Rad mit Lauffläche für Dynamo (z. B. altes Rad von Kinderwagen, ohne Reifen)
- Dynamo, Glühbirnchen, Draht, Strommeßgerät

42.1 Modell eines Wasserrades

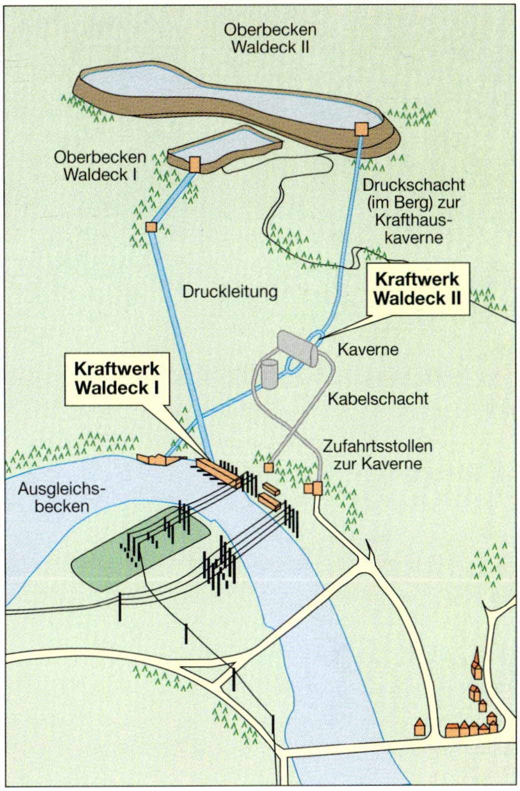

43.1 Das Pumpspeicherkraftwerk am Edersee (Luftbild und Planskizze)

bei erhöhtem Strombedarf über Turbinen aus dem Edersee abgelassen. Deren Schaufeln nehmen die Energie des Wassers auf und geben sie zur Stromerzeugung an die Generatoren weiter.

Etwas flußab befindet sich das 6 km lange und über 5 Mrd Liter fassende Ausgleichsbecken für die ***Pumpspeicherkraftwerke*** *Waldeck I und Waldeck II. Nachts ist der Stromverbrauch von Haushalten und Industrie niedrig. Dann wird mit Strom aus Kohle- oder Kernkraftwerken, die im Dauerbetrieb arbeiten, Wasser aus diesem Unterbecken in die 300 Meter höhergelegenen, ebenso großen Oberbecken gepumpt. Zu Spizenlastzeiten kann Strom erzeugt werden. Eine solche Zeit stark erhöhten Stromverbrauchs ist z.B. mittags, wenn überall Essen bereitet wird.*

Beim 1975 eröffneten Kraftwerk Waldeck II schießen auf Knopfdruck 18 000 Liter Wasser pro Sekunde durch eine Druckrohrleitung auf die Turbinen. Sie befinden sich mit dem gesamten Kraftwerk in einer gewaltigen ***Kaverne*** *im Berg. Diese künstliche Höhle ist 150 m lang, 34 m breit und 54 m hoch. Schließlich befindet sich am unteren Ende des Ausgleichsbeckens noch das* ***Laufwasserkraftwerk*** *Affoldern. Diese Art von Kraftwerk wandelt die Bewegungsenergie des ständig fließenden Flußwassers in elektrische Energie um.*

Die interessanten technischen Anlagen und die herrliche Naturlandschaft haben den See jährlich zum Ziel von vielen Tausenden Touristen gemacht."

5. Suche den Edersee im Atlas.

6. Beschreibe die Funktionsweise eines Pumpspeicherkraftwerks mit Hilfe von Abb. 43.1.

7. Sucht weitere Wasserkraftwerke im Atlas. Wo befinden sich die meisten Laufwasserkraftwerke, wo Pumpspeicherkraftwerke (s. S. 50)?

8. Stellt in einer Tabelle die Vor- und Nachteile von Wärme- und Wasserkraftwerken zusammen (Texte S. 41 und 42). Laßt eine Spalte für später noch frei:

Wärmekraftwerke		Wasserkraftwerke			
Vorteile	Nachteile	Vorteile	Nachteile		

44.1 Nutzung der Sonnenergie im Alltag

2. Strom und Wärme von der Sonne

Gespannt mißt Matthias immer wieder die Temperatur des Wassers, das aus dem selbstgebauten Kollektor herauskommt. Heute ist die Ausstellung für die Eltern und glücklicherweise scheint die Sonne. Das kalte Leitungswasser hat sich im Kollektor auf 57 °C aufgeheizt.

Britta, Christine und Nicole haben auf Plakaten zusammengestellt, was sie über Sonnenenergie in Erfahrung bringen konnten:

„Unter den dauerhaften Energiequellen ist die Sonne vom Energieangebot her betrachtet mit weitem Abstand die bedeutendste. Allerdings schwankt ihre Strahlung je nach Wetterlage und Tageszeit. Im Winter, wenn der Energiebedarf am größten ist, scheint sie seltener. Man kann die Sonnenenergie auf zwei Weisen nutzen.

Wärme aus Sonnenenergie

Ein Kollektor, oft in Form eines rechteckigen Kastens, sammelt die einfallende Sonnenenergie und gibt sie an das Wasser ab. Damit kann man warmes Wasser erzeugen oder sogar heizen. Es ist sinnvoll, eine Zusatzheizung anzuschließen, die dann Wärme liefert, wenn die Sonne nicht scheint. Sehr lohnend ist zur Zeit die Schwimmbadheizung. Hier stimmen das Sonnenenergiedargebot und der Wärmebedarf zeitlich sehr gut überein: 1992 wurde in Deutschland in über 100 öffentlichen Freibädern mit Kollektoren keine zusätzliche Heizung benötigt.

Strom aus Sonnenenergie (Photovoltaik)

Hierbei wandeln Solarzellen Sonnenlicht direkt in Elektrizität um. Dieser Strom ist etwa 8 bis 10mal teurer als herkömmlich erzeugter Strom, aber die

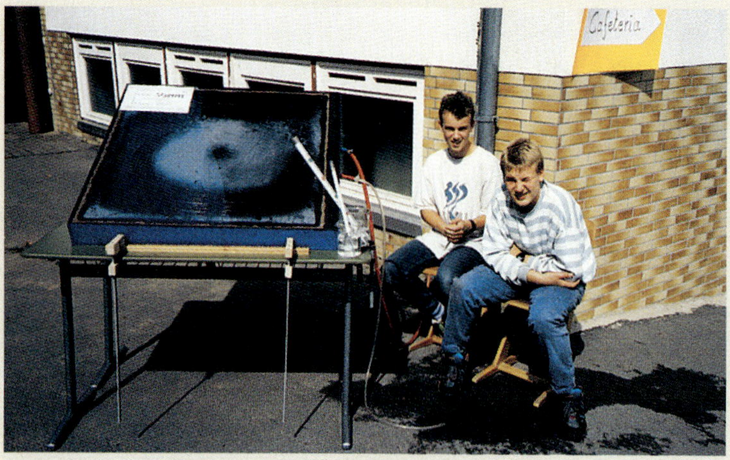

Materialliste
- Sperrholzplatte (z. B. 80 x 80 cm)
- 4 Holzleisten (10 x 80 cm; 8 bis 10 mm stark)
- dünner, schwarzer Kunststoffschlauch (bis zu 50 m lang bei ca. 8 mm Durchmesser; wird mit Kabelschellen kreisförmig auf Holzplatte genagelt)
- Übergangs-Reduzierstücke zum Wasserhahn
- Abschlußhähne, Auffangzylinder, Thermometer

44.2 Modell eines Kollektors

Forschung arbeitet an der Entwicklung wesentlich billigerer Solarzellen. Besonders dort, wo erst teure Leitungen zum Anschluß an die Stromversorgung gelegt werden müssen, kann die Photovoltaik schon erfolgreich genutzt werden."

Kristof, Thomas und Semere haben ausgerechnet, ob sich die Nutzung der Sonnenenergie an ihrer Schule lohnen würde. Beim Hausmeister, dem örtlichen Elektrizitätswerk und einer Firma konnten die notwendigen Zahlen erfragt werden.

„Die südliche Dachfläche des Schul-Hauptgebäudes mißt 180 m². Sie wird im Frühjahr von 8 bis 16 Uhr von der Sonne bestrahlt, im Sommer von 6 bis 17 Uhr, im Herbst von 9 bis 16 Uhr und im Winter nur noch von 9 bis 14 Uhr.

Bei einer nahgelegenen Firma kostet die Solarzellen-Einheit mit einer Leistung von 52 W und einer Größe von ca. 1 m x 0,5 m 730 DM. Das Decken der Dachfläche würde ca. 280 000 DM kosten. Man hätte dann ca. 20 kW elektrische Leistung installiert. Nimmt man die Werte anderer Solarkraftwerke zu Hilfe (z. B. Pellworm: 300 kW Leistung; ca. 175 000 kWh pro Jahr), so könnte die Schulanlage bestenfalls etwa 11 500 kWh im Jahr leisten. Das sind etwa 12 % des Strombedarfs der Schule in 1994. Man könnte also pro Jahr ca. 4300 bis 4500 DM Stromkosten einsparen, im Vergleich zu den Anlagekosten nicht viel.

Würde man das Dach mit Kollektoren zum Heizen und Erzeugen von Warmwasser nutzen, sieht es günstiger aus: 1 m² Kollektorfläche kostet ca. 580 DM. Damit läßt sich eine durchschnittliche Ausbeute von ca. 350 kWh pro Jahr erreichen. Für 180 m² sind das 63 000 kWh, also etwa 5% des derzeitigen Gasverbrauchs der Schule. Man könnte ca. 3750 DM pro Jahr einsparen, die Anlage würde 105 000 DM kosten, hätte sich also in ca. 28 Jahren bezahlt gemacht.

Die Sonnenenergie ist zur Zeit aus Kostengründen für das Schulgebäude noch keine Alternative, aber die Preise werden fallen und Umweltschutz noch wichtiger werden. So könnte der Einsatz von Kollektoren für die Warmwassererzeugung bald auch bei uns sinnvoll sein."

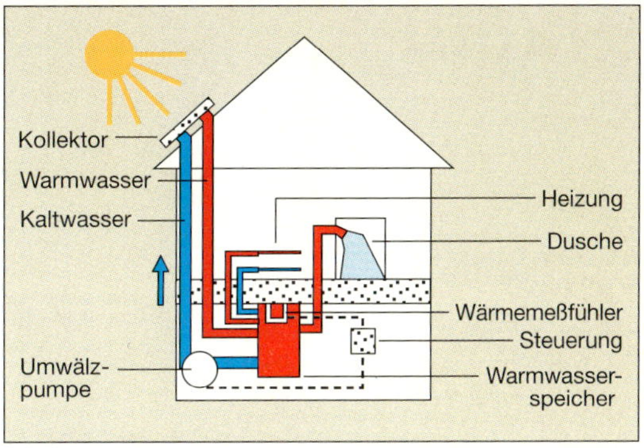

45.1 Computerzeichnung eines Schülers

45.2 Schwimmbad mit Kollektoren

45.3 Solarkraftwerk Kobern-Gondorf

9. Welche Arten der Sonnenenergienutzung sind auf den Abb. S. 44 u. 45 zu erkennen? Erkläre die unterschiedlichen Funktionsweisen.

10. Sucht am Heimat-/Schulort nach Anlagen, die die Sonne zur Energieerzeugung nutzen.

11. Sprecht mit den Betreibern über ihre Erfahrungen. Fragt Hersteller nach den Kosten.

12. Fertigt einen Bericht über diese Anlagen an. Beurteilt solche Anlagen (Abwägung Kosten/Nutzen/Umwelt).

46.1 Windkraftanlagen nördlich von Korbach

Materialliste
- Holz für Kasten etc.
- Holzleisten, Bettuch für Flügel
- Besenstiel (Welle),
- 2 Kugellager
- rundes Frühstücksbrett als Laufrad für Dynamo
- Fahrraddynamo, Fahrradlampe
- Metallständer (drehbar)

46.2 Modell eines Windrades

3. Stromerzeugung durch Wind

Rebekka und Manuela schreiben den Text für ein Plakat über Windenergie:

„Die Nutzung der Windkraft ist keine neue Erfindung. Ab dem 7. Jh. nach Chr. sind Windmühlen und -räder zum Hochpumpen von Wasser in Gebrauch, später auch zum Antrieb von Geräten, z. B. Mahlwerken und Sägemühlen.

Nachdem die Nutzung von elektrischem Strom gelungen war, liefen vor etwa 100 Jahren in Norddeutschland die ersten Windräder, die mit Hilfe von Generatoren (Dynamoprinzip) Strom lieferten. Durch die wachsende Industrialisierung brauchte man ständig mehr Energie und vernachlässigte die Windkraft. Erst seit man sich Gedanken über Vorräte und Umweltschädigungen beim Verbrauch der Energierohstoffe Erdöl, Kohle, Gas und Uran macht, änderte sich dies.

Die ersten neuen Anlagen in Deutschland entstanden in den 80er Jahren vor allem an der Küste. Inzwischen gibt es sie auch in Mittelgebirgen. 1994 gab es in Deutschland knapp 2400 Anlagen. Mit zusammen 420 Megawatt erreichten sie etwa ein Drittel der Leistung eines Kernkraftwerks.“

Samson und Markus haben die Idee, wie man mit einem Modell die Stromerzeugung durch Windkraft demonstrieren kann. Yvonne, Maureen und Carina informieren sich beim örtlichen Versorgungsunternehmen für Elektrizität und in der Zeitung über **Windkraftanlagen**:

„Für unseren Schulort Frankenberg genügt die Windgeschwindigkeit nicht zum Betrieb eines größeren Rotors, aber in höheren Lagen nördlich von Korbach gibt es Windkraftwerke. 32 Anlagen mit einer Gesamtleistung von fast 10 Megawatt sind gebaut oder in Planung. Weitere 23 sollen dazukommen. In absehbarer Zeit könnten sie über 20 Millionen kWh Energie ins Netz speisen und damit rund 12 000 Haushalte mit Strom versorgen (zum Vergleich: unsere Schule mit 900 Schülern verbrauchte 1994 ca. 100 000 kWh). Allerdings müssen die Versorgungsunternehmen für die umweltfreundliche Energie mit fast 17 Pfennig pro kWh im Moment rund 7 Pfennig mehr bezahlen als für Strom aus Kohle oder Atomkraft.“

13. Tragt in die freie Spalte der Tabelle (Aufgabe 8 auf S. 43) jetzt Vor- und Nachteile der Stromerzeugung durch Windkraft ein.

4. Wärme aus dem Erdinneren

Der Bau eines Modells zum Thema Erdwärme ist schlecht möglich. Auf einem Lehrausflug konnte die Schülergruppe aber auch dazu unmittelbare Erfahrungen sammeln. Ihre Besichtigungen und ein Interview mit einem Herrn vom Thermalbetrieb des Tiefbauamtes der Stadt Wiesbaden hielten die Schülerinnen Hanna, Jennifer, Felicitas und Tina in einem Ergebnisprotokoll fest:

„Das warme Wasser in Thermalbädern verhalf bereits den Römern zu Wohlbefinden. 80 nach Chr. haben sie auch am Südrand des Hochtaunus Badehäuser, sogenannte **Thermen,** gebaut. Heute liegt hier Wiesbaden.

Oberflächen- und Grundwasser versickert durch Spalten unter dem Taunus bis zu 2000 m tief. Die Temperatur steigt in Gebieten ohne vulkanische Aktivitäten alle 33 m um 1 °C an. In Wiesbaden fördern heute 26 Quellen und Bohrungen heißes Wasser mit bis zu 69 °C an die Oberfläche.

Einige dieser Quellen helfen den Wiesbadenern Energie zu sparen. Aus den vier Hauptquellen fließen pro Stunde im Jahresmittel 50 000 l heißes Wasser. Die Stadt Wiesbaden führt dieses Wasser zentral im Kaiser-Friedrich-Bad (KFB) zusammen. Ein großer Teil wird im Thermal-Hallenbad durch Zuführung von Ozon aufbereitet. Das aufbereitete **Thermalwasser** ist vor allem in medizinischen Bädern und zu therapeutischen Zwecken zu nutzen. Den Rest speist man in den Brauch- und Heizwasserkreislauf ein. So muß u. a. im neuen Rathaus, in verschiedenen Hotels und in ca. 60 Wohnungen kein Erdgas oder Öl zum Heizen verwendet werden. Planungen für weitere Projekte bestehen (Abb. 47.1). Allerdings kann das heiße Wasser nicht direkt Verwendung finden. Es ist chemisch sehr aggressiv und würde Metallrohre bald zerstören. Daher muß es in Wärmetauschern seine Wärme an Leitungswasser abgeben. Zu den Bädern gelangt das Thermalwasser in Rohren aus glasfaserverstärktem Kunststoff, die sehr widerstandsfähig sind."

47.2 Kaiser-Friedrich-Bad in Wiesbaden

14. Stelle zusammen, wo und zu welchem Zweck in Wiesbaden heißes Wasser aus dem Erdinneren benutzt wird (Abb. 47.1).

15. Verfolgt den Weg des Wassers von der Quelle zu den Verbrauchern und erklärt „Stationen", die es durchlaufen muß (Abb. 47.1).

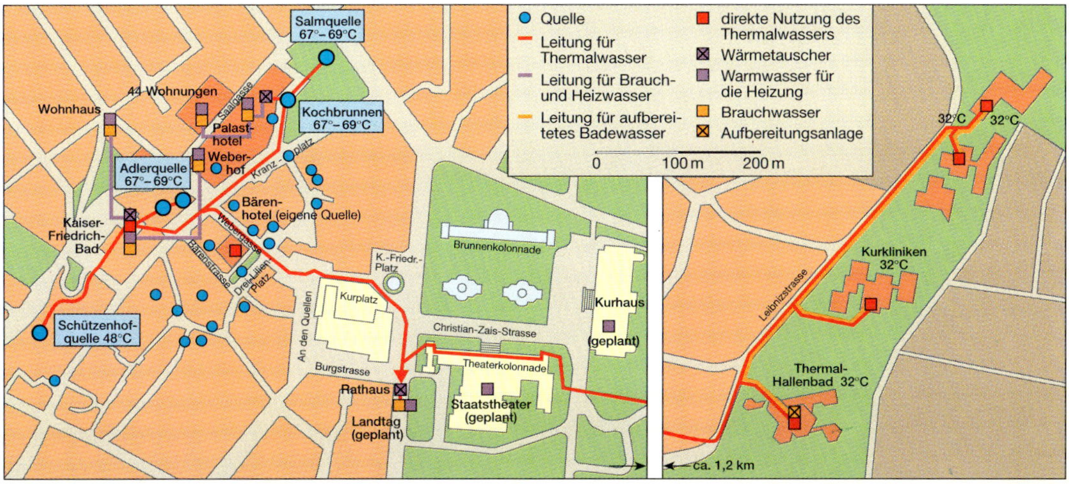

47.1 Nutzung der Erdwärme in Wiesbaden

48.1 Blockheizkraftwerk und Bio-Gärtnerei Flechtdorf

5. Wärme und Strom aus Abfällen und Biomasse

Bio-Garten – ein Projekt für Mensch und Umwelt

Niemand käme normalerweise darauf, in 600 m Höhenlage eine Gärtnerei zu betreiben. Es ist einfach zu kalt, um Tomaten, Gurken, Paprika und Zierpflanzen zu ziehen. Man muß viel Energie zum Heizen der Gewächshäuser aufwenden. Im nordhessischen Diemelsee-Flechtdorf wird es trotzdem versucht: 1994 entstand neben der Mülldeponie des Kreises Waldeck-Frankenberg ein 2600 m^2 großes Gewächshaus. Im „Bio-Garten" wachsen ökologisch angebautes Gemüse, Kräuter und Zierpflanzen. Dort sind Behinderte aus dem Lebenshilfe-Werk und Langzeitarbeitslose beschäftigt. Licht und Wärme für das Gewächshaus kommen von der Sonne und aus dem Müll.

In Mülldeponien bildet sich unter Luftabschluß durch Gärungs- und Verrottungsprozesse methanhaltiges **Deponiegas.** In die Luft abgegeben würde es erheblich zum zusätzlichen Treibhauseffekt und somit zu einer möglichen Klimaveränderung beitragen (vgl. S. 70f.). Auch die Geruchsbelästigung wäre enorm. Daher werden Mülldeponien abgedichtet. Mit Bohrungen und Rohren wird das Gas abgesaugt und zu einem Verbrennungsmotor befördert, der zusammen mit einem Generator in einem Container Strom erzeugt. Die entstehende Abwärme läßt sich ebenfalls nutzen. Ein solches Blockheizkraftwerk ist einfach zu errichten. Man kann es, wenn die Entstehung des Gases auf der Deponie zurückgeht, abbauen und bei einer ande-

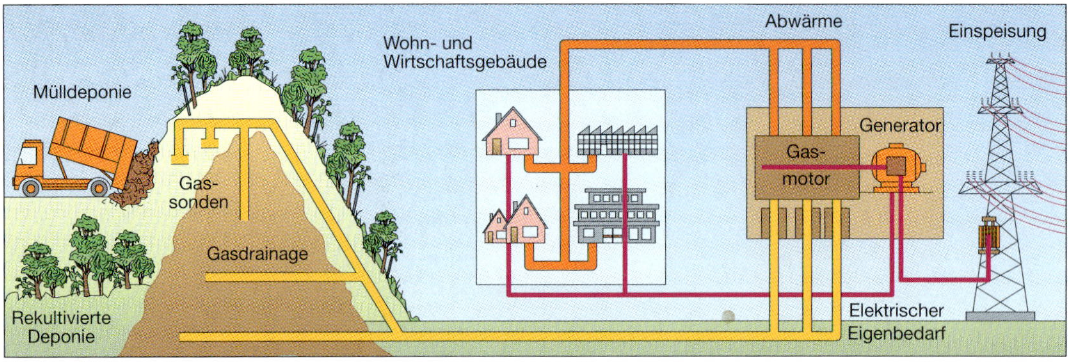

48.2 Schema für die Verwertung von Deponiegas

ren Deponie wieder aufstellen. In Flechtdorf werden pro Stunde etwa 600 m^3 Gas aus der Deponie abgesaugt und in Strom für etwa 1700 Haushalte umgewandelt. Die entstehende Abwärme erhitzt in einem Wärmetauscher Wasser auf 80°C. Dieses leitet man ins 100 m entfernte Gewächshaus und nutzt es sowohl zum Heizen als auch für die Warmwasserbereitung. Für Notfälle – etwa technische Defekte an der Gasanlage – gibt es eine Zusatzheizung. Sie mußte bisher aber nie eingeschaltet werden. Das Gas ersetzt so an kalten Wintertagen bis zu 1000 l Öl. Erst in 10 bis 20 Jahren, wenn die Deponie nicht mehr genug Gas für die Blockheizkraftwerke liefert, muß auch die Gärtnerei den Betrieb aufgeben.

16. Beschreibe die Funktionsweise eines Deponiegas-Blockheizkraftwerks (Abb. 48.1/ 48.2).

17. Sammelt Informationen über mögliche Arten der Wiederverwendung von Abfallstoffen.

18. Informiert euch über das Abfall-Entsorgungskonzept eurer Schul- oder Heimatgemeinde bzw. des Landkreises.

Biomasse – Energie, die nachwächst

Biomasse enthält die von Pflanzen mit Hilfe der Sonne (Photosynthese) gespeicherte Energie. Auch bei den im Laufe von Millionen von Jahren gebildeten Kohle-, Erdöl- und Erdgasvorkommen handelt es sich um gespeicherte Energie: Kohle, Öl und Gas sind unter Luftabschluß bei hohem Druck und hohen Temperaturen aus pflanzlichen Reststoffen entstanden. Sie sind aber, einmal verbrannt, nicht zu ersetzen.

Dagegen wächst Biomasse in überschaubaren Zeiträumen nach. Sie stellt folglich auch eine „regenerative“, nahezu unerschöpfliche Energiequelle dar. Aus praktisch allen organischen – d. h. pflanzlichen und tierischen – Stoffen kann Energie gewonnen werden (vgl. Kastentext).

In Deutschland stammten 1992 rund 1 % der verbrauchten Primärenergie und etwa 0,6 % des Stroms aus der Verwertung von Abfällen und Biomasse. Das entspricht ungefähr der Energie, die 500 000 Menschen im Jahr verbrauchen. Günstig geschätzt sind über diese Energiequelle höchstens 20 bis 30 % des Primärenergiebedarfs zu decken. In der Wissenschaft besteht allerdings die Meinung, daß nur etwa ein Zehntel dieser Menge zu vertretbaren Kosten zu nutzen ist.

19. Ordne in einer Tabelle verschiedenen organischen Stoffen bzw. Reststoffen unterschiedliche Möglichkeiten ihrer Nutzung zu.

20. Sprecht in der Klasse (wenn möglich, auch im Biologieunterricht) über Probleme, die ein bedingungsloser Ausbau der Nutzung von Biomasse mit sich bringen würde.

Nutzung von Holz, Holzresten und Stroh

In der Forstwirtschaft und der holzverarbeitenden Industrie fallen pro Jahr große Mengen an Restholz an. Allein die Schwachholz-, Reisig- und Rindenabfälle könnten jährlich über 2 Mio t Heizöl ersetzen.

Der Heizwert von völlig trockenem Getreidestroh ist doppelt so hoch wie der von Braunkohle. Die Verbrennung der rund 5 – 11 Mio t Strohabfälle würde ebenfalls bis zu 2 Mio t Heizöl jährlich ersetzen.

Nach Trocknung, Zerkleinerung oder Brikettierung sind die genannten Materialien geeignet, bei der Verbrennung Strom und Wärme zu erzeugen. Dabei muß auf umweltschonende Verfahren geachtet werden. Möglich ist auch ihre Entgasung unter Luftabschluß. Das entstehende Gas hat ähnliche Eigenschaften wie Erdgas. Der Anbau besonderer **Energiepflanzen** (z. B. schnellwachsende Hölzer) auf ungenutzten landwirtschaftlichen Flächen ist denkbar, aber nicht unproblematisch. Als Monokulturen angebaut, verringert sich die Bodenfruchtbarkeit, und es muß stärker als sonst gedüngt werden.

Anbau zucker- und stärkehaltiger Pflanzen

Aus Getreide, Rüben, Zuckerrohr und anderen Pflanzen ist durch Vergärung Bioalkohol **(Äthanol)** zu gewinnen, der als Benzinersatz dienen könnte.

Anbau ölhaltiger Pflanzen

Insbesondere Raps und Sonnenblumen liefern durch Auspressen Öle, aus denen sich der sogenannte Biodiesel oder auch Schmierstoffe gewinnen lassen.

Nutzung weiterer organischer Reststoffe

Neben allen organischen Bestandteilen des Haus- und Industriemülls können auch tierische und menschliche Exkremente unter Luftabschluß vergoren werden. So entsteht aus Flüssigmist **Biogas** und aus Klärschlämmen **Klärgas.** Diese Gase können – wie Deponiegas – Erdgas ersetzen.

Bei allen Verfahren müssen ökologische Probleme weitgehend vermieden werden. Dies ist z. B. durch Fruchtwechsel möglich.

Überblick: Nutzung dauerhafter Energiequellen

1992 erzeugten in Deutschland 7600 Anlagen am Netz der öffentlichen Stromversorgung Elektrizität aus erneuerbaren Energien. Dies entsprach einem Anteil von 4,3 % an der gesamten Stromversorgung. Der Anteil erneuerbarer Energien an der gesamten Energieversorgung lag bei 1,3 %.

Der Energiebedarf wird in Zukunft noch steigen. Aus Kostengründen scheint eine Ausweitung der Nutzung erneuerbarer Energien zwar begrenzt zu sein. Fachleute halten es aber für möglich, in 25 Jahren 15 % des Gesamtverbrauchs mit Hilfe erneuerbarer Energien zu decken.

Zur Zeit decken die **Wasserkraftwerke** ca. 4,1 % der deutschen Stromerzeugung. Würde man alle Möglichkeiten ausnutzen, könnte dieser Anteil höchstens verdoppelt werden. Pumpspeicherkraftwerke erbringen die höchsten Leistungen, stellen aber große Eingriffe in die Natur dar. Ihr Anteil wird kaum mehr zu erhöhen sein.

Die **Sonnenkraft** ist unsere bedeutendste erneuerbare Energiequelle. Bei ihrer Nutzung erzielten die Techniker seit 1970 schnell Fortschritte. Heute ist es möglich, Sonnenenergie bei bedecktem Himmel einzufangen. Aber: in den Wintermonaten mit dem höchsten Energiebedarf wird nur ein Achtel der jährlichen Energiemenge eingestrahlt.

Windkraftanlagen lohnen sich nur an Orten, wo die durchschnittliche Windgeschwindigkeit mindestens 4 m/s beträgt. Jedes vom Wind erzeugte Megawatt Strom spart 215 000 l Heizöl. Seit es höhere Vergütungen für die Einspeisung des Stroms ins öffentliche Netz gibt, liegen viele Anträge für den Bau von Windkonvertern vor. Manchmal werden sie abgelehnt, weil sie angeblich die Landschaft verschandeln. Nachbarn fühlen sich mitunter wegen der Geräusche der Rotoren belästigt. Naturschützer warnen, Vögel könnten bei der Brut belästigt oder im Flug getötet werden.

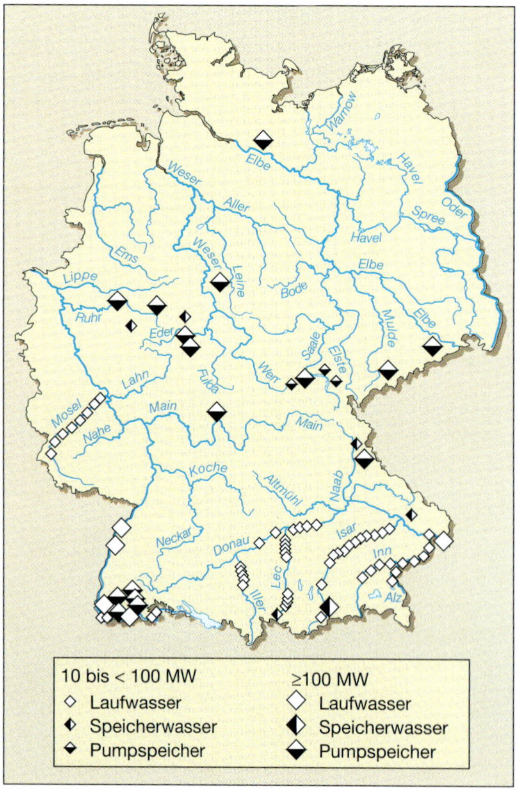

50.1 Nutzung der Wasserkraft

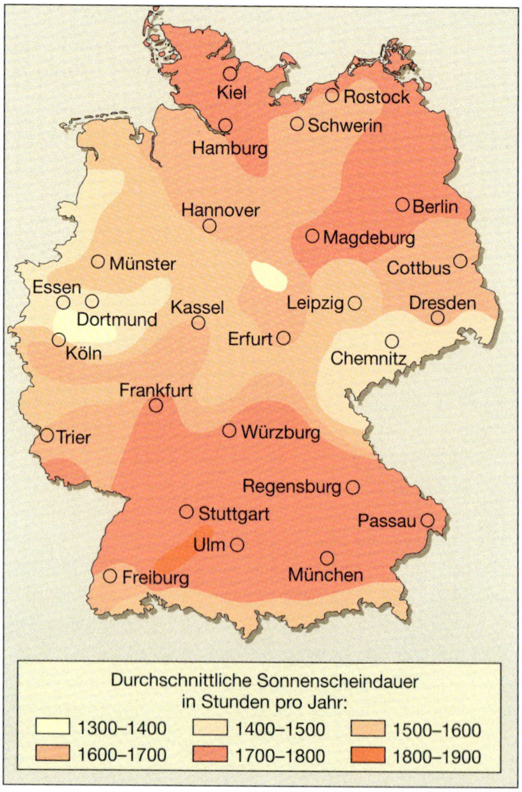

50.2 Nutzungsmöglichkeiten der Sonnenenergie

Erdwärmeanlagen können in Gebieten mit Warmwasserschichten einen Beitrag zur Heizung und Warmwasserversorgung leisten. Zur Gewinnung elektrischer Energie eignen sie sich aber bei uns kaum. Wissenschaftler arbeiten allerdings an Verfahren, Oberflächenwasser in tiefere Erdschichten einzupressen. In über 4000 m Tiefe ist das Gestein in einigen Gegenden über 200 °C heiß. Der dort entstehende Wasserdampf könnte an der Oberfläche Turbinen antreiben. Eine solche Anlage soll in naher Zukunft in Bad Urach gebaut werden.

Wenn wir über die **Energieversorgung** sprechen, geht es aber nicht nur darum, auf welche Weise wir möglichst umweltschonend Energie erzeugen. Hauptziel muß es sein, die Verschwendung von Energie einzudämmen, d. h. Energie zu sparen. Die Privathaushalte verbrauchten z. B. 1993 fast 18 % der Energie. 52 % davon entfielen alleine auf die Raumheizung. Allein durch energiebewußteres Verhalten, z. B. durch Senkung der Raumtemperaturen um 1°C, ließe sich der Energieeinsatz um 6 % senken. Eine weitere Möglichkeit ist die **Wärmedämmung** der Häuser, um Wärmeverluste gering zu halten. Einiges wurde in diesem Bereich schon getan. So benötigt man heute nur noch 20 l Heizöl pro m² Wohnfläche im Jahr. 1973 waren es noch 29 Liter.

1. Welche Regionen sind für die Nutzung dauerhafter Energieträger besonders geeignet bzw. ungeeignet? Begründe.
2. Bestimme nun die Lage deines Heimatortes auf den Abb. S. 50 und 51.
3. Stellt in einer Tabelle zusammen, wozu verschiedene Energieträger hauptsächlich geeignet sind.

Energieträger	Wärme	Elektrizität	Antriebskraft
Kohle	x	x	–
Erdöl	...	...	...

4. Erkundigt euch im Elektrizitätswerk, aus welchen Energieträgern (Kohle, Wasser usw.) der Strom an eurem Schul-/Heimatort erzeugt wird. Erfragt die Prozentanteile und fertigt daraus ein Kreisdiagramm an.

51.1 Nutzungsmöglichkeiten der Windenergie

51.2 Nutzungsmöglichkeiten der Erdwärme

Die Natur hat System

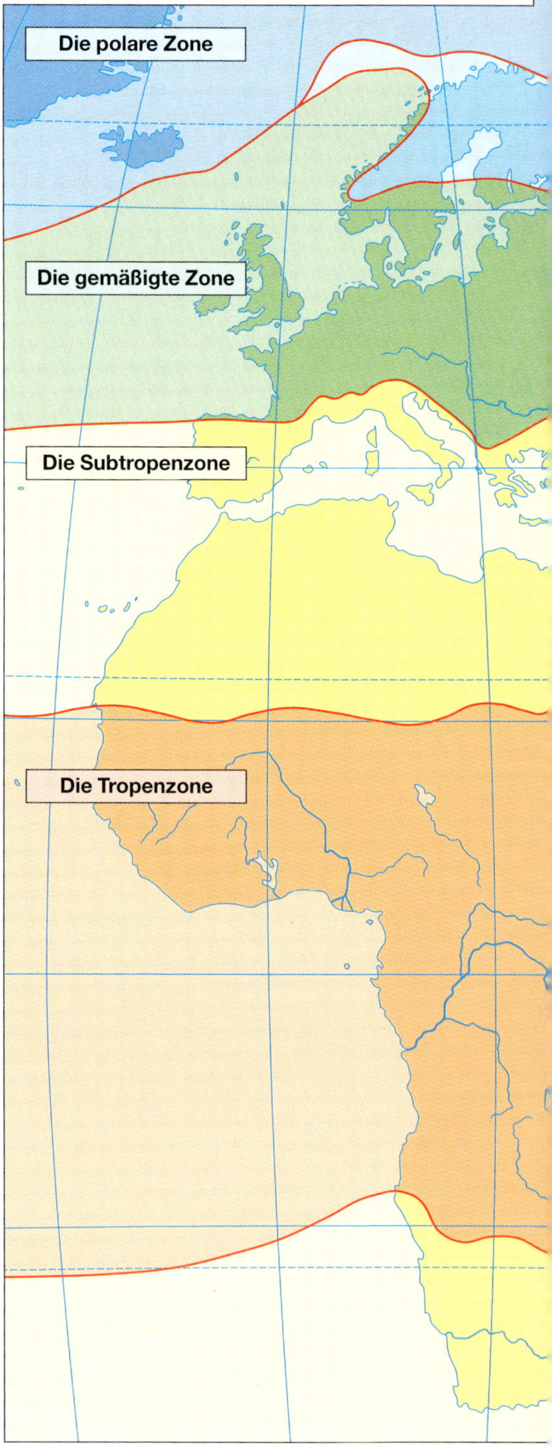

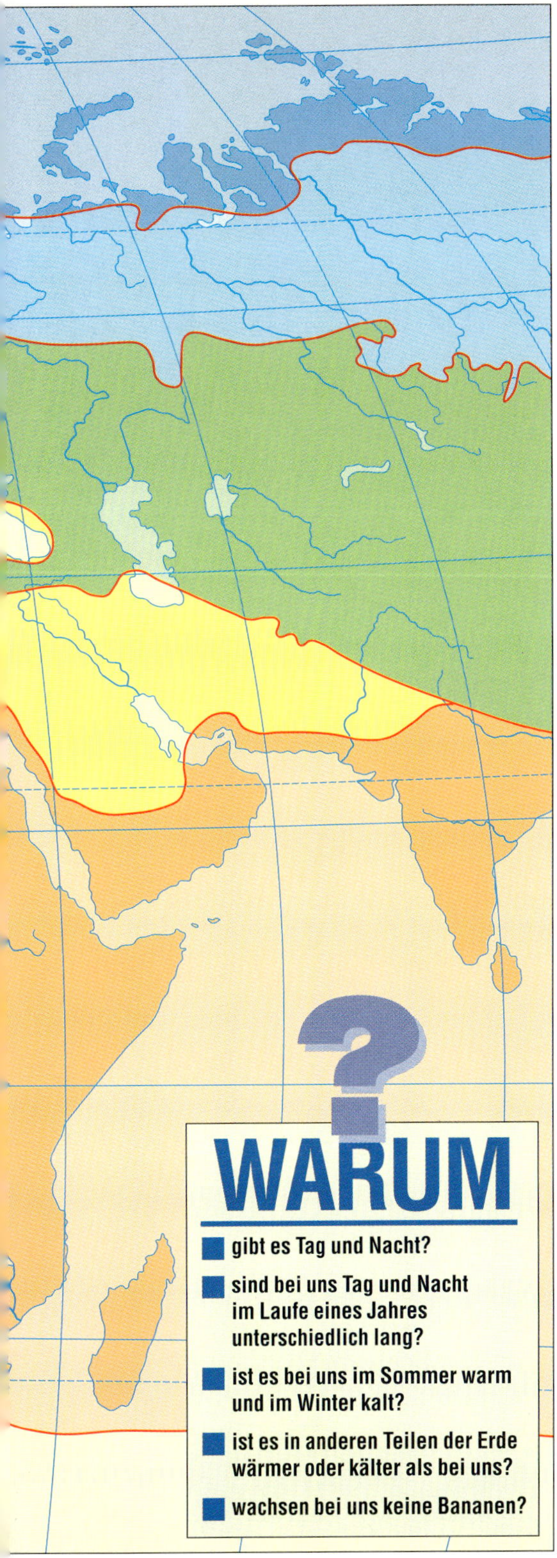

WARUM

- gibt es Tag und Nacht?
- sind bei uns Tag und Nacht im Laufe eines Jahres unterschiedlich lang?
- ist es bei uns im Sommer warm und im Winter kalt?
- ist es in anderen Teilen der Erde wärmer oder kälter als bei uns?
- wachsen bei uns keine Bananen?

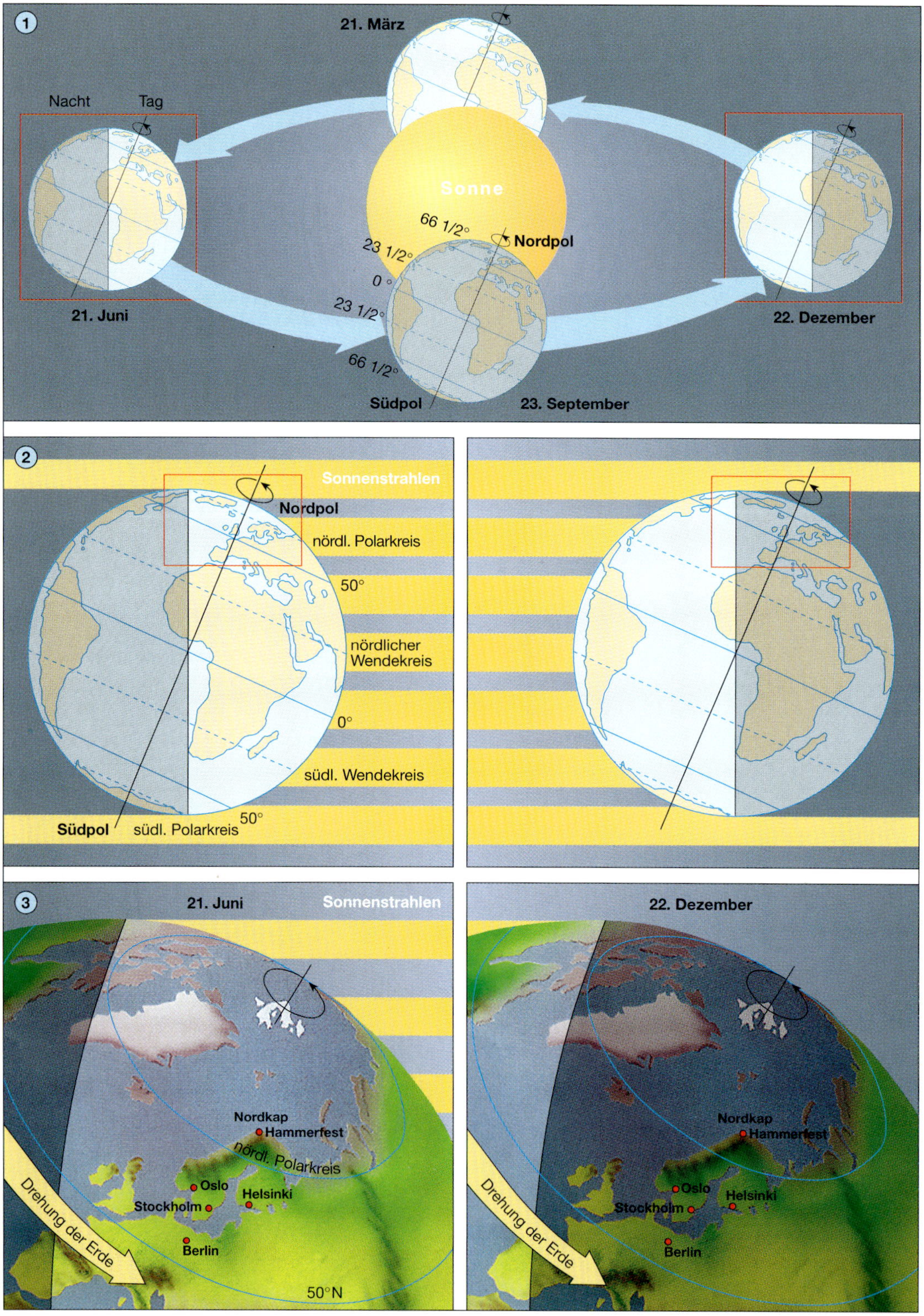

54.1 Die Beleuchtung der Erde im Jahreslauf

1. Die Entstehung der Jahreszeiten

Innerhalb von 24 Stunden dreht sich die Erde einmal um ihre eigene Achse. Die der Sonne zugewandte Hälfte der Erdkugel wird beleuchtet, die andere liegt im Schatten: es ist Tag und Nacht. Gleichzeitig dreht sich die Erde um die Sonne. Für eine Umrundung benötigt sie etwa 365 Tage.

Die **Erdachse** steht schräg zur Umlaufbahn der Erde um die Sonne. Der Winkel beträgt 23,5°. Weil das so ist, werden die Nord- und die Südhalbkugel der Erde im Verlaufe eines Jahres unterschiedlich erwärmt. Dadurch entstehen die Jahreszeiten.

Zwischen dem 21. März und dem 23. September ist der Nordpol der Sonne zugeneigt. In dieser Zeit wird die Nordhalbkugel stärker beleuchtet – man spricht deshalb vom Nordsommer. Am 21. Juni, dem Tag des höchsten Sonnenstandes, scheint die Sonne auf das gesamte Gebiet zwischen dem Nordpol und dem nördlichen Polarkreis. Es gibt dort dann keine Dunkelheit mehr, sondern nur noch Tag – den **Polartag.** Er dauert am nördlichen Wendekreis 24 Stunden, am Nordpol ein halbes Jahr lang. Auch bei uns steht die Sonne in dieser Zeit am höchsten, und die Tage sind länger als die Nächte.

In der Zeit vom 23. September bis zum 21. März, dem Nordwinter, wird die Südhalbkugel stärker beleuchtet, und die Nordhalbkugel bekommt die geringere Lichtzufuhr. Zu dieser Zeit ist der Nordpol von der Sonne abgewandt. Am 22. Dezember ist das Gebiet zwischen Nordpol und nördlichem Polarkreis gar nicht mehr beleuchtet, es herrscht **Polarnacht.** Sie dauert am 22. Dezember am nördlichen Polarkreis rund 24 Stunden und am Nordpol ein halbes Jahr lang. Auch bei uns steht die Sonne dann am niedrigsten, und die Tage sind kürzer als die Nächte.

Am Äquator ändern sich die Beleuchtungsverhältnisse im Verlaufe des Jahres dagegen kaum. Deshalb sind Tag und Nacht auch nahezu gleich lang. Jahreszeiten, die sich deutlich im Klima unterscheiden, gibt es nicht. Temperaturschwankungen und einen Wechsel zwischen trockenen Zeiten und starken Niederschlägen gibt es nur im Laufe eines Tages. Daher spricht man von einem **Tageszeitenklima.**

Über das Jahr gerechnet ist die Wärmezufuhr in den Tropen am stärksten und in den Polargebieten am geringsten. Zwar scheint dort die Sonne

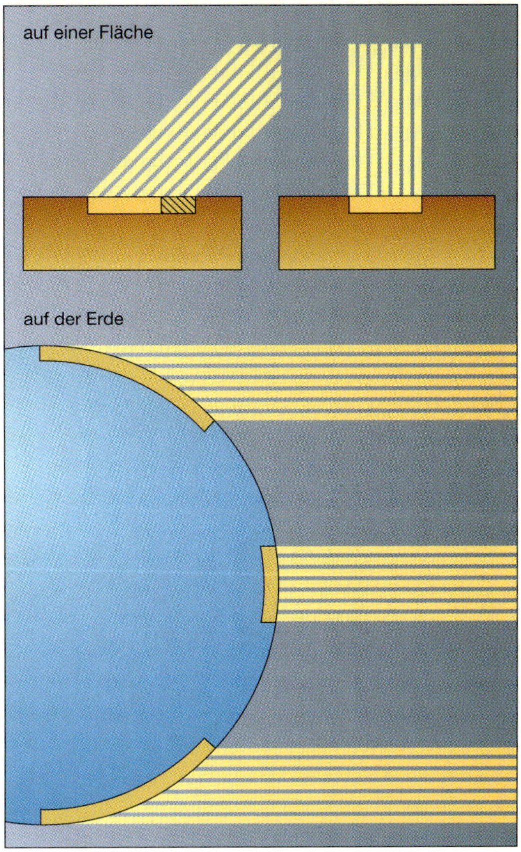

55.1 Der Einfallswinkel der Sonnenstrahlen

während des Sommers viel länger als am Äquator, doch hat sie deutlich weniger Energie. Denn die Sonnenstrahlen kommen in einem flachen Einfallswinkel an. Dabei haben sie einen längeren Weg durch die Atmosphäre zurückgelegt und wurden teilweise „verschluckt". Bei einem flachen Einfallswinkel muß sich die eingestrahlte Energiemenge auf eine viel größere Fläche verteilen als bei einem steilen Einfallswinkel wie es z.B. am Äquator der Fall ist.

1. In welcher der vier Erdstellungen ist Nordwinter, in welcher Nordsommer (Abb. 54.1)?
2. Was kennzeichnet die Polarkreise?
3. Beschreibe die Beleuchtungsverhältnisse in den Polargebieten (Abb. 55.1).
4. Beschreibe die Wärmezufuhr auf die Polargebiete und auf die Tropen im Verlauf eines Jahres. Vergleiche.
5. Welche Folgen hätte es, wenn die Erdachse nicht geneigt wäre? Zeichne und erläutere.

Experiment

Benötigt werden:

1 Aquarium mit Abdeckung,
2 Kühlblöcke,
1 Rauchentwickler,
1 Glasröhrchen.

Anordnung
Ein Kühlblock (aus dem Kühlschrank) wird an einer Schmalseite des Aquariums abgelegt; der andere wird erwärmt und an der anderen Schmalseite abgelegt. Vorsichtig wird Rauch durch das Glasröhrchen unter die Abdeckplatte des Aquariums geblasen.

Vorgang
Nach kurzer Zeit zeigt der Rauch an, daß sich die Luft im Aquarium in Bewegung setzt. Sie sinkt an einer Seite ab, fließt zur anderen Seite, steigt dort auf und strömt oben zurück. Für kurze Zeit entsteht ein Luftkreislauf.

Erläuterung
Warme Luft dehnt sich aus, wird leichter und steigt auf. Am Boden des Aquariums sinkt der Luftdruck (Tiefdruck – T), während er unter dem Deckel ansteigt (Hochdruck – H). Oben kühlt sich die Luft ab, wird dadurch schwerer und sinkt wieder nach unten. Jetzt sinkt der Druck oben (T) und steigt am Boden (H). Die kältere, schwerere Luft strömt am Boden zur warmen Seite und ergänzt die nach oben abgeflossene Luftmasse. So entsteht ein einfacher Kreislauf, eine Zirkulation.

56.1 Luftzirkulation im Experiment

2. Woher kommt der Wind?

Das Experiment (Abb. 56.1) verdeutlicht die grundsätzlichen Zusammenhänge, die sich in der Lufthülle der Erde, der **Atmosphäre**, abspielen.

Wir wissen, daß die Erde nicht überall gleichmäßig bestrahlt und daher nicht überall gleichmäßig erwärmt wird. Das wirkt sich auch auf die Lufthülle der Erde aus. Es entstehen Temperaturunterschiede, die wiederum Luftbewegungen in der Erdatmosphäre verursachen. Die warmen, relativ leichten Luftmassen der Tropen steigen in die Höhe und strömen polwärts. Die kalten, relativ schweren Luftmassen der Polargebiete sinken zur Erdoberfläche und strömen äquatorwärts. Dieser Austausch von Luftmassen wird **planetarische Zirkulation** der Atmosphäre genannt.

Die Erdkugel dreht sich mit großer Geschwindigkeit jeden Tag einmal um ihre eigene Achse. Das führt dazu, daß die Winde aus ihrer ursprünglichen Richtung abgelenkt werden, auf der Nordhalbkugel in Strömungsrichtung nach rechts, auf der Südhalbkugel nach links. So ergeben sich die Hauptwindsysteme der Erde.

Ostwinde herrschen vor in den Polarzonen; die Passatwinde der Tropen wehen ebenfalls aus östlichen Richtungen. In den gemäßigten Zonen wehen vorwiegend westliche Winde. In dieser Westwindzone stoßen immer wieder warme Luftmassen nach Norden und kalte Luftmassen nach Süden vor. Hier findet also der Ausgleich zwischen den großen Temperaturgegensätzen der Tropen und der Polarzonen statt.

In Mitteleuropa wehen also die Winde fast das ganze Jahr über aus westlichen Richtungen. Die Wetterkarten des Fernsehens zeigen, wie diese Winde immer wieder **Tiefdruckwirbel** nach Osten treiben und Niederschläge bringen.

In Tiefdruckwirbeln werden kalte Luftmassen aus den Polargebieten und warme Luftmassen aus den Subtropen vermischt. Die Grenzlinien zwischen Warm- und Kaltluft werden auf Wetterkarten als Fronten eingezeichnet. Zunächst dringt die **Warmfront** vor; die folgende **Kaltfront** verdrängt die leichtere Warmluft und bildet kräftige, dunkle Wolkengebilde. Heftige Regenschauer sowie Gewitter mit starken Windböen sind für dieses Wettergeschehen charakteristisch.

3. Der Passat

Die Passate sind regelmäßige, das ganze Jahr hindurch in gleicher Richtung wehende Winde. Die Bezeichnung „Passat“ kommt aus dem Portugiesischen (passate = Überfahrt) und stammt aus einer Zeit, als die Segelschiffahrt diese Winde für die Verbindungen zwischen der Alten und der Neuen Welt nutzte. Kolumbus zum Beispiel berichtet in seinen Tagebüchern wiederholt, daß seine Schiffe in den Einfluß von Winden gerieten, die beständig von Osten nach Westen wehen.

Die Passate wehen auf beiden Erdhalbkugeln und strömen von den **Hochdruckzonen** der Wendekreise in die **Tiefdruckzone** am Äquator. Die Kraft der Erdrotation lenkt diese Winde ab: auf der Nordhalbkugel entsteht der **Nordostpassat** und auf der Südhalbkugel der **Südostpassat.** (Man bezeichnet Winde immer nach der Richtung, aus der sie wehen.) Dort, wo diese Winde im Bereich des Äquators zusammenströmen, muß die Luft aufsteigen. Die starke Einstrahlung der Sonne erwärmt die Luft. Sie dehnt sich aus. Dadurch wird die Aufwärtsbewegung noch verstärkt. In der Höhe bilden sich durch die Abkühlung Wolken, aus denen heftige Regenschauer fallen.

Den Bereich beiderseits des Äquators, in dem der Nordostpassat und der Südostpassat zusammenströmen, bezeichnet man als **Innertropische Convergenzzone** (ITC; konvergieren = sich einander nähern; vgl. Abb. 57.1). Die ITC verlagert sich mit dem Zenitstand der Sonne: im Nordsommer auf die Nordhalbkugel, im Südsommer auf die Südhalbkugel.

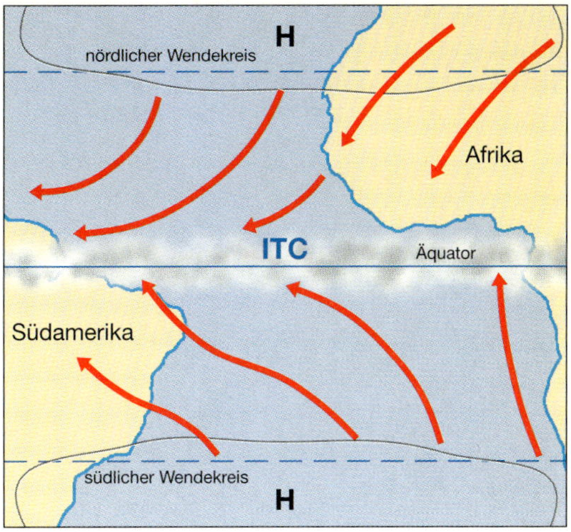

57.2 Nordost- und Südostpassat

Im Bereich der Wendekreise sinken die Luftmassen beständig ab, und es entsteht hoher Luftdruck über dem Erdboden (vgl. Abb. 57.2). Bei der Abwärtsbewegung erwärmt sich die Luft. Sie kann mehr Luftfeuchtigkeit aufnehmen, so daß hier keine Wolken und auch keine Niederschläge entstehen können. Hier, an den Wendekreisen, liegen die großen Wüstengebiete der Erde, die man daher auch als **Wendekreiswüsten** bezeichnet.

6. Wendekreiswüsten werden auch Passatwüsten genannt. Begründe.

7. Arbeite mit dem Atlas und ermittle die Namen einiger großer Wendekreiswüsten.

8. In der englischen Sprache bezeichnet man die Passate als „trade winds“ (= Handelswinde). Findet eine Erklärung dafür.

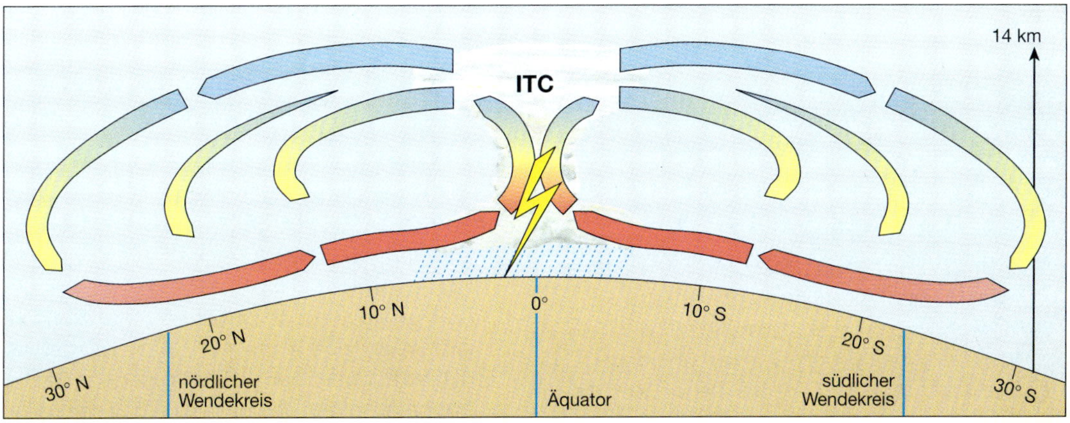

57.1 Passatkreislauf

Klimazonen und Landschaftsgürtel

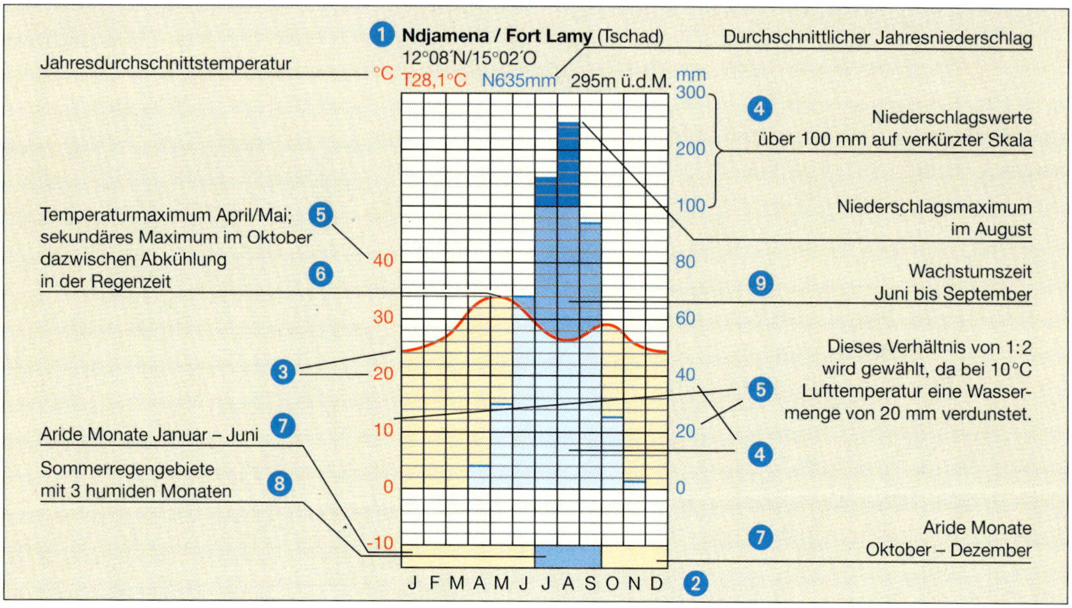

58.1 Das Klimadiagramm von Fort Lamy (Tschad)

1. Die Ortsangabe steht als Überschrift über dem Diagramm. Sie umfaßt den Staat, die geographische Lage im Gradnetz und die Höhe über dem Meeresspiegel.
2. Die Gliederung des Jahres erfolgt durch die Monatsnamen mit ihren Anfangsbuchstaben.
3. Die Kurve der Lufttemperatur ist in Grad Celsius dargestellt. Die zugehörige Skala ist links in der gleichen Farbe markiert.
4. Die Niederschlagssäulen zeigen die monatliche Niederschlagshöhe. Die zugehörige Skala bildet die rechte Begrenzung des Diagramms.
5. Die Temperaturskala ist in Einheiten zu je 10 °C eingeteilt, die Niederschlagsskala in je 20 mm.
6. Der Höchstwert heißt Maximum; der niedrigste Wert heißt Minimum.
7. In trockenen, ariden Monaten ist die Verdunstung größer als der Niederschlag.
8. In feuchten, humiden Monaten ist die Verdunstung geringer als der Niederschlag.
9. Die Wachstumszeit ist die Zeit, in der die Pflanzen wachsen, blühen und reifen.

1. Das Klimadiagramm

Das Klimadiagramm ist eine zeichnerische Darstellung der wichtigsten Klimaelemente Temperatur und Niederschlag für einen bestimmten Ort. Überall in der Welt sammeln Meßstationen täglich die entsprechenden Werte. Alle gemessenen Einzelwerte werden in Monatsmittelwerte umgerechnet. In den meisten Klimadiagrammen sind die Werte für Temperatur und Niederschlag im Verhältnis 1:2 eingezeichnet, d.h., dem Temperaturwert 20 °C auf der linken Skala steht der Niederschlagswert 40 mm auf der rechten Skala gegenüber. Die Niederschlagsskala ist ab 100 mm gekürzt, um höhere Werte noch angemessen wiedergeben zu können.

Für aussagekräftige Klimadiagramme müssen Daten 30 Jahre lang erfaßt werden. Durch diesen Zeitraum ist sichergestellt, daß extreme Schwankungen kaum ins Gewicht fallen.

1. Arbeite mit den Erläuterungen zum Klimadiagramm von Fort Lamy (Abb. 58.1). Bringe das Klimadiagramm zum „Reden“, indem du die erkannten Informationen in einem zusammenhängenden Text darstellst.

2. Die Klimazonen

Auf der Erde verlaufen nur die Beleuchtungszonen mathematisch genau als Gürtel um die Erde. Für eine Gliederung in Klimazonen reicht diese Einteilung aber nicht aus. Land- und Wasserflächen, Gebirge und Tiefländer wechseln und beeinflussen so das Klima. Klimazonen sind große Teilräume der Erde, in denen die wesentlichen Klimaelemente gleichartig sind: die Temperaturen und Niederschläge im Jahresverlauf sowie die Regen- und Trockenzeiten. Deshalb sind Klimadiagramme gut geeignet, unterschiedliche Klimazonen zu charakterisieren.

2. Welche Klimazone ist auf der Südhalbkugel kaum vorhanden (Karte S. 64)? Kannst du dafür eine Begründung finden?

Die Tropenzone

Die immerfeuchten Tropen liegen beiderseits des Äquators. Die aufsteigenden Luftmassen der ITC (vgl. S. 57) verursachen ganzjährig hohe Niederschläge. Die mittlere Jahrestemperatur liegt bei etwa 25 °C; sie schwankt nur geringfügig um 1 °C bis 3 °C. Es gibt keine temperaturbedingten Jahreszeiten. Aber die Schwankungen der Temperaturen zwischen Tag und Nacht können 10 °C und mehr erreichen. Dieses Klima bezeichnet man auch als Tageszeitenklima (vgl. S. 55).

Die wechselfeuchten Tropen schließen nördlich beziehungsweise südlich an die immerfeuchten Tropen an. Der wechselnde Zenitstand der Sonne ist die Ursache für einen deutlichen Wechsel von Regenzeit und Trockenzeit innerhalb eines Jahres. Die tägliche Temperaturschwankung ist, vor allem in der Trockenzeit, wesentlich höher als in den immerfeuchten Tropen. Die Temperatur kann tagsüber bis auf über 50 °C ansteigen und nachts bis auf 10 °C absinken (vgl. S. 63).

Die Subtropenzone(n)

Die Subtropenzone ist der Übergangsbereich zwischen den Tropen und den Gemäßigten Zonen. Die Subtropen erstrecken sich etwa zwischen 20° und 40° geographischer Breite auf beiden Erdhalbkugeln. Besonders charakteristisch für die Subtropen ist das Mittelmeerklima, wie man es im Bereich des Mittelmeers, in Teilen von Kalifornien (vgl. S. 114ff.) oder von Chile und Australien findet. Diese Regionen der Erde bezeichnet man auch als Winterregengebiete, denn im Winter fallen hier ausgiebige Niederschläge. Die Sommer dagegen sind heiß und trocken. Die Jahresdurchschnittstemperatur liegt bei etwa 18 °C.

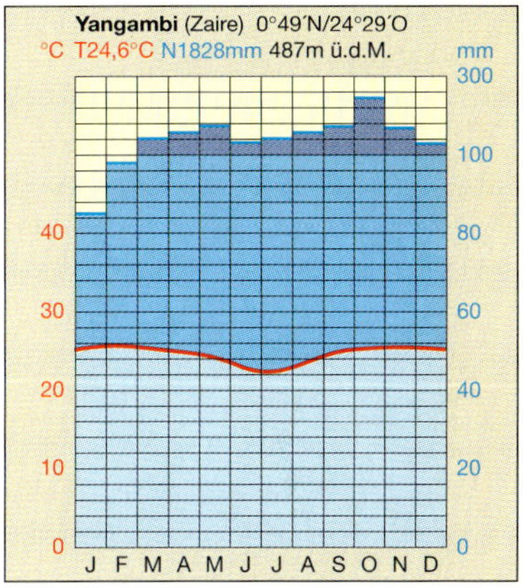

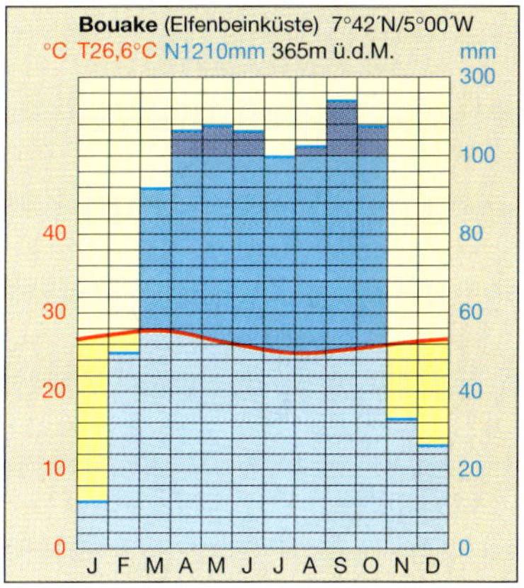

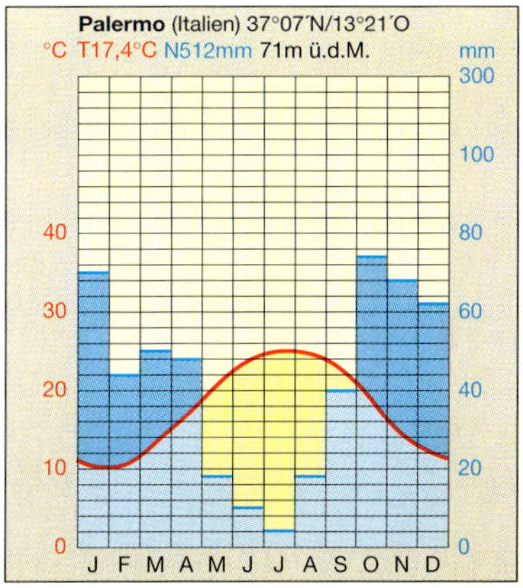

Die gemäßigte(n) Zone(n)

In der gemäßigten Zone bestimmt die unterschiedliche Verteilung von Licht und Wärme im Laufe eines Jahres die verschiedenen Jahreszeiten. Einen Wechsel von Regen- und Trockenzeiten gibt es nicht. Niederschläge fallen zu allen Jahreszeiten. Sommer und Winter zeigen deutliche Temperaturunterschiede. Das kommt daher, daß in großen Teilen der gemäßigten Zonen vorrangig Westwinde herrschen.

Diese Winde wehen (z. B. in West- und Mitteleuropa) vom Meer aufs Land. Sie sind daher sehr feucht und vergleichsweise mild (ozeanisches Klima). Je weiter diese Winde landeinwärts wehen, desto trockener werden sie. Mit zunehmender Entfernung von den Küsten nehmen die Niederschläge ab und die Temperaturschwankungen zu. Die meeresfernen Gebiete haben ein kontinentales Klima.

Wir leben in der gemäßigten Zone der Nordhalbkugel mit ozeanischem Klima. Im weiter östlich gelegenen Warschau z. B. herrscht bereits kontinentales Klima.

Die polare(n) Zone(n)

Auf die gemäßigten Zone folgt polwärts auf beiden Erdhalbkugeln jeweils die subpolare Zone. Hier wird im Sommer in keinem Monat eine Mitteltemperatur von über 12 °C erreicht; die Jahresmitteltemperatur liegt unter 0 °C. Die Winter sind sehr lang: bis zu 300 Tage kann eine Schneeschicht den Boden bedecken.

Die polaren Zonen werden bestimmt durch den Gegensatz von Polarnacht und Polartag. Ihre großen jahreszeitlichen Temperaturunterschiede bestimmen das Naturgeschehen. Hier herrscht nach unseren Klimavorstellungen ewiger Winter. Die Monatsdurchschnittstemperaturen liegen meist unter –10 °C. Die geringen Niederschläge fallen meist als Schnee.

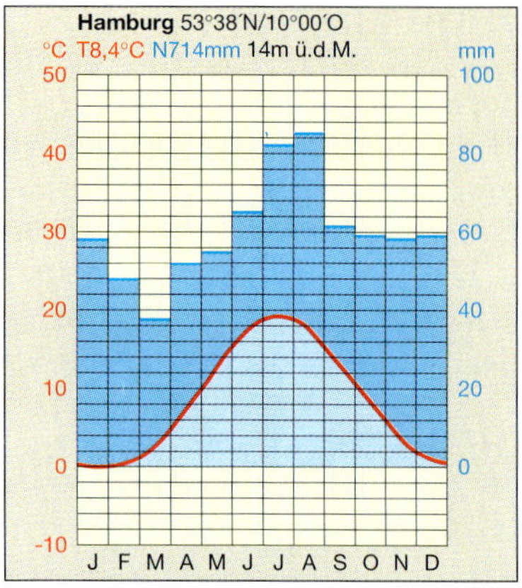

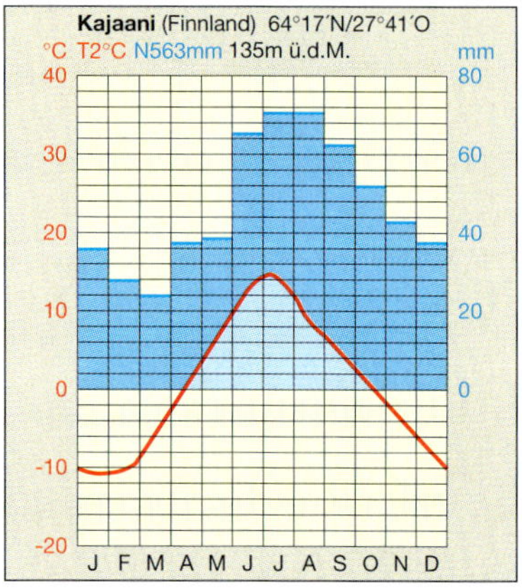

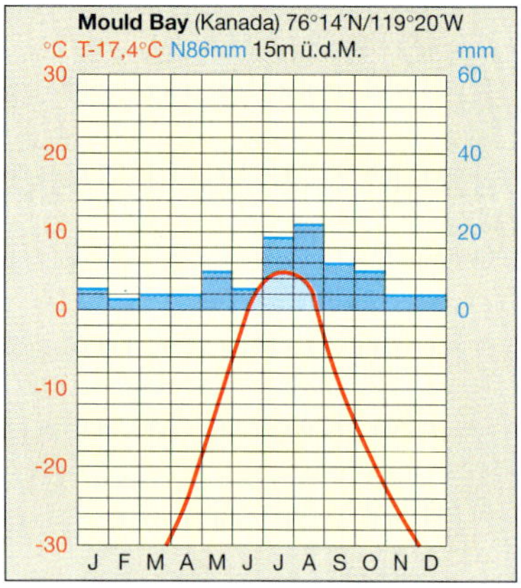

	J	F	M	A	M	J	J	A	S	O	N	D	Jahr
Werjojansk (Rußland) 67° 33' N/133° 23' O (133 m ü. d. M.)													
°C	-49	-44	-30	-13	2	12	15	11	3	-14	-36	-46	-16
mm	7	5	5	4	5	25	33	30	13	11	10	7	155
Rom (Italien) 41° 54' N/12° 29' O (46 m ü. d. M.)													
°C	7	8	11	14	18	22	25	25	21	16	12	9	16
mm	76	88	77	72	63	48	14	22	70	128	116	109	874
Djarkarta (Indonesien) 6° 11' S/106° 50' O (8 m ü. d. M.)													
°C	26	26	27	27	27	27	27	27	27	27	27	26	27
mm	300	300	211	147	114	97	64	43	66	112	142	203	1799

3. Zeichne nach dem Muster des Klimadiagramms auf S. 58 ein neues Klimadiagramm für eine Station aus der Übersicht. Ordne dein Diagramm der entsprechenden Klimazone zu und begründe deine Entscheidung. Überprüfe das Ergebnis mit Hilfe einer geeigneten Atlaskarte.

3. Die Landschaftsgürtel

Die klimatischen Bedingungen in den großräumigen Klimazonen der Erde bestimmen in erster Linie, welche Pflanzen wachsen, wie die natürlichen Landschaften auf der Erde aussehen. Die Erdoberfläche gliedert sich in Landschaftsgürtel, deren Lage und Grenzen Übereinstimmungen mit den Klimazonen aufweisen. Da sich die Pflanzen den natürlichen Bedingungen anpassen müssen, weist jeder Landschaftsgürtel **typische Pflanzengesellschaften** auf. Diese ermöglichen Rückschlüsse auf das Klima. Man kann die Pflanzen als Anzeiger für das jeweilige Klima betrachten. Zwischen den Polen und dem Äquator unterscheidet man folgende Landschaftsgürtel:

Die **Eis- und Schneewüsten** der polaren Zonen sind – bis auf einige Moose und Flechten – ohne Pflanzenwuchs. Die **Tundra** ist eine baumlose Pflanzengesellschaft aus Moosen, Flechten, Gräsern und Zwergsträuchern. Die Wachstumszeit dauert höchstens drei Monate.

Die Zone der **borealen** (nördlichen) **Nadelwälder** bedeckt etwa 10 % der Landfläche der Erde. Die borealen Nadelwälder bestehen vorwiegend aus Fichten, Kiefern, Lärchen und Birken. In Sibirien nennt man diesen Landschaftsgürtel **Taiga.** Sieben bis acht Monate dauert der Winter, es herrschen Januartemperaturen, die bis auf –75 °C absinken können. In weiten Gebieten des nördlichen Nordamerikas, Nordeuropas und Nordasiens ist der Boden bis in große Tiefen (bis zu ca. 400 m) dauernd gefroren. Er taut nur während der Sommermonate an der Oberfläche auf. Man spricht vom **Dauerfrostboden.**

Sommergrüne Laub- und Mischwälder sind die kennzeichnende Pflanzengesellschaft der gemäßigten Zonen. Diese Wälder, wie wir sie zum Beispiel aus Deutschland oder anderen Ländern Mitteleuropas kennen, bedecken heute nur noch kleine Flächen im Vergleich zu ihren ursprünglichen Verbreitungsgebieten. Der Mensch hat in den vergangenen Jahrhunderten den Wald gerodet und in Kulturland umgewandelt. Buche, Eiche, Ahorn, Ulme oder Linde sind heute selten geworden. Statt dessen wachsen vorwiegend Nadelhölzer in den Wäldern der gemäßigten Zone in Mitteleuropa. Dies ist eine Folge geregelter Forst- und Holzwirtschaft, die die Pflanzung schnellwachsender Nadelbäume bevorzugt.

61.1 In den Landschaftsgürteln der Erde

62.1 In den Landschaftsgürteln der Erde

Pinie, Zypresse oder Lorbeer sind typische Bäume in den **(winterfeuchten) Hartlaubwäldern.** Sie wachsen vor allem in den Winterregengebieten der Subtropen. Die Pflanzen sind der sommerlichen Trockenheit besonders angepaßt: Die Blätter sind klein, dick, hart und ledrig, vielfach wachsüberzogen oder behaart. So wird die Verdunstung während der heißen Sommermonate verringert. Hier wird auch im Winter, der kühl und regenreich ist, das Pflanzenwachstum nicht unterbrochen. Im Mittelmeerraum sind die natürlichen Wälder zum größten Teil abgeholzt worden.

Eine Besonderheit in der Klimazone der Subtropen sind **immerfeuchte Wälder,** die man an den Ostküsten Nord- und Südamerikas, Afrikas, Asiens und Australiens antrifft. Vor allem Magnolien, Rhododendren und Bambus kennzeichnen diese Feuchtwälder. Hinzu kommen breitblättrige Farne, Lianen und Sträucher. Alles ist zu einem üppigen, dichten Wald zusammengewachsen.

Im Inneren der Kontinente breiten sich riesige **Steppen** aus. Sie umfassen große Teile der gemäßigten und der subtropischen Zonen. Die jährlichen Niederschläge sind so gering, daß Bäume nicht mehr wachsen können. Steppen sind daher weite, nahezu baum- und strauchlose Grasflächen. Die Prärien Nordamerikas, früher der Lebensraum der Indianer, sind ein Beispiel für die Grassteppen. Im Frühjahr blühen dort zahlreiche Stauden und Kräuter in allen Farben. Die sommerliche Trockenheit läßt jedes Pflanzenleben verdorren und färbt das ganze Land in ein eintöniges Graubraun.

Halbwüsten und **Wüsten** sind die trockensten Gebiete der Erde. Die großen Wüsten der Erde finden sich vorwiegend im Bereich der beiden Wendekreise. Die Halbwüsten und Wüsten sind äußerst arm an Pflanzen. In der Übergangszone der Halbwüsten stehen Borstengräser, Dornbüsche und Zwergsträucher weit verstreut. Hier überleben nur Pflanzen, die auch viele Trockenjahre überdauern können. Nach seltenen Regenfällen grünen und blühen die Pflanzen der Wüste in unvermuteter Pracht.

Die **Savannen** sind der beherrschende Landschaftsgürtel der wechselfeuchten Tropen. Hier ist die Regenzeit die Wachstumszeit der Pflanzen, in der Trockenzeit herrscht Vegetationsruhe. Die Länge der Trockenzeit ist entscheidend für die Art der Vegetation: Je länger die Trockenzeit dauert, desto spärlicher ist der Pflanzenwuchs.

Dornsavanne: Die aride Zeit dauert 8 – 10 Monate. Das ist der Grund dafür, daß sich keine geschlossene Grasdecke entwickeln kann. Die Pflanzen schützen sich durch Dornen, wasserspeichernde Blätter oder eine dicke Rinde vor der langen Trockenheit. Typisch für die Dornsavanne ist der schirmartige Wuchs der Baumkronen.

Trockensavanne: Hier dauert die Trockenzeit 5 – 8 Monate; die Grasdecke ist geschlossen. Der lichte Wald wirft in der Trockenzeit das Laub ab. Die Natur erstarrt in graubraunen Farben. In der Regenzeit sprießen die Savannengräser, die Büsche treiben Blätter und Blüten. Die Kakteen öffnen ihre farbenprächtigen Blüten.

Feuchtsavanne: In dieser Graslandschaft können Büschelgräser mehrere Meter Höhe erreichen. In der Feuchtsavanne tritt ein artenreicher Laubmischwald auf, der in der Trockenzeit (2 bis 5 Monate) zum Teil das Laub abwirft.

Die äquatornahen Bereiche der Tropen sind immerfeucht. Ganzjährig hohe Temperaturen und ständige Niederschläge ergeben für den Pflanzenwuchs sehr günstige Lebensbedingungen. In diesen Bereichen entwickelt sich ein üppiger immergrüner **tropischer Regenwald.** Da Jahreszeiten fehlen, spielen sich alle Phasen pflanzlichen Lebens im tropischen Regenwald gleichzeitig nebeneinander ab. Merkmale des tropischen Regenwaldes sind sein Artenreichtum und der Stockwerkbau (vgl. S. 90f.).

Die Landschaftsgürtel der Erde bieten nicht nur den Pflanzen, sondern auch den Tieren und den Menschen sehr unterschiedliche natürliche Lebensbedingungen. Weite Teile der Erde sind als Lebensraum für den Menschen ungeeignet, sie sind lebensfeindlich. Dazu zählen z.B. die Kälte- und Trockenwüsten der Erde. Lebensfreundliche Räume, wie die Gemäßigten Zonen Mitteleuropas oder die Bereiche der Subtropen in Südeuropa, sind intensiv genutzt und dicht besiedelt. In Übergangsräumen (z.B. Tundra und Savannen) erschweren die natürlichen Voraussetzungen das Leben und Arbeiten der Menschen.

Es ist notwendig, die natürlichen Bedingungen der Landschaftsgürtel zu erkennen und zu beachten. Wenn z. B. immer mehr Wälder vernichtet und Böden zu sehr beansprucht werden, wird das natürliche Gleichgewicht gestört oder sogar zerstört. Ohne eine intakte Erde können wir nicht (über-)leben.

63.1 In den Landschaftsgürteln der Erde

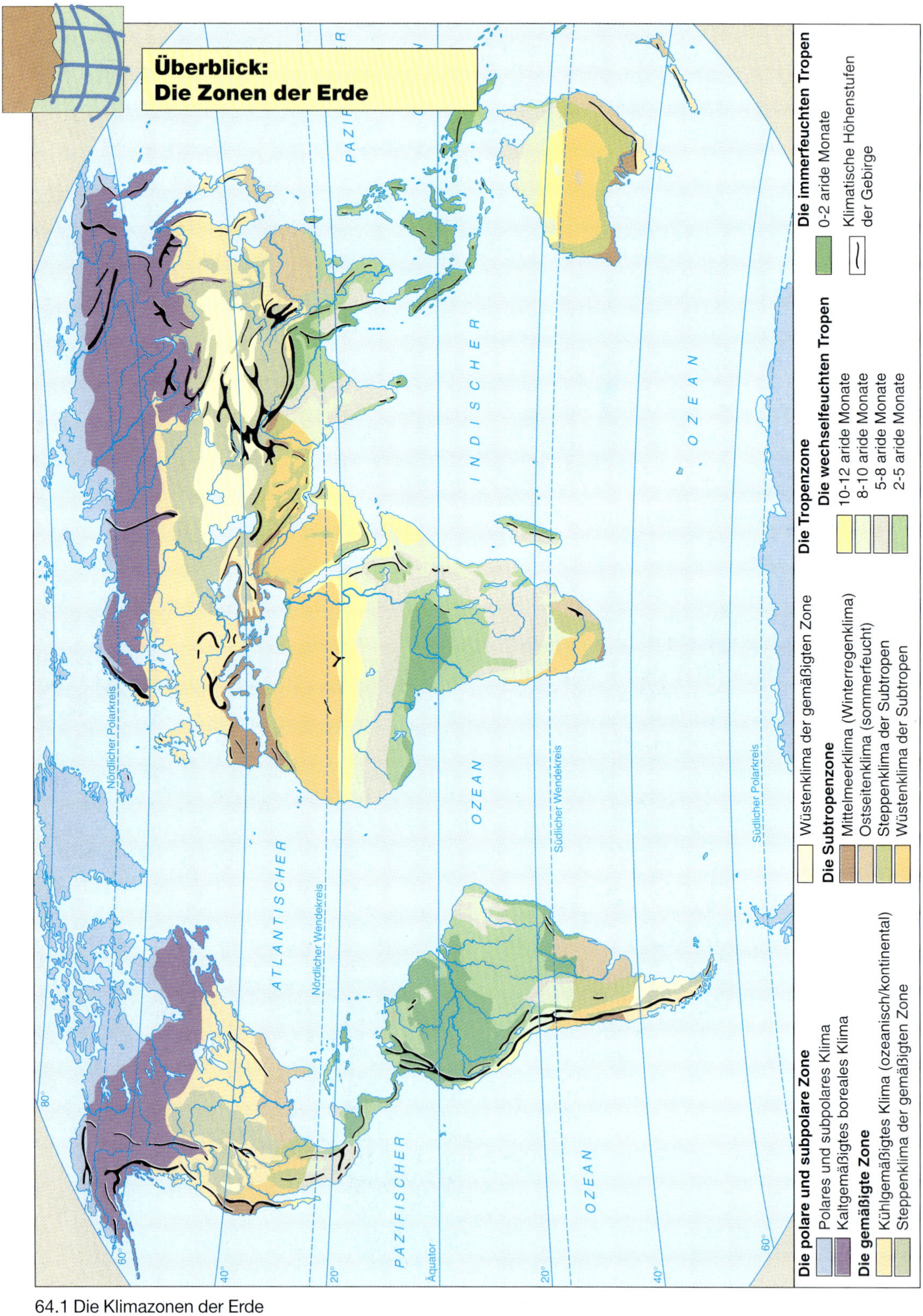

64.1 Die Klimazonen der Erde

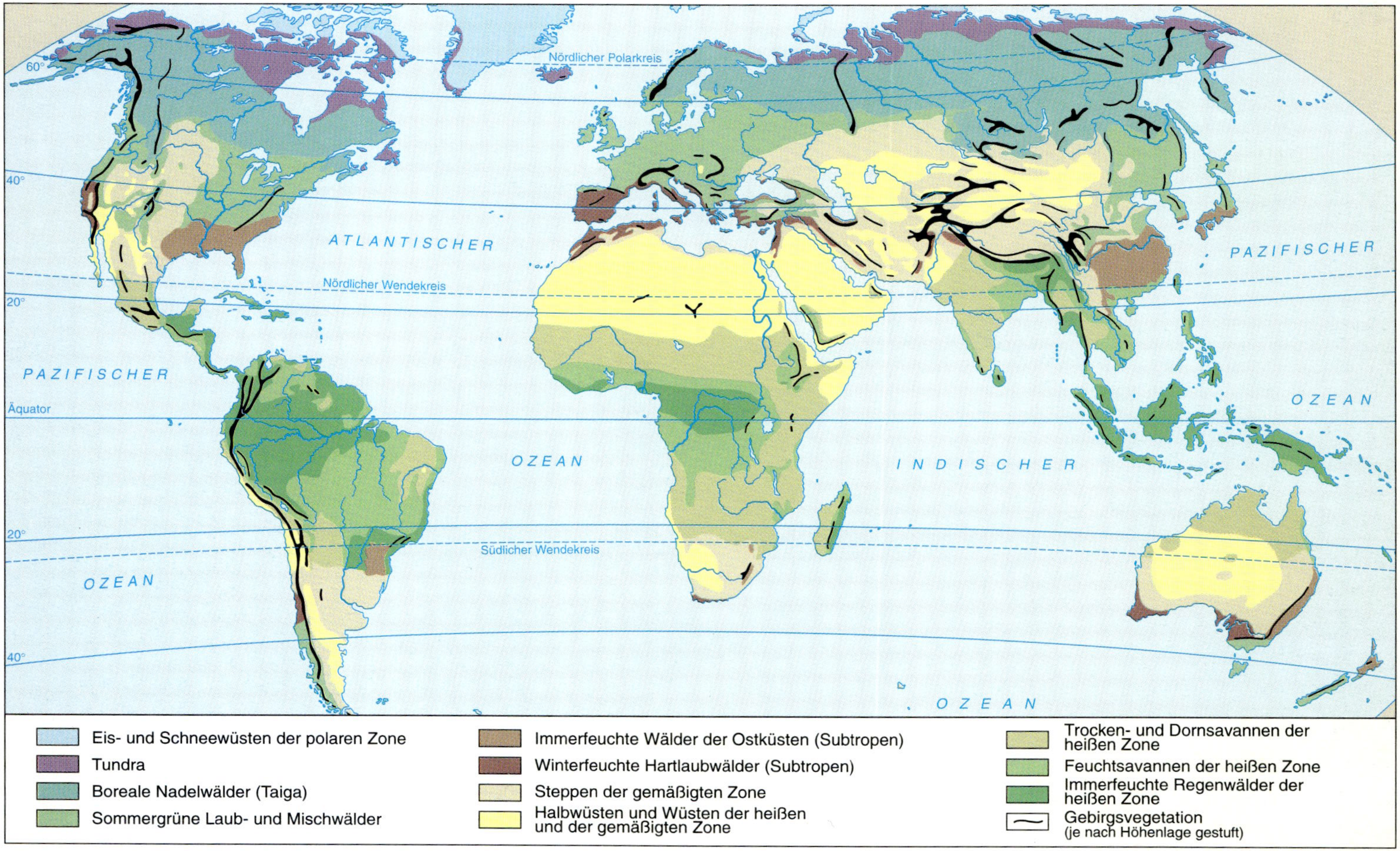

65.1 Die Landschaftsgürtel der Erde

4. Nenne die Kontinente, in denen einzelne Landschaftsgürtel besonders großräumig ausgebildet sind (Abb. 65.1 und Atlas).

5. Ordne die Fotos auf den Seiten 61 – 63 einzelnen Landschaftsgürteln zu.

6. Von welchen Gefahren, die das natürliche Gleichgewicht der Landschaftsgürtel stören, habt ihr schon gehört?

7. Vergleiche Karte 65.1 mit einer Karte der Verteilung der Weltbevölkerung (Atlas). Welche Landschaftsgürtel sind auffallend gering bevölkert? Begründe.

Menschen verändern ihren Lebensraum

Waldsterben im Bayerischen Wald

Karussellbewässerung in den USA

Schutz gegen Sturmflut auf der Hallig Hooge

Von der Wetterbeobachtung

68.1 Wetterhütte

68.2 Wettersatellit (METEOSAT)

Wetterprognose für den 3. 12. 1995
Bewölkt und kalt

Vorhersage: Heute bedeckt, im Bergland teils anhaltend Nebel, nur in Lagen oberhalb 700 Meter gebietsweise sonnig. Höchsttemperaturen null bis zwei, im Bergland um minus zwei Grad. Nachts weiterhin stark bewölkt.

Hessen: *Stark bewölkt und kalt.*

Niedersachsen: *Teils heiter, teils trüb.*

Thüringen: *Kalt, niederschlagsfrei.*

Weitere Aussichten: Teils neblig-trüb, teils heiter. Niederschlagsfrei, leichter Temperaturrückgang und Übergang zu Frostwetter.

(Hessisch Niedersächsische Allgemeine 2. 12. 95)

Für viele Menschen ist das Wetter von großer Bedeutung. Landwirte müssen sich bei ihren Arbeiten darauf einstellen. Fluggesellschaften müssen bei ihren Flugrouten das Wetter berücksichtigen, und Autofahrer müssen vor Schneeschauern und vereisten Straßen gewarnt werden.

Wie kommt man zu **Wettervorhersagen?** Dies ist durch Beobachtungen und Messungen möglich. Beobachtet werden zum Beispiel die Bewölkung, die Windrichtung und die Art des Niederschlages. Gemessen werden beispielsweise die Temperatur, Windstärke und Windrichtung, Menge des Niederschlages und Sonnenscheindauer.

An vielen Stellen in aller Welt gibt es Meßstationen, in denen tagtäglich, rund um die Uhr die Wetterdaten erfaßt werden. Dazu gehören auch Wetterschiffe und Wettersatelliten, die speziell zu diesem Zweck tätig sind. Allein in Deutschland gibt es etwa 120 hauptamtliche Wetterstationen, die täglich Wetterbeobachtungen durchführen.

In Wetterämtern werden die Ergebnisse gesammelt. Meteorologen, so werden die Wetterforscher genannt, werten dann die Meßergebnisse aus. Sind alle Ergebnisse zusammengetragen, können Meteorologen eine Wetterkarte erstellen. Mit Hilfe dieser Wetterkarten ist es dann auch möglich, für bestimmte Gebiete eine Wettervorhersage zu machen.

Das Wetter wurde von den Menschen schon immer beobachtet. Die Beobachtungen und Erfahrungen über viele Jahre hinweg wurden in den Bauernregeln ausgedrückt.

„Wenn der Tag beginnt zu langen, kommt die Kälte erst gegangen."

„Wenn im Februar die Mücken schwärmen, muß man sich im März die Ohren wärmen."

„Abendrot, gut Wetter bot." „Morgenrot schlecht Wetter droht."

„Ist der Siebenschläfer (27. Juni) naß, regnet's ohne Unterlaß."

Einfache Wetterbeobachtungen und Messungen kann jeder durchführen, wenn er ein Thermometer und einen Niederschlagsmesser besitzt sowie ein wenig Geduld und Ausdauer. Für die Temperaturmessung ist ein Minimum-Maximum-Thermometer besonders gut geeignet. Mit ihm kann man die höchste Temperatur (Maximum) und die tiefste Temperatur (Minimum) innerhalb eines festgelegten Zeitraumes ablesen. Das Thermometer sollte in zwei Metern Höhe und im Schatten angebracht werden. Die Messungen müssen um 7, 14 und 21 Uhr erfolgen. Die Messung um 21 Uhr wird zweimal gezählt, die vier Werte zusammengezählt und durch vier geteilt. Dann hat man die Tagesmitteltemperatur ermittelt.

Mit dem Niederschlagsmesser mißt man die Menge des gefallenen Regens, Schnees oder Hagels. Schnee und Hagel müssen aber zum Messen geschmolzen werden. Der Meßzylinder ist so eingeteilt, daß die Höhe des Niederschlages in Millimetern abgelesen werden kann.

Sind beispielsweise 20 mm Regen gemessen worden, bedeutet das, daß die Erdoberfläche mit einer 20 mm hohen Wasserschicht bedeckt wäre, wenn der Regen nicht abfließen, verdunsten oder versickern würde. 20 mm Niederschlag bedeuten aber auch, daß auf einen Quadratmeter 20 l Wasser gefallen sind.

Wenn ihr in der Schule oder zu Hause eine Wetterstation einrichtet, dann müßt ihr auf folgendes achten:

- *Das Thermometer darf nicht von der Sonne beschienen werden.*
- *Der Niederschlagsmesser sollte nicht im Regenschatten von Bäumen oder Gebäuden stehen.*
- *Die Messungen müssen immer zur gleichen Zeit durchgeführt werden.*
- *Die Meßwerte und die täglichen Beobachtungen solltet ihr für die spätere Auswertung in einen Beobachtungsbogen eintragen.*

1. Erfrage weitere Bauernregeln bei deinen Eltern oder Großeltern. Was haben Bauernregeln mit einer Wettervorhersage zu tun?

2. Beobachte das Wetter an einem Tag und beschreibe es in einem kurzen Bericht.

3. Sammelt eine Woche lang die Wettervorhersagen aus einer Zeitung und beschreibt die Wetterveränderungen (kleine Wandzeitung). Prüft ob die Vorhersage für den jeweiligen Vorhersagetag gestimmt hat oder ob es Abweichungen gab. Notiert diese.

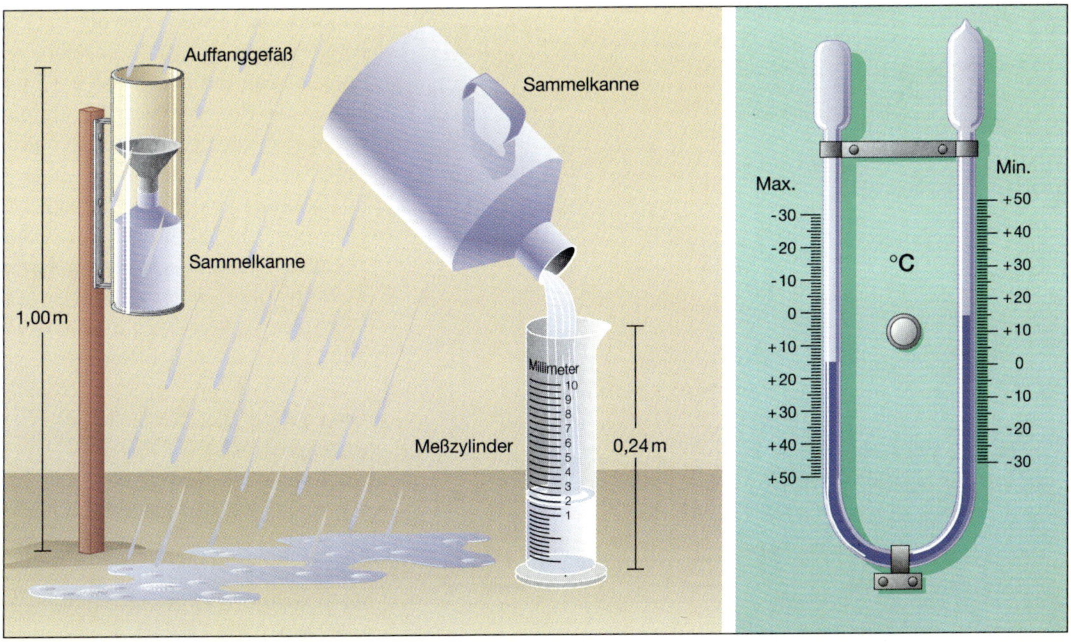

69.1 Niederschlagsmesser und Thermometer

Klima und Klimaänderungen

Werden über viele Jahre hinweg (mindestens 30 Jahre) alle Klimadaten in einer bestimmten Gegend gesammelt und ausgewertet, so kann man nach diesen Ergebnissen den Raum einer bestimmten Klimazone zuordnen (vgl. Seite 58).

Durch Untersuchungen von Geologen wissen wir, daß sich das Klima auf der Erde im Laufe der Erdgeschichte immer wieder verändert hat. Mitteleuropa liegt heute in einer gemäßigten Klimazone (vgl. S. 60). Das war aber nicht immer so.

Vor ungefähr 60 Mio Jahren herrschte ein Steppenklima, vor 20 Mio Jahren bedeckten ausgedehnte tropische Wälder das heutige Mitteleuropa. Vor etwa 2 Mio Jahren begann eine Periode von **Eiszeiten.** Während der Eiszeiten waren große Teile Nordeuropas, einige Mittelgebirge und die Alpen unter dicken Eispanzern begraben. Die letzte Eiszeit war vor etwa 10 000 Jahren beendet.

Soweit man heute weiß, gingen die Veränderungen so langsam vor sich, daß sich Tiere und Pflanzen über viele Jahrtausende den sich ändernden Bedingungen anpassen konnten.

Über die Ursachen der Eiszeiten weiß man noch nicht sehr viel. Vielleicht waren es besonders große Vulkanausbrüche, die große Mengen Staub in die Luft schleuderten. Die Sonneneinstrahlung wurde dadurch so gebremst, daß die Temperaturen absanken. Setzte sich der Staub langsam ab, konnte die Sonne wieder ihre volle Kraft entwickeln, und es wurde allmählich wärmer.

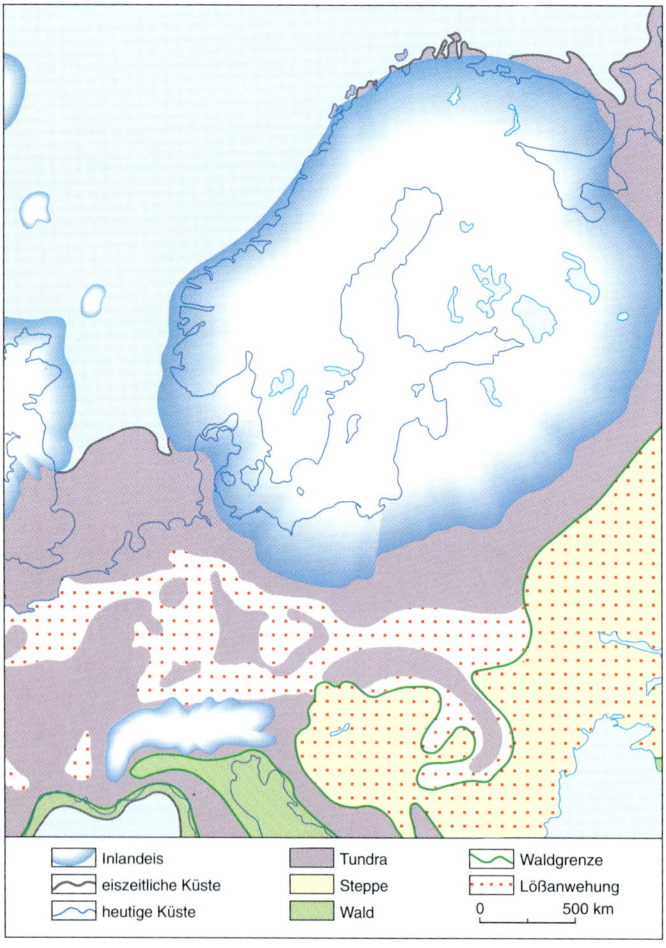

70.1 Die Vereisung in Europa

Auch die Zusammensetzung der **Atmosphäre** spielt offenbar eine wichtige Rolle. Aber die Gasverteilung ist dort nicht überall gleich. So reichert sich das schwerere Gas Kohlendioxid (CO_2) besonders in den tieferen Luftschichten an. Das ist für die Pflanzen wichtig, da sie das Kohlendioxid zur Photosyntese brauchen, d. h. sie bilden Zucker aus Wasser und Kohlendioxid mit Hilfe der Sonnenenergie. Auch der Sauerstoff ist stärker in den unteren Luftschichten konzentriert. Für Pflanzen, Tiere und Menschen ist er zum Atmen unverzichtbar.

Die heutige Zusammensetzung der Atmosphäre:

78 Anteile (%) Stickstoff
21 Anteile (%) Sauerstoff
1 Anteil (%) setzt sich zusammen aus:

Kohlendioxid, Methan, Ozon, Schwefeldioxid, Wasserdampf und den Edelgasen Neon, Argon u. a.

Die Signale einer Klimaveränderung werden seit einigen Jahren nicht nur von den Meteorologen mit Sorge verfolgt. So schlägt z. B. das Jahr 1994 alle bisher bekannten Wärmerekorde. Mit 11,6 °C wurde im Jahresmittel das Jahr 1990 in Stuttgart noch um 0,8 °C übertroffen. In den 80er Jahren wurden die höchsten Werte seit der Temperaturaufzeichnung (seit 1760) überhaupt gemessen.

Es kommen eine Serie von alarmierenden Wetterkatastrophen auf der Welt hinzu: 1987 und 1994 rasten gewaltige Stürme über West- und Mitteleuropa. Seit 1988 wird die Südostküste der USA zunehmend von Hurrikanen (Wirbelstürmen) heimgesucht. 1993 gab es am Mississippi die größte Überschwemmung des Jahrhunderts.

Auch die „Jahrhunderthochwasser" vom Winter 1994/95 an Rhein, Donau und Mosel gehen zu einem guten Teil auf das Konto der Erwärmung. Anders als früher fallen die starken Niederschläge im Winter in den Mittelgebirgen nur noch selten als Schnee. Die Wasserfluten rauschen dann in einem Schwall zu Tal.

In den Fremdenverkehrsgemeinden in den Mittelgebirgen beobachtet man seit einigen Jahren mit Sorge, daß die Schneefälle im Winter mehr und mehr abnehmen. Wintersport ist dort nur noch eingeschränkt möglich.

Auch die Versicherungen bemerken die Klimaveränderungen. Allein die weltweiten Sturmschäden zwischen 1983 und 1992 kosteten sie 88 Mrd DM – viermal soviel wie in den 60er Jahren.

1. Über welche Auswirkungen von Klimaveränderungen hat eure Tageszeitung in der letzten Zeit berichtet? Welche Nachrichten gibt es aus eurer Umgebung?

Das Schlatenkees am Venediger 1857 und heute

„Unsere Generation streitet sich über die Signale der Klimaveränderung. Die Generation unserer Kinder wird darüber urteilen, wie wir die Zeichen aufgenommen haben."

Dr. W. Haeberli, Dozent an der Technischen Hochschule in Zürich und seit über 20 Jahren in der Schweiz mit Gletschermessungen beschäftigt, erläutert Tagungsteilnehmern des Deutschen Alpenvereins Ergebnisse seiner Arbeit. Was er aus eigener Forschung festgestellt hat, „ist schlimmer, als uns alle Klimatologen vorausgesagt haben." Messungen an Alpengletschern ergaben, daß sie in den vergangenen 100 Jahren rund 40 Zentimeter pro Jahr an Dicke verloren haben. Einen Eindruck vom Ausmaß der Gletscherschmelze kann sich jeder Bergsteiger selber machen. Alpenvereinshütten im vergletscherten Hochgebirge, bei deren Bau man sich an den jeweiligen Gletscherständen orientierte, liegen heute kilometerweit von der Gletscherzunge entfernt.

Der Rückgang der Gletscher beschränkt sich nicht auf die Alpen. Er vollzieht sich dramatisch schnell, weit schneller als jemals in vorindustrieller Zeit.

(nach: Deutscher Alpenverein, Mitteilungen 1/94)

Der Treibhauseffekt: Warm – wärmer – zu warm

Von der Zunahme der Spurengase Kohlendioxid und Methan geht eine große Gefährdung unserer Umwelt aus. Durch die weltweit schon zu beobachtende Erwärmung werden die Eismassen an den Polen und in den Hochgebirgen immer stärker abschmelzen und den Meeresspiegel erhöhen. Die Wissenschaftler sind sich über den genauen Wert des **Meeresspiegelanstieges** nicht einig: Die Schätzungen gehen bis zum Jahre 2050 von 50 cm bis zu 10 Metern aus. Es kommt hinzu, daß sich der Meeresspiegel auch durch die Volumenvergrößerung des Wassers erhöhen wird. Außerdem werden sich alle Klimagürtel polwärts verschieben.

Eine Folge dieser Entwicklung wäre, daß die Küstenbereiche auf der Erde durch Überflutungen bedroht sind. Hier liegen aber die Gebiete, die mit am dichtesten besiedelt sind. So müßten z. B. das Nildelta, Bangla Desh und Thailand mit großen Landverlusten rechnen. Millionen von Menschen müßten sich eine neue Heimat in anderen Regionen suchen.

Die Erwärmung würde auch zu einer Ausdehnung der Wüstengebiete führen, die dann bis nach Südeuropa hineinreichen können. Dann müßten auch in diesen Gebieten wiederum Millionen von Menschen ihre Heimat verlassen.

„Der Weltklimagipfel in Berlin hat sich nicht auf Zahlen und Ziele zur Verringerung des CO_2-Ausstoßes nach dem Jahr 2000 geeinigt. Es wurde nur festgestellt, daß die bisherigen Verpflichtungen der Industrieländer nicht ausreichen. Diese sehen vor, daß die CO_2-Emissionen im Jahr 2000 nicht höher als 1990 sein sollen."

(Westdeutsche Allgemeine Zeitung)

Die Atmosphäre, die unsere Erde wie eine durchsichtige Schicht umhüllt, hat einen wichtigen Einfluß auf unser Wetter und Klima. Die Sonnenstrahlen können die Luftschicht nahezu ungehindert bis auf den Erdboden passieren. Hier werden die Strahlen zum großen Teil in Wärmestrahlen umgewandelt und in die Atmosphäre zurückgestrahlt.

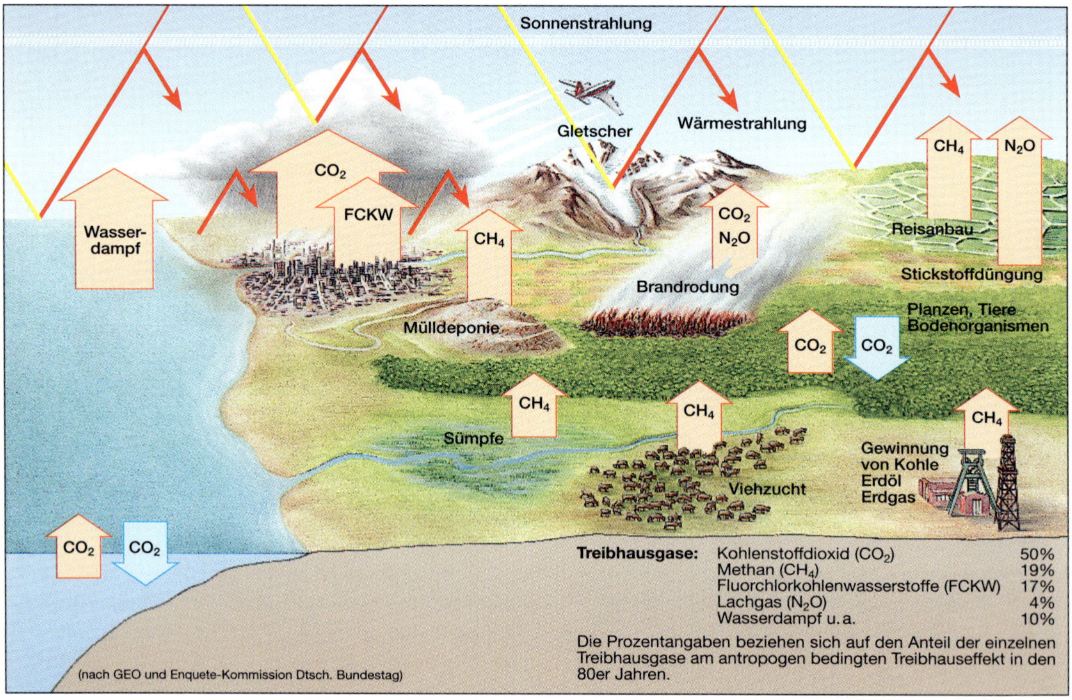

Treibhausgase:		
	Kohlenstoffdioxid (CO_2)	50%
	Methan (CH_4)	19%
	Fluorchlorkohlenwasserstoffe (FCKW)	17%
	Lachgas (N_2O)	4%
	Wasserdampf u.a.	10%

Die Prozentangaben beziehen sich auf den Anteil der einzelnen Treibhausgase am antropogen bedingten Treibhauseffekt in den 80er Jahren.

72.1 Verursacher des Treibhauseffektes

Die in der Atmosphäre enthaltenen natürlichen Spurengase (besonders Kohlendioxid und Methan) halten einen großen Teil der Wärmestrahlung zurück. So kann sich die Luft erwärmen. Die Spurengase wirken also wie die Glasscheiben bei einem Gewächshaus.

Diese Erscheinung bezeichnet man als den **natürlichen Treibhauseffekt.** Ohne diesen natürlichen Treibhauseffekt würde sich die Durchschnittstemperatur auf der Erde auf – 15 °C absenken. Unser heutiges Leben wäre dann unmöglich.

Die Anreicherung an Spurengasen nimmt aber drastisch zu. So werden beim Verbrennen von Kohle, Erdgas und Erdöl große Mengen Kohlendioxid in die Atmosphäre abgegeben. Bei der Verrottung von organischen Abfällen und in den Reisfeldern entstehen zudem große Mengen von Methan. Methan bildet sich auch beim Verdauungsprozeß der Rinder.

Eine Ursache für diese Entwicklung ist die Industrialisierung. Die Zahl der Fabriken, Kraftwerke und Fahrzeuge nimmt weltweit täglich zu und damit auch der Ausstoß von Kohlendioxid.

Aber das ist nur eine Ursache. Ein Hauptgrund für diese Entwicklung ist auch die ständige Zunahme der Erdbevölkerung. Immer mehr Menschen benötigen immer mehr Nahrung, Wohnung, Kleidung und Arbeit. Alle diese Bedürfnisse sind jedoch mit Energieverbrauch verbunden, so daß die Spurengase sich mehr und mehr anreichern werden. Mehr Spurengase bedeuten aber auch, daß mehr Wärme in der Atmosphäre zurückgehalten wird. Es kommt zu einer zusätzlichen Erwärmung. Diese Erscheinung wird als **künstlicher Treibhauseffekt** bezeichnet.

1. Beschreibe den Treibhauseffekt (Abb. 72.1).
2. Begründe, warum der künstliche Treibhauseffekt so gefährlich ist.
3. Suche im Atlas weitere Länder und Deltagebiete, die durch ein Ansteigen des Meeresspiegels besonders gefährdet sind.
4. Beschreibt die Veränderungen der Küstenlinien und der Klimagürtel (Abb. 73.2 und 73.1).
5. Auf der Weltklimakonferenz in Berlin konnten sich die Ländervertreter nicht auf eine gemeinsame Verringerung des CO_2-Ausstoßes einigen. Welche Gründe könnten die Ursachen sein? Bedenkt dabei die Interessen hochindustrialisierter Länder und die wenig industrialisierter Länder.

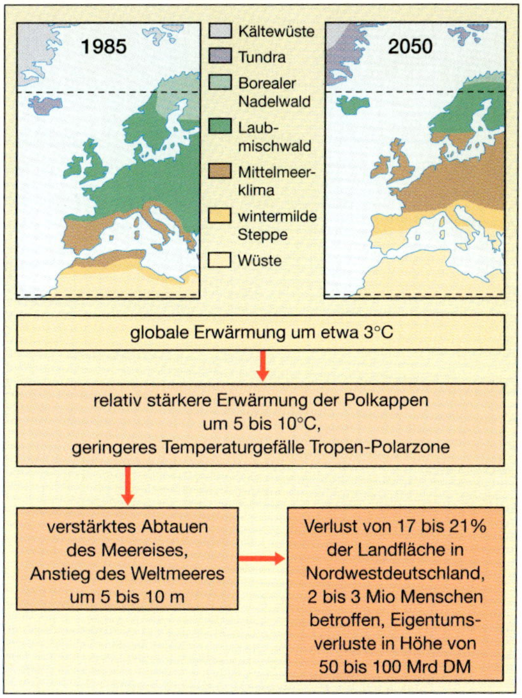

73.1 Auswirkungen der globalen Erwärmung

73.2 Gefährdete Küstenregionen bei einem Meeresspiegelanstieg

Ozon: unten zu viel, oben zu wenig

Über das Radio wird eine Ozonwarnung durchgegeben. Die Schulleitung reagiert sofort und sagt das geplante Sportfest ab. Die Schüler verstehen die Welt nicht mehr: Es ist warm, windstill, die Sonne scheint, wenn auch die Luft ein wenig drückend ist. Trotzdem, draußen auf dem Sportplatz wäre es weit angenehmer gewesen, als im Klassenzimmer. Einige hatten die Meldung auch gehört, konnten aber nicht viel damit anfangen.

Ozon ist eine besondere Form des Sauerstoffes. Er entsteht z. B. in ganz geringen Mengen in den Pflanzen. Er wird aber immer recht schnell abgebaut, so daß er sich nicht in großen Mengen ansammeln kann. Größere Mengen von Ozon können schädlich sein. Sie töten z. B. Bakterien. Das wird in Ozon-Hallenbädern genutzt, um das Wasser künstlich keimfrei zu machen. Auf diese Weise soll der Einsatz des schädlichen Chlors vermieden werden. Im Wasser der Hallenbäder ist allerdings die Ozonkonzentration so gering, daß Menschen nicht zu Schaden kommen können.

Nun gibt es aber Situationen, bei denen die Ozonkonzentration auf der Erdoberfläche erhöht wird. Eine Voraussetzung dafür ist das Wetter. Hochdruckwetter mit viel Sonne, Windstille, möglichst wenig Wolken und Wärme begünstigen die Ozonbildung. Eine zweite Voraussetzung ist die Konzentration der Abgase von Autos, Kraftwerken und Industrieanlagen. Das Abgas Stickstoffdioxid und der Luftsauerstoff reagieren so miteinander, daß Ozon entsteht. Diese Erscheinung nennt man **Sommersmog** oder auch **Ozonsmog.** Eine wichtige Rolle spielt dabei auch noch die UV-Strahlung der Sonne, die die Reaktionen auslöst.

Ozon wirkt in den hohen Konzentrationen auf uns Menschen sehr schädlich. Es werden dadurch besonders die Schleimhäute angegriffen und geschädigt. Strengt man sich körperlich zusätzlich an, wie etwa beim Sport, dann werden besonders die Lungenbläschen geschädigt. Einzelnen Zellen ergeht es dabei fast so wie den Bakterien im Ozon-Bad.

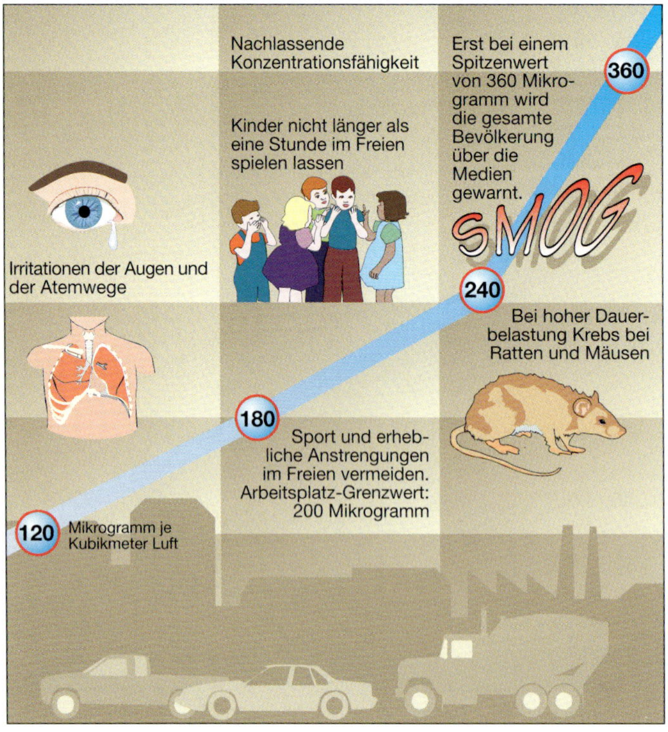

74.1 Wirkung von Ozon

Bundeseinheitliches Ozongesetz

Am 26. Juli 1995 ist ein bundeseinheitliches Gesetz zur Bekämpfung des sog. Sommersmogs in Kraft getreten, für den vor allem der Schadstoffausstoß von Autos verantwortlich gemacht wird. Nach der neuen Regelung gelten ab einer Ozon-Konzentration von 240 Mikrogramm pro Kubikmeter (µg/m²) Luft Fahrverbote für Autos, die nicht schadstoffarm sind. Ausgenommen sind aber der öffentliche Personennahverkehr, Taxis, Krankenwagen und Arztautos sowie die Müllabfuhr.

Im Rahmen einer Ausnahmeregelung brauchen auch Pendler und Urlauber Fahrzeuge ohne Kat nicht stehen zu lassen. Ab Konzentrationen von 180 µg/m³ sind Appelle vorgesehen, das Auto freiwillig nicht zu benutzen.

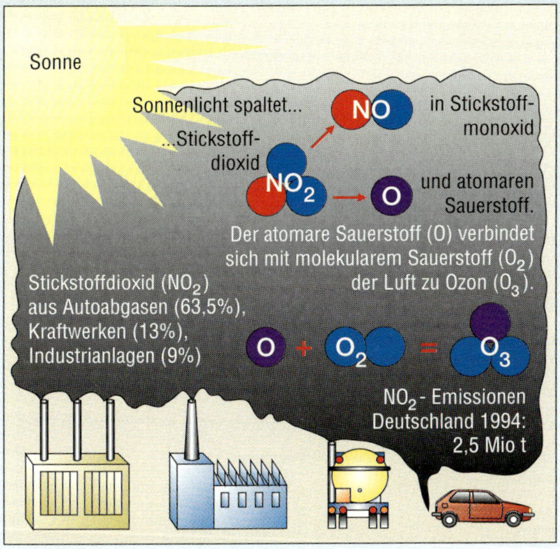

„Die Ozonschicht über Europa ist in diesem Winter so dünn wie nie zuvor. Im Durchschnitt verringert sich die Ozonschicht über dem Nordpol um 1,2 % pro Jahr, im Winter um ca. 15 %. Eine einprozentige Abnahme der Ozonkonzentration führt zu einer Erhöhung der UV-Strahlung um 2 %.

(Rheinische Post, 15.02.1995)

„Das Bundesgesundheitsamt in Berlin beobachtet, daß neben der Zunahme von Sonnenallergien auch die Hautkrebsrate ansteigt. Sie hat sich in den letzten zehn Jahren verdoppelt. Auch Hornhautentzündungen und Eintrübungen von Augenlinsen (grauer Star) nehmen zu. In den USA haben Studien gezeigt, daß erhöhte UV-B-Strahlung Pflanzen und Meeresplankton schädigt." *(Politik – betrifft uns, 3/95)*

75.1 Entstehung von bodennahem Ozon

Seit 1977 beobachten Wissenschaftler über der Antarktis das Ozonloch. Hierbei handelt es sich um eine deutliche Abnahme des Gases Ozon in einer Höhe von etwa 30 Kilometern. In dieser Höhenlage kommt das Gas stärker vor als in anderen Teilen der Stratosphäre. In dieser Höhenlage bildet sich das Ozon mit Hilfe der UV-Strahlen aus dem Sauerstoff (O_2).

Durch die Ozonmoleküle wird ein großer Teil der für alles Leben schädlichen UV-Strahlung ausgefiltert. Diese Ozonschicht schützt also wie eine gigantische Sonnenbrille. Ohne diese Ozonschicht wäre ein Leben auf der Landoberfläche nicht möglich.

Der beobachtete Abbau der Ozonschicht geht vor allem auf die Fluorkohlenwasserstoffe (FCKW) zurück, die z. B. in manchen Sprays und Kühlschränken verwendet werden. Es dauert 20 bis 30 Jahre, bis freigesetzte FCKW in die Ozonschicht aufgestiegen sind. Hier spalten sie das Ozon zu Sauerstoffmolekülen.

Die Folgen für das Leben auf der Erde sind tiefgreifend, wenn dieser Abbau nicht gestoppt werden kann. Die schädlichen UV-Strahlen könnten nahezu ungehindert bis auf die Erdoberfläche durchdringen und z. B. beim Menschen Hautkrebs und andere Krankheiten auslösen. Auch das Erbgut bei Menschen, Tieren und Pflanzen würde sich verändern.

Daß der Ozonabbau erstmals an den Polen festgestellt wurde, liegt daran, daß die UV-Strahlung der Sonne an der Bildung beteiligt ist. An den Polen herrscht bekanntlich fast ein halbes Jahr Winter ohne Sonnenschein – es fehlt also auch die UV-Strahlung. Durch die FCKW wird das Ozon abgebaut und kann sich erst wieder im Sommerhalbjahr teilweise erneuern. So kommt es, daß in Neuseeland und Australien zuerst die Auswirkungen (Hautkrebszunahme) des **Ozonlochs** bemerkt wurden.

Die durch den Ozonabbau intensivere UV-Strahlung verstärkt auch noch den Sommersmog. Die Wirkung von Ozon ist also sehr unterschiedlich. Auf der Erdoberfläche wirkt es außerordentlich giftig auf lebende Zellen. Außerdem verstärkt es als Spurengas zusätzlich noch den Treibhauseffekt. In der Höhe verhindert das Ozon das Eindringen der schädlichen UV-B-Strahlen.

1. Nenne Ursachen und Folgen des Ozonabbaus in der Atmosphäre.

2. Beschreibe Ursachen und Folgen des Ozonzunahme an der Erdoberfläche.

3. An den Polen ist der Ozonabbau besonders hoch. Begründe.

4. Macht Vorschläge, wie der Sommersmog gemildert und das weitere Ausdehnen des Ozonlochs verhindert werden kann.

Trinkwasser aus dem Hessischen Ried

1. Wasser für Frankfurt und Wiesbaden

Sauberes Trinkwasser ist keinesfalls selbstverständlich. 1,2 Milliarden Menschen in der Dritten Welt müssen mit verunreinigtem Wasser leben. Dort sind achtzig Prozent aller Krankheiten sowie ein Drittel aller Todesfälle darauf zurückzuführen.

In Deutschland verbraucht jeder Bürger pro Tag ca.143 Liter Trinkwasser. Das wenigste davon wird getrunken (vgl. Abb. 76.1). Alle Haushalte und Kleingewerbe verbrauchen insgesamt etwa das 4fache der Industriebetriebe und das 10fache aller öffentlichen Einrichtungen.

Die Stadtwerke Frankfurt versorgen fast 760 000 Menschen in Frankfurt und Umgebung mit Trinkwasser, die Stadtwerke Wiesbaden etwa 500 000 in der Stadt und der Region. Die Gesamtmenge des in beiden Städten jährlich verbrauchten Wassers würde ausreichen, um einen Würfel mit der Seitenlänge von 482 m zu füllen.

Allein für die Haushalte und Kleinverbraucher mußten die Stadtwerke Frankfurt 1993 fast 54 Mio Kubikmeter Wasser zur Verfügung stellen, die Stadtwerke Wiesbaden 30,5 Mio Kubikmeter.

Woher beziehen die beiden Städte und ihr Umland diese riesige Menge Wasser für ihre Bürger?

Frankfurt kann mit **Grundwasser** aus stadteigenen Brunnen etwa ein Drittel des Bedarfs decken. Die Gewinnungsgebiete befinden sich im Stadtwald und an stadtnahen Pumpwerken. **Quellwasser** aus dem Vogelsberg und dem Spessart ergänzt diese Menge.

Wassersparen – ein Gewinn für die Haushaltskasse

Entnahmestelle	Normalverbrauch	Sparmöglichkeit	Einsparung in Prozent	Einsparung (in DM) pro Kopf u. Jahr
Waschbecken	12–15 l/min	Durchflußmengenbegrenzer	50–55	11,00
Küchenspüle	14–18 l/min	Durchflußmengenbegrenzer	25–30	5,50
WC-Spülkasten	9–10 l je Spülung	Spartaste	40	(24,50)
		neues Gerät	bis 70	38,50
Wannenbad	120–150 l je Bad	Duschen	60–80	33,00
Waschmaschine	100–150 l je Waschvorgang	modernes Gerät		33,00
			Summe	**121,00**

Hinzu kommt der Energieverbrauch beim Warmwasser, der pro Kubikmeter 3 bis 15 DM (je nach Brennstoffart) beträgt. Setzt man eine tägliche Warmwassereinsparung von nur 20 Litern pro Person ein, ergibt sich eine zusätzliche jährliche Ersparnis von rund 165 DM (bei Strom) und 33 DM (bei Erdgas) pro Person. (aus ESWE aktuell, 3/94, S. 4)

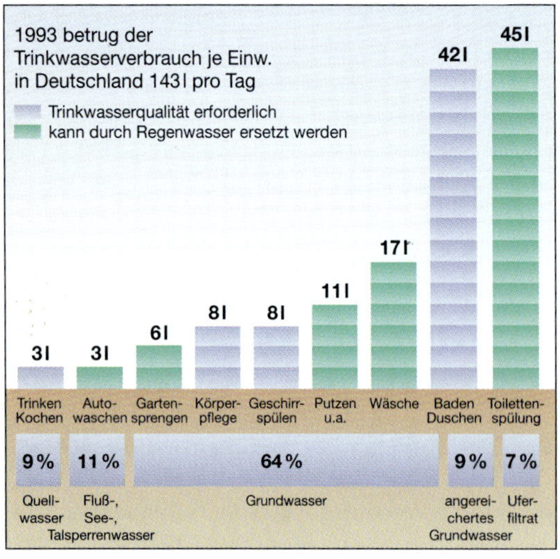

76.1 Verwendung des Trinkwassers

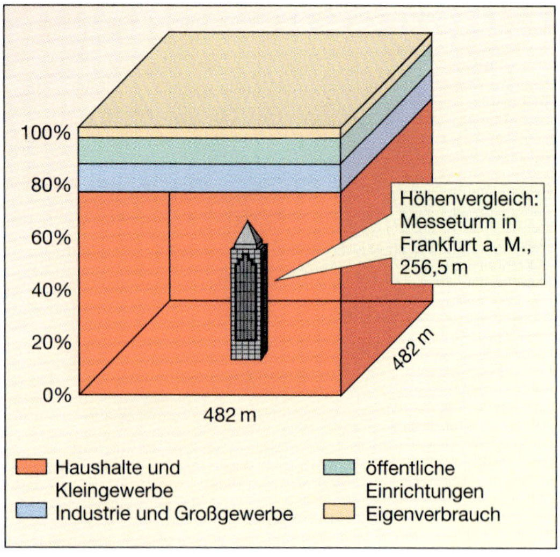

76.2 Jährlicher Wasserbedarf der Städte Frankfurt a. M., Wiesbaden und Umgebung

Wiesbaden gewinnt aus dem Taunus (Taunusstollen) 30 % des Trinkwassers. Die Wasserwerke Schierstein liefern sorgfältig gereinigtes und mit Grundwasser angereichertes Rheinwasser (ebenfalls 30 %).

Beide Städte müssen zur Deckung ihres restlichen Bedarfs zusätzlich große Mengen von **Fernwasser** aus dem Umland beziehen. Die Gebiete, aus denen Wasser nach Frankfurt und Wiesbaden geleitet werden kann, müssen drei Bedingungen erfüllen:

- großes Grundwasseraufkommen (durch hohe Niederschläge bzw. hohen Grundwasserfluß),
- hohe Wasserspeicherfähigkeit im Untergrund (durch hohes Speichervolumen oder Klüfte im Gestein),
- geringer Eigenbedarf der dort lebenden Bevölkerung (relativ geringe Besiedlung, niedrige Bevölkerungsdichte).

Der Vogelsberg und das Hessische Ried (siehe Abb. 77.1 und 78.1) erfüllen alle genannten Voraussetzungen. Daher bezieht Frankfurt je ein weiteres Drittel seines Trinkwassers aus dem westlichen Vogelsberg und der angrenzenden Wetterau sowie aus dem Hessischen Ried. Die Stadt Wiesbaden muß sogar 40 % ihres Trinkwassers aus dem Ried herleiten.

Pro Jahr werden im Hessischen Ried mehr als 32 Mio m^3 Fernwasser für die Versorgung der beiden Städte und ihres Umlandes aus dem Boden entnommen.

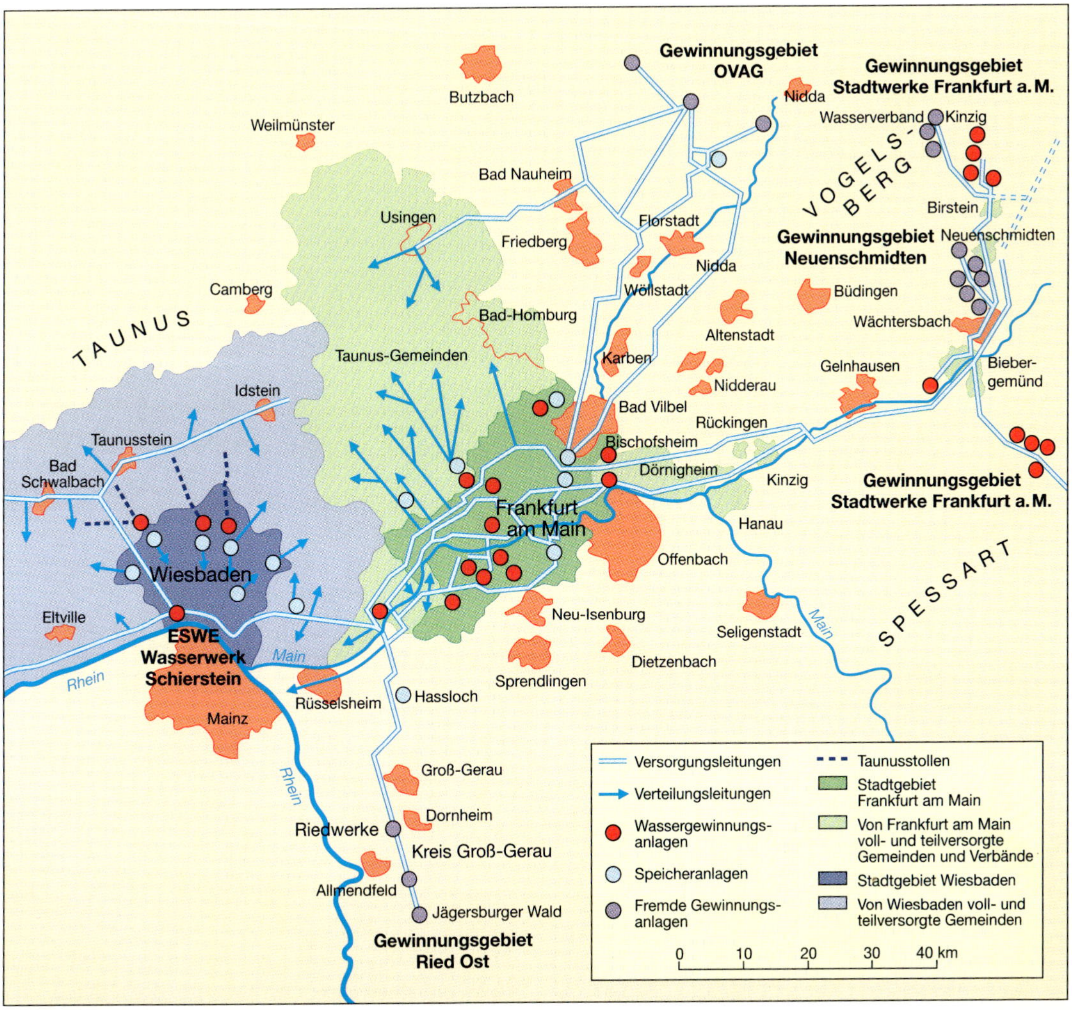

77.1 Wasserversorgung für Frankfurt und Wiesbaden

Qualitätswasser aus dem Ried

„In Deutschland ist genügend Grundwasser vorhanden. Es kann nur nicht immer dort gefördert werden, wo es benötigt wird. Ballungsgebiete müssen teilweise von weit her versorgt werden. Das Hessische Ried gehört mit seinen Grundwasserreserven zu diesen Liefergebieten.

*Die Wasservorkommen erneuern sich im ständigen Kreislauf (Abb. 79.2). Ein Viertel der Niederschlagsmenge wird in Deutschland für Trink- und Brauchwasser benötigt. Es wird vorübergehend aus dem **Wasserkreislauf** abgezweigt.*

Die Riedwerke fördern in Dornheim bei Groß-Gerau und in Allmendfeld bei Gernsheim. Jede Unterwasserpumpe in den 26 Brunnen kann bis zu 130 000 Liter Wasser in einer Stunde liefern. Aus den 80 bis 100 m tiefen Anlagen fließt das Wasser in die Brunnenhäuser, von dort weiter zur Hauptleitung. Im Wasserwerk wird es auf schädliche Stoffe untersucht, gefiltert, gereinigt (z. B. von gelöstem Eisen und Mangan) und mit konservierenden Zusatzstoffen versetzt.

Beide Wasserwerke fördern 85 000 m³ täglich. Aus dem Wasserwerk Jägersburger Wald kommen täglich 50 000 m³ hinzu. Von Allmendfeld aus führt die Wasserleitung über Groß Gerau nach Rüsselsheim/Haßloch, wo in der Verteileranlage ein Wasservorrat von 40 000 m³ gespeichert ist. Diese Menge entspricht ungefähr dem Tagesbedarf von 300 000 Personen. Die Leitung unterquert dann den Main, um weiter nach Frankfurt und Wiesbaden zu führen."

(nach einer Informationsbroschüre der Riedwerke, GG)

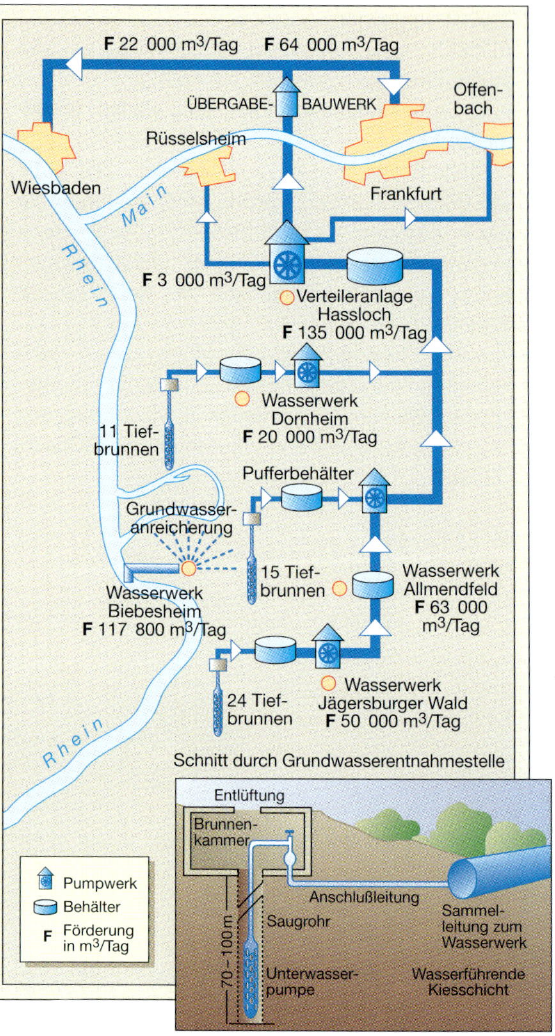

78.1 Wassergewinnung und -verteilung im Ried

2. Das Hessische Ried

Die Landschaft zwischen dem Odenwald im Osten, dem Rhein im Westen, den Städten Rüsselsheim im Norden und Mannheim im Süden wird das „Hessische Ried" genannt. Es ist Teil der nördlichen Oberrheinischen Tiefebene. Früher war es durch die Nähe des Rheins ein sumpfiges, feuchtes Niederungsgebiet (= Ried). Die Dörfer und Städte in Flußnähe wurden mehrmals jährlich überschwemmt. Vor etwa 150 Jahren begann man jedoch, den Rhein zu begradigen. Die Flußschlingen wurden durch hohe Dämme abgeschnitten und der Fluß stark eingeengt.

Das milde Klima und geeignete Böden im Hessischen Ried stellen gute Voraussetzungen für die Landwirtschaft dar. So können die Landwirte im Ried und an der Bergstraße früher als in anderen Gegenden Hessens ihre Äcker bestellen. Immer häufiger sieht man auf den Feldern lange Reihen von Gemüse- und Salatpflanzen, die schon zeitig im Frühjahr unter Plastikfolien heranwachsen. In den Gebieten mit sandigen Böden wächst als Sonderkultur der Spargel.

Der Untergrund im Hessischen Ried besteht fast nur aus Kies und Sand. Diese Schicht, die etwa 100 m dick ist, bildet einen großen natürlichen Grundwasserspeicher. Er wird immer wieder aufgefüllt durch versickerndes Regenwasser, Schmelzwasser, unterirdischen Zufluß aus dem Odenwald und vom eindringenden Wasser der Flüsse und Bäche im Hessischen Ried.

3. Ökologische Folgen der Grundwasserentnahme

Das Hessische Ried ist zwar reich an Wasser, dennoch darf das Grundwasser nicht unbegrenzt heraufgepumpt und verbraucht werden.

Die Rheinbegradigung führte zu einem größeren Gefälle für den Fluß. Dadurch erhöhte sich die Fließgeschwindigkeit des Rheins. In der Folge vertiefte der Rhein sein Bett, und damit sank auch der Grundwasserspiegel im Hessischen Ried. Gleichzeitig wurde immer mehr Wasser für die Versorgung von Menschen und von Industriebetrieben in der Region sowie die Beregnung der Felder in der Landwirtschaft verbraucht. In der Folge starben vielerorts Bäume und Sträucher ab, Gebäudeschäden durch Absenken des Bodens entstanden.

Kann die Umwelt eine verstärkte Grundwasserentnahme im Hessischen Ried überhaupt noch verkraften?

Für die erhöhte Trinkwasser-Gewinnung im Ried ist es notwendig, ein besonderes Verfahren anzuwenden. Der Grundwasserstand wird mit Rheinwasser ausgeglichen. Dieses Wasser liefert ein neues Wasserwerk bei Biebesheim am Rhein. Ursprünglich war dieses Werk dazu bestimmt, nur Wasser für die Beregnung der Felder zu liefern. 200 km Rohrleitungen verbinden dazu die Beregnungsanlagen in einem 4000 ha umfassenden Bewässerungsgebiet. An dieses werden jährlich 5 Mio m^3 Wasser abgegeben.

Das Flußwasser durchläuft zunächst mehrere Aufbereitungsstufen. Dabei werden unter anderem Schwebstoffe und Schwermetalle aus dem Wasser entfernt. Durch weitere aufwendige Verfahren werden alle Schadstoffe entzogen. Im Wasser verbleibt allerdings etwas gelöstes Salz. Es entsteht Trinkwasser, das nur einen Nachteil hat: Mit 18 bis 19°C ist es etwa 8°C wärmer als das Trinkwasser, das im Haushalt aus dem Wasserhahn fließt.

Von der Aufbereitungsanlage in Biebesheim wurden 25 km Rohrleitungen zu 49 Sickergräben verlegt. Sie geben gleichmäßig und langsam Wasser an den Boden ab. Innerhalb eines Jahres reichern auf diese Art bis zu 38 Mio m^3 Wasser aus dem Rhein das Grundwasser im Ried an.

1. Gibt es jahreszeitliche Schwankungen im Wasserverbrauch? Begründe deine Antwort.
2. Überlege und schreibe auf, für welche Zwecke deine Familie im Verlauf eines Sommertages Wasser im Haushalt verbraucht.
3. Schätze die Wassermenge, die du täglich verbrauchst.
4. Vergleicht eure Antworten und die Werte aus den Aufgaben 1 bis 3 mit Abb. 76.1. Nennt Abweichungen und Unterschiede. Sprecht über eure Einsparungsmöglichkeiten (vgl. Kastentext S. 76).
5. Vergleiche den Verbrauch der Haushalte und vom Kleingewerbe mit dem der anderen Verbrauchergruppen (Text S. 76 und Abb. 76.2). Erstelle ein Kreisdiagramm.

79.1 Gebäudeschaden durch Bodensenkung

79.2 Kreislauf des Wassers

Das Halligmeer – ein Naturraum verändert sich

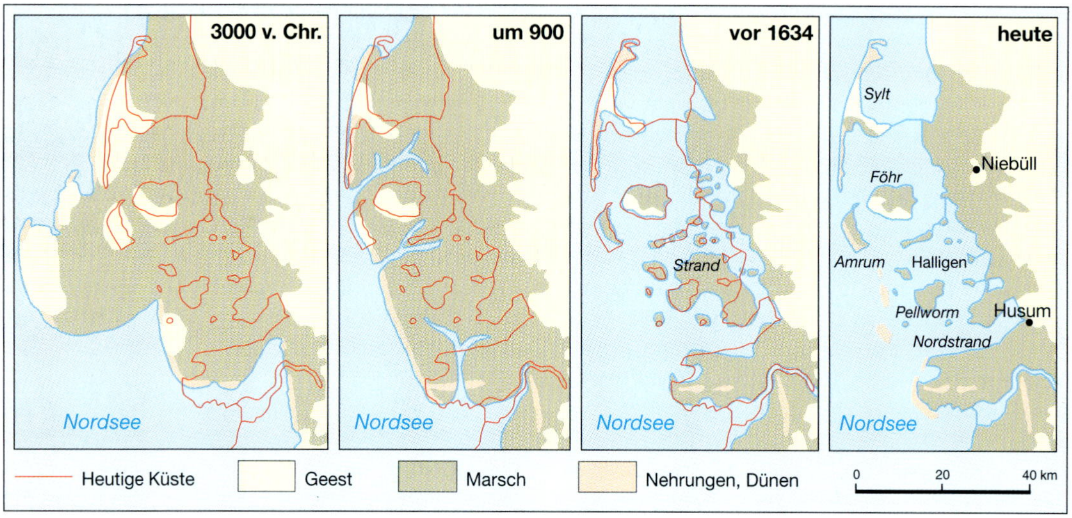

80.1 Veränderung der Küstenlinie in Schleswig-Holstein

Aus der Sturmflutchronik der Nordsee

16. 1. 1219 Marcellusflut
36 000 Menschen ertranken; große Verwüstungen.

16. 1. 1362 Große Mandränke
100 000 Tote, starke Küstenveränderungen, Untergang vieler Siedlungen, u.a. auch der Hafenstadt Rungholt.

2.11.1483 Allerheiligenflut
1600 Tote auf der Insel Altnordstrand.

11. 10. 1634 Zweite Mandränke
Zerstörung der Insel Strand in die Reste Nordstrand, Pellworm und Nordstrandischmoor. Über 6000 Tote auf Altnordstrand, etwa 200 auf den Halligen.

24. 12. 1717 Weihnachtsflut
Über 10 000 Menschen und 90 000 Stück Vieh getötet. 4915 Häuser zerstört, 3375 beschädigt.

3./4. 2. 1825 Februarflut
800 Tote, davon 74 auf den Halligen; etliche Halligen wurden endgültig zerstört.

16./17. 2. 1962 Hamburger Sturmflut
315 Tote; auf den Halligen keine Toten, aber 57 zerstörte und 150 beschädigte Gebäude.

3. 1. 1976, 24. 11. 1981, 24. 1. 1990
Obwohl diese Sturmfluten wesentlich stärker waren als 1962, gab es keine Personen- oder größeren Sachschäden.

1. Beschreibe die Veränderungen im nordfriesischen Küstenraum (Abb. 80.1 und Kastentext). Erläutere die Ursachen.

1. Die Entstehung der Halligen

Vor der Küste Nordfrieslands liegen flache kleine Inseln, die Halligen. Bei Sturmfluten müssen sie manchmal „Landunter“ melden. Dann schauen nur noch die **Warften,** künstliche Erdhügel, auf denen die Häuser stehen, aus dem Wasser. Für die Bewohner sind diese Überflutungen nichts Besonderes. Bei schweren Sturmfluten dringt das Wasser aber bis in die Häuser.

Während der letzten Eiszeit lag der Meeresspiegel noch 70 bis 100 m tiefer als heute. Als das Eis schmolz, überflutete das Meer das flache Küstenland. Jede Flut überschwemmte die flachen Gebiete vor der **Geest,** einer Hügellandschaft aus eiszeitlichen Ablagerungen. Im Wasser vorhandene Sinkstoffe, z.B. Ton und Lehm, lagerten sich ab. Durch diese **Sedimentation** entstand die „alte **Marsch**“. Langsam wuchs das Land an, wurde bedeicht und besiedelt. Die Bewohner entwässerten den Boden durch Gräben. Er senkte sich, und Sturmfluten konnten die alte Marsch zerstören. Übrig blieben die Inseln Nordstrand, Pellworm und nur die Hallig Nordstrandischmoor.

Danach bildete sich durch erneute Sedimentation die „junge Marsch“. Gleichzeitig kam es zur **Abrasion,** d.h. zur Abtragung des neuen Landes bei Sturmfluten. Die Halligen sind die Überreste der jungen Marsch.

2. Das Meer bedroht das Leben

Das Meer zerstörte oder verkleinerte die Halligen ständig. Erst seit etwa 100 Jahren bleibt die Fläche der Halligen etwa gleich groß. Damals begann man, gefährdete Uferabschnitte mit Steindecken zu schützen und Verbindungsdämme zum Festland zu bauen. Heute bewohnen ganzjährig etwa 300 Menschen die fünf größten der zehn Halligen.

Früher waren Viehzucht und Seefahrt die Erwerbsgrundlagen der Bevölkerung. Für die Wasserversorgung stand nur gesammeltes Regenwasser zur Verfügung: im Sod, einer gemauerten Zisterne für den menschlichen Bedarf; im Fething, einer offenen Wasserstelle, als Tränkewasser für das Vieh. Erst seit 1964 wurden nacheinander die fünf großen Halligen mit Trinkwasser durch Leitungen vom Festland versorgt. Vorher mußte man befürchten, nach Warftüberflutungen durch Versalzung des Wassers in Not zu geraten.

Die Halligen haben große Bedeutung für den **Küstenschutz.** Sie wirken wie Wellenbrecher, die die Energie des Seegangs vor der Küste verringern. Früher stieg der Meeresspiegel in der Deutschen Bucht um etwa 10 cm pro Jahrhundert an. In den letzten 100 Jahren waren es 25 cm. Manche Wissenschaftler befürchten einen Anstieg um weitere 50 – 80 cm bis zum Jahre 2050. Als Ursache wird die Erwärmung der Erdatmosphäre in den letzten 100 Jahren um 0,7°C gesehen. Ein Zusammenhang mit dem verstärkten Treibhauseffekt (vgl. S. 72) wird vermutet.

Auf den Halligen besteht der Zwang, immer wieder die Warften zu erhöhen. Da sie bebaut sind, kann man sie nicht einfach aufschütten, sondern zieht zunächst einen Ringdeich um die bebaute Fläche. Neubauten werden dann mindestens auf Ringdeichhöhe errichtet. Auf diese Weise wächst langsam die ganze Warftfläche. Seit 1961 werden bei Neubauten im ersten Stock Schutzräume auf dicken Betonpfählen eingebaut. Aber nicht nur Warften, sondern allen Watt- und Halligflächen droht die Zerstörung. Durch die steigenden Wasserstände, die wachsende Zahl von Sturmfluten und Sedimentumlagerungen unterliegt das Wattenmeer einem ständigen Wandel. Die Verluste betragen an den Außenkanten der Wattflächen im Durchschnitt bis zu 4,9 m pro Jahr. Ein weiteres Ansteigen des Meeresspiegels läßt befürchten, daß die Halligen irgendwann nicht mehr gehalten werden können.

81.2 Süderhörn auf Langeneß

2. Beschreibe die in Abb. 81.2 erkennbaren Schutzmaßnahmen gegen Sturmfluten.

3. Nennt Gründe für die Bedrohung der Halligen und sprecht über Versuche zu ihrer Rettung.

81.1 Normales „Landunter“ auf Langeneß

3. Leben auf den Halligen im Wandel

Nach der Sturmflut von 1962 sah es zunächst auf den Halligen nach einem neuen, verbesserten Start für viele Landwirte aus. Dank finanzieller Hilfen wurden bis 1967 etwa 50 beschädigte Höfe praktisch neu erbaut. Warften wurden erhöht, Stallungen vergrößert, neue Fahrwege gebaut und die Mähflächen zum Teil eingeebnet. Das erleichterte den Einsatz von Maschinen. Durch den Strom- und Wasseranschluß konnten neue Arbeitstechniken in den Betrieben Einzug halten. Doch bereits ab 1970 kam es verstärkt zur Aufgabe von Höfen. Wie auf dem Festland, mußten kleinere Betriebe nach anderen Erwerbsquellen suchen.

Zahl der landwirtschaftlichen Betriebe

	1971		1981		1991	
	H	N	H	N	H	N
Hooge	18	6	6	1	3	4
Langeneß	14	13	11	2	4	8
Oland	–	6	–	2	–	2
Gröde	1	2	–	–	–	–
Nordstrandischmoor	1	2	–	3	–	3
Gesamt	**34**	**29**	**17**	**8**	**7**	**17**

Haupterwerb (ab 50% des Haushaltseinkommens), **N**ebenerwerb

Gesamtzahl der Übernachtungen

Jahr	Hooge	Langeneß	Oland	Gröde	N'moor
1960	4 000	2 000	400	k. A.	100
1970	39 000	16 000	3 500	k. A.	200
1980	55 000	18 000	4 500	k. A.	250
1990	65 000	21 000	4 700	850	400

82.1 Strukturwandel auf den Halligen

Viele leben heute vom Fremdenverkehr. Ruhe und Einmaligkeit machen die Halligen für Naturfreunde zum beliebten Ziel. Die Sanierung der Hallighäuser verbesserte die Möglichkeiten zur Unterbringung. Besonders auf Hooge, das eine regelmäßige Fährverbindung zum Festland hat, begannen immer mehr Landwirte, das Haushaltseinkommen durch zusätzliche Einnahmen aus der Zimmervermietung aufzubessern. Der erste Landwirt entschloß sich schon zu Beginn der 70er Jahre, seinen vor wenigen Jahren sanierten Stall in eine Pension umzubauen. Heute haben fast alle Hooger die Landwirtschaft als Haupterwerb aufgegeben. Die Nutzung der Gebäude hat sich stark gewandelt (Abb. 82.2). Betten- und Übernachtungszahlen sind steil angestiegen (vgl. Tab.). Für manche ist die Landwirtschaft Nebenerwerb geblieben. Sie halten oft kein eigenes Vieh. Im Sommer gräst sogenanntes „Pensionsvieh“, das Besitzern auf dem Festland gehört, auf ihren Weiden. Man weiß, daß eine weitere Bewirtschaftung der Halligflächen unabdingbar ist, wenn ihre Funktion als „Wellenbrecher“ gewährleistet bleiben soll.

4. Beschreibt den Strukturwandel auf den Halligen (Tabellen 82.1).

5. Wertet die Abb. 82.2 nach Hinweisen auf die Entwicklung des Fremdenverkehrs aus.

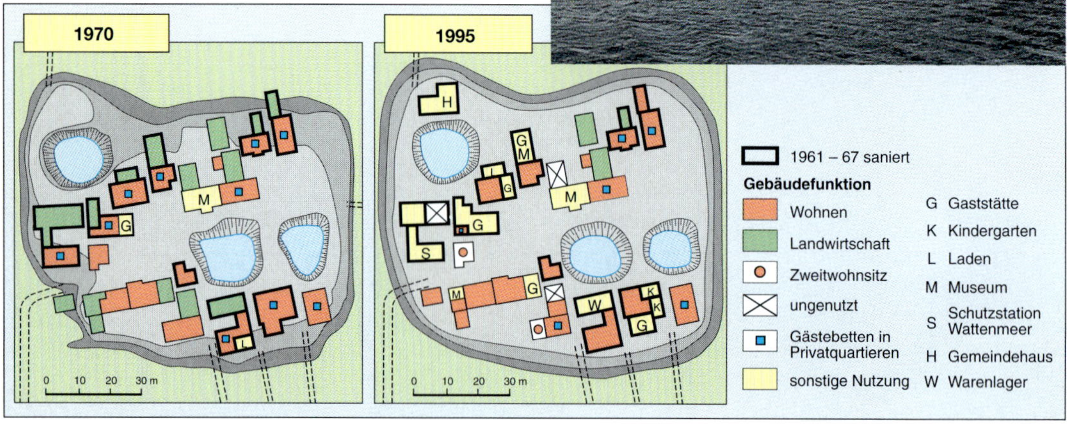

82.2 Gebäude und ihre Nutzung auf der Hanswarft auf Hooge

4. Nationalpark Wattenmeer

Das Wattengebiet an der Nordsee ist ein auf der Welt einmaliger Naturraum. Zweimal täglich werden die Wattflächen überflutet, bei Niedrigwasser fallen sie weitgehend trocken. Ständig vom Wasser durchflossen sind nur die Rinnen und Priele.

250 Tierarten kommen nur hier vor. Sie haben sich an die besonderen Bedingungen unter dem ständigen Einfluß von Ebbe und Flut angepaßt. Millionen kleiner Algen, die mit jeder Flut herantransportierten Kleinstlebewesen, und abgestorbene Tier- und Pflanzenreste dienen den Lebewesen im Watt als Futter. Viele Vogelarten brüten auf den grünen Vorlandflächen und den im Wattenmeer liegenden Inseln mit ihren Sandstränden. Millionen von Zugvögeln rasten hier und fressen sich auf den Wattflächen und Salzwiesen Fettpolster für den Weiterflug an. Die Brut vieler Fische wächst in den flachen Küstengewässern auf.

Doch die intensive Nutzung der Küstengebiete und die Verschmutzung der Nordsee bedroht das Wattenmeer zunehmend. Um es besser zu schützen, wurden große Flächen vor der deutschen Nordseeküste 1985/86 zu Nationalparken erklärt. Die strengsten Naturschutzbestimmungen gelten für die Schutzzone 1. Hier sind alle Handlungen untersagt, die die Landschaft verändern. Es ist z.B. verboten, Wattwanderungen außerhalb bestimmter Routen durchzuführen, Salzwiesen zu beweiden oder Enten und Gänse zu jagen.

Gleichzeitig soll die Landschaft aber für die Menschen erlebbar bleiben. Dazu mußten Kompromisse eingegangen werden. Außerdem wird das Wattenmeer seit Jahrtausenden von Menschen genutzt. Viele von ihnen sind heute noch vom Watt abhängig. Deshalb ist z.B. der Fischfang in der Schutzzone 1 weiter erlaubt. Die Inseln und ständig bewohnten größeren Halligen wurden daher nicht zu Nationalparkflächen erklärt.

6. Welche Gebiete gehören nicht zum Nationalpark Wattenmeer? Begründe (Abb. 83.1).

7. Diskutiert die Ansprüche verschiedener Gruppen an die Nutzung des Wattenmeeres.

8. Sammelt Bild- und Textmaterial, das die Gefährdung der Nordsee aufzeigt.

9. Befragt euren Biologielehrer über die Lebewesen im Wattenmeer und die Giftanreicherung in der Nahrungskette bei Wassertieren.

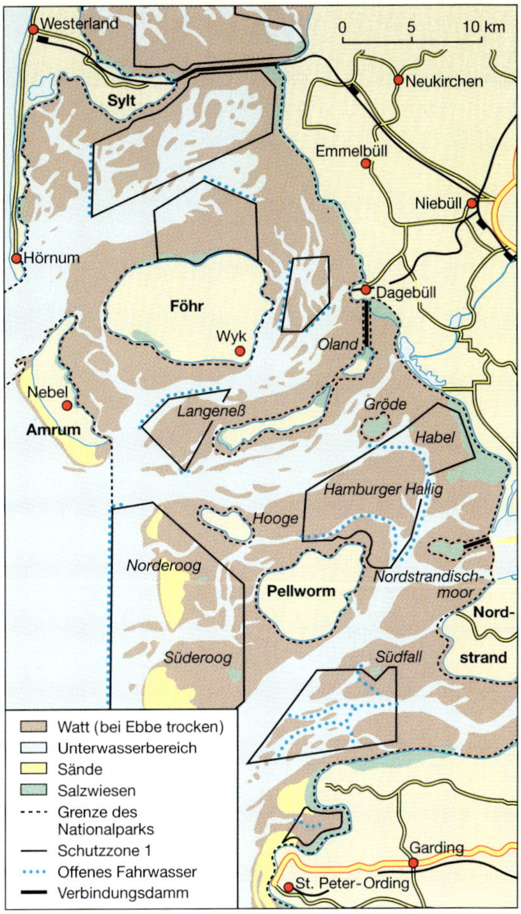

83.1 Teil des Nationalparks Wattenmeer

Interessen verschiedener Gruppen

- Landwirte möchten das fruchtbares Marschland entwässern und als Weide nutzen.
- Einige Behörden fordern Küstenschutzmaßnahmen, z. B. Deichverkürzungen durch Abschneiden von Buchten, durch die wertvolle Wattflächen und Salzwiesen verlorengehen.
- Die Fischer brauchen freie Fahrrinnen für ihre Kutter.
- Schiffahrtsgesellschaften wünschen tiefere Rinnen für größere Schiffe.
- Industrieunternehmen leiten ihre Abwässer ein, möchten Gas- und Ölsuchbohrungen durchführen oder küstennahe Werke bauen.
- Tourismusunternehmen möchten Hotels, und Freizeiteinrichtungen bauen und Fahrten zu Inseln und Seehundbänken veranstalten.
- Die Touristen erwarten zwar eine intakte Umwelt, möchten aber nicht, daß Verbote den Zugang erschweren oder gar unmöglich machen.

Waldsterben und saurer Regen

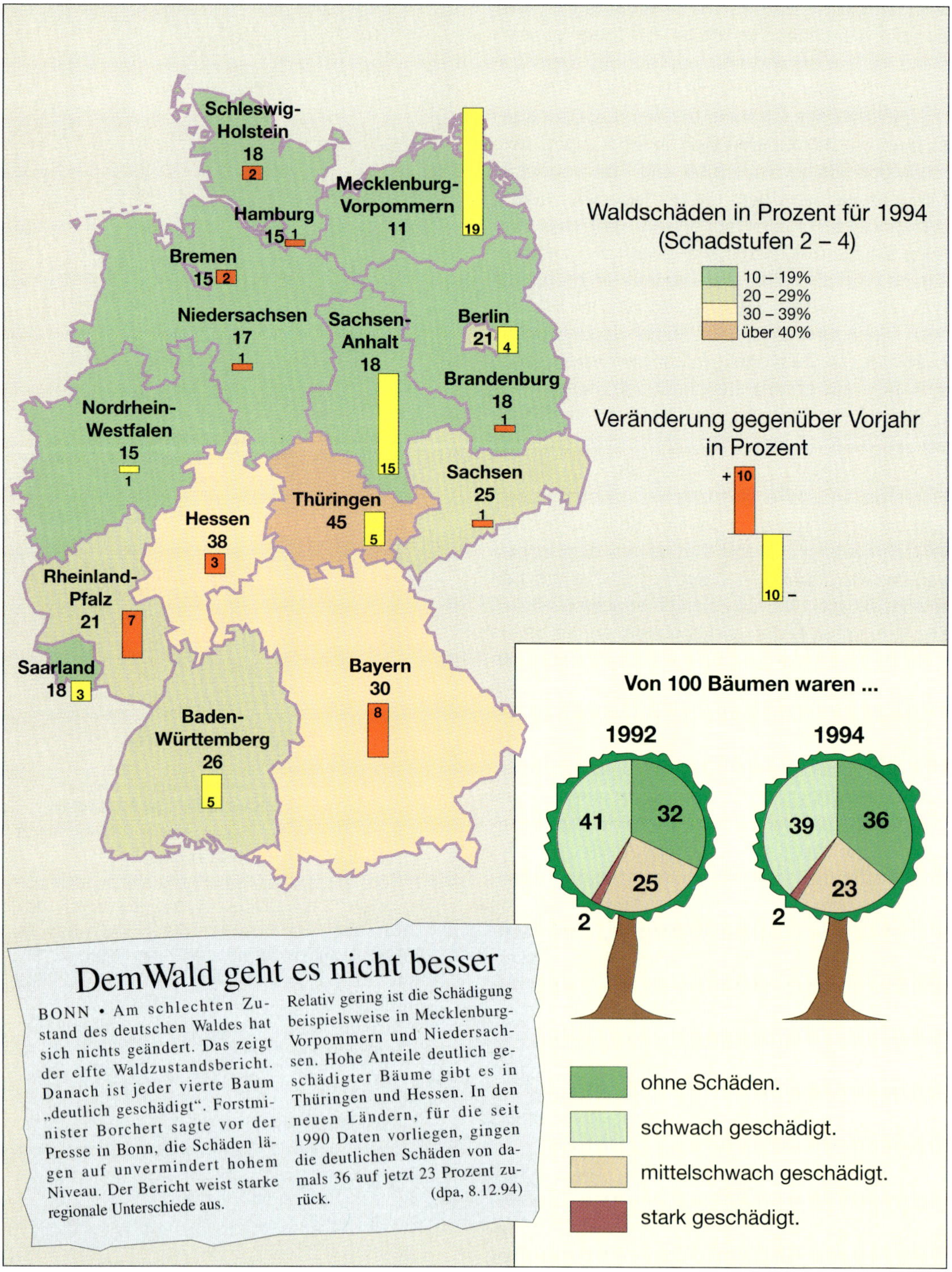

Dem Wald geht es nicht besser

BONN • Am schlechten Zustand des deutschen Waldes hat sich nichts geändert. Das zeigt der elfte Waldzustandsbericht. Danach ist jeder vierte Baum „deutlich geschädigt". Forstminister Borchert sagte vor der Presse in Bonn, die Schäden lägen auf unvermindert hohem Niveau. Der Bericht weist starke regionale Unterschiede aus.

Relativ gering ist die Schädigung beispielsweise in Mecklenburg-Vorpommern und Niedersachsen. Hohe Anteile deutlich geschädigter Bäume gibt es in Thüringen und Hessen. In den neuen Ländern, für die seit 1990 Daten vorliegen, gingen die deutlichen Schäden von damals 36 auf jetzt 23 Prozent zurück. (dpa, 8.12.94)

84.1 Waldschäden in Deutschland

1. Der Wald stirbt

Unsere Luft wird täglich belastet. Abgase von Automotoren, chemische Verbindungen aller Art aus Betrieben der Schwerindustrie, aus Chemieunternehmen, aus Wärmekraftwerken und Haushalten verursachen den Schadstoffgehalt unserer Luft.

Als Folge der Luftverschmutzung entsteht der **saure Regen.** Schwefeldioxid und Stickstoffoxide werden in der Atmosphäre zu Schwefelsäure und Salpetersäure umgewandelt. Diese Säuren gelangen zusammen mit anderen schädlichen Verbindungen als saurer Regen wieder zur Erde zurück. Hier belasten sie vor allem das Wasser, den Boden, die Pflanzen und den Wald.

Obwohl Bundes- und Landesregierungen in den vergangenen zehn Jahren 31 Milliarden Mark für eine aufwendige „Luftreinhaltepolitik" ausgaben, konnte sich der Wald bisher nicht erholen.

Seit Ende der 70er Jahre wurden in Nordamerika und Europa großflächige **Waldschäden** festgestellt. Die Meinungen über die Ursachen gehen weit auseinander. Die meisten Wissenschaftler sehen jedoch Luftverunreinigungen als Hauptursache dafür an.

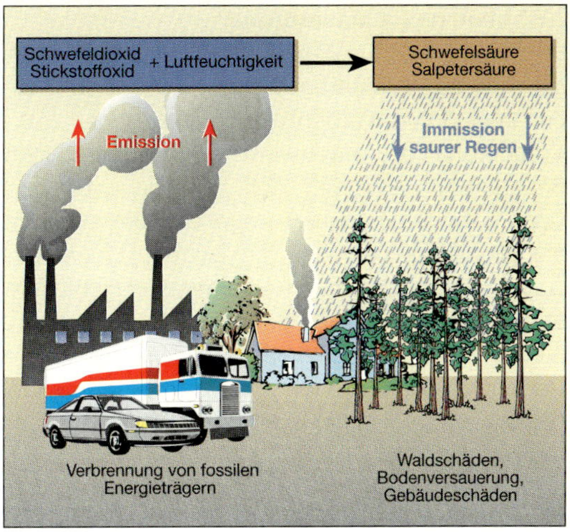

85.2 Entstehung des sauren Regens

1. Stelle in einer Tabelle die Ursachen und Folgen des Waldsterbens zusammen.
2. Nennt Gebiete, die besonders vom Waldsterben betroffen sind. Begründet (S. 84, Atlas).
3. Diskutiert darüber, welche Bedeutung der Wald für euch/für uns Menschen hat. Gestaltet mit diesen Aussagen eine Stellwand.

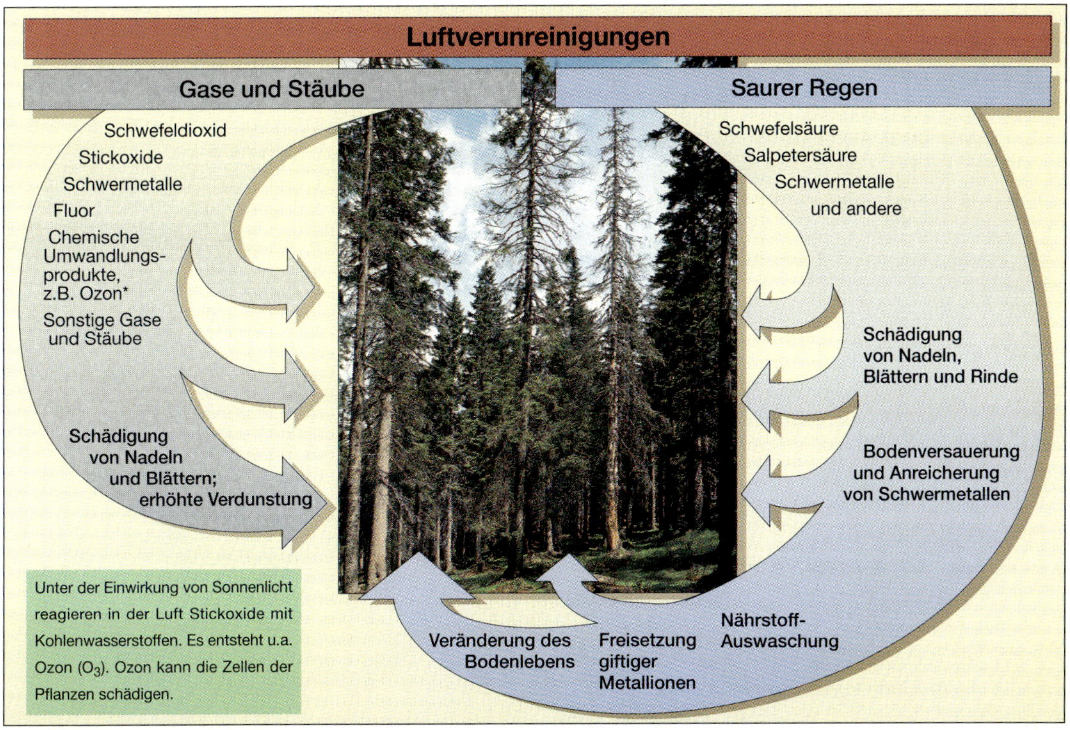

85.1 Ursachen und Folgen des Waldsterbens

Ursachen des Waldsterbens

Es dauerte fast 15 Jahre, bis man sich über die Ursachen des Waldsterbens einig wurde. Seit Ende der 80er Jahre werden die verschiedenen Luftschadstoffe als Hauptverursacher bezeichnet. Schadstoffe verbinden sich mit Sauerstoff und Regenwasser zu saurem Regen. Dieser schädigt die Bäume und versauert den Boden. Bodenlebewesen vertragen diesen Säuregehalt nicht. Ihre bodenverbessernde Aufgabe fehlt den Bäumen. Sind die Bäume erst einmal krank, sind sie leichte Beute für Schädlinge wie Pilze oder Borkenkäfer. Geschwächte Bäume widerstehen zudem weder Sturm noch Frost.

Woher kommen die Schadstoffe, die den Wald so nachhaltig zu schädigen drohen? In Deutschland herrschen vorrangig westliche Winde vor. Die Schadstoffe in der Luft werden also größtenteils an den Hängen der Gebirge abgeladen, die in Süd-Nord-Richtung verlaufen. Dort sind besonders starke Schädigungen festzustellen.

Hohe Industrieschornsteine bewirken, daß Schadstoffe in höhere Luftschichten gelangen. Sie können auf diese Weise mit dem Wind über mehrere hundert Kilometer transportiert werden. Es ist daher sehr gut möglich, daß Schadstoffe in Gebieten niedergehen, die von Industrieregionen weit entfernt sind.

Hilfe für den bedrohten Wald

Seit vielen Jahren gibt es Vorschriften, die helfen sollen, die Schadstoffe in der Luft zu verringern. Eine Vorschrift betrifft z. B. den Einbau von Filtern oder Katalysatoren bei Kraftfahrzeugen. Diese Gesetze müssen laufend verbessert und ergänzt werden. Notwendig ist auch, ihre Einhaltung gewissenhaft zu kontrollieren.

Aber nicht nur der Gesetzgeber ist zum Handeln aufgerufen. Es kann auch jeder einzelne mithelfen, um den Wald zu schützen:

- Strom und Heizung sparen, indem man z. B. die Häuser gut isoliert,
- mit Warmwasser sparsam umgehen,
- möglichst öffentliche Verkehrsmittel oder das Fahrrad benutzen,
- kein „Kavalierstart“, „reisen statt rasen“, das Auto nie im Stand „warmlaufen lassen“,
- unnötige Fahrten vermeiden wie z. B. eine Autofahrt zum Kiosk, um eine Zeitung zu holen.

Gesunde Fichte

Kranke Fichte

Was der Wald für uns Menschen ist

- Er speichert für uns das Regenwasser, so daß es nicht nur abfließt und in den Meeren wieder verschwindet.
- Seine Bäume und seine Böden reinigen für uns das tägliche Wasser und die tägliche Luft.
- Er gleicht das Klima aus, so daß wir es gut vertragen können.
- Er gibt vielen Menschen Arbeit, vielen zumindest einen unverzichtbaren Nebenverdienst.
- Er gibt Tieren und Pflanzen den Lebensraum, den sie benötigen.
- Er dient uns als Erholungsraum im weitesten Sinn. Man kann sich nicht nur körperlich erholen, sondern auch geistig entspannen.

Ursachen des Waldsterbens

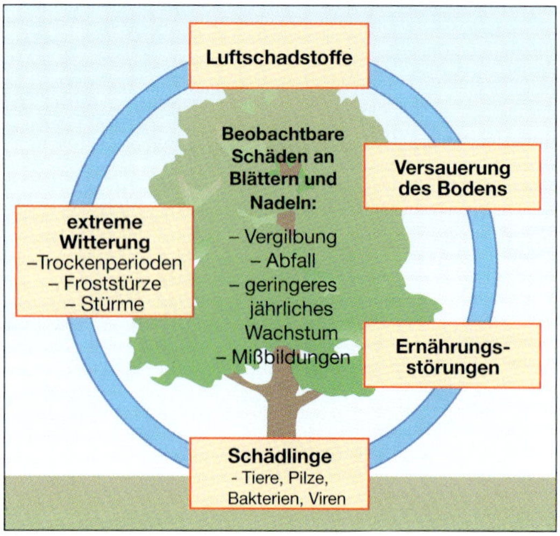

Gesunde Tanne

Kranke Tanne

Ihr könnt

- mit dem zuständigen Förster einen Lerngang im nächstgelegenen Wald planen
- versuchen, an einem gefällten Baumstamm durch Auszählen der Jahresringe das Alter des Baumes zu bestimmen
- eine Blätter- oder Rindensammlung anlegen und sie der Nachbarklasse vorstellen
- Gedichte, Lesebuchtexte und Lieder zum Thema Wald sammeln und damit eine Wandzeitung gestalten
- eine Waldkarte eures Heimatortes anfertigen: Lage der Waldgebiete, vorherrschende Baumarten, Fußwegenetz, Parkplätze usw.

Gesunder Fichtenzweig

Kranker Fichtenzweig

Gesunder Naßkern

Kranker Naßkern

Gesunde Wurzel

Kranke Wurzel

Der Baum – ein Ursymbol

Der Baum in seiner Lebendigkeit bringt mich zum Staunen, rührt mich an. Er ist von oben bis unten, durch und durch lebendig. Von allen vier Elementen nimmt er seine Lebenskraft: Mit der Wurzel lebt er in Erde und Wasser, mit der Krone in Sonnenlicht und Luft. Der Stamm aber ist der Mittler zwischen dem Unteren und dem Oberen. Der Baum steht still, nur manchmal vom Winde bewegt, aber er verändert sich fortwährend bis zu seinem allmählichen Absterben. Er wächst hoch und höher zum Licht und immer tiefer in die Erde. Jahresringe des Stammes zeigen sein Alter. Auch im Laufe der Jahreszeiten verändert er sich: Er ist schön in seinem Grün, wenn er Knospen treibt, Blüten hervorbringt, Früchte trägt, im Herbst bunte Blätter zu Boden fallen läßt. Sogar im Winter, wenn seine entlaubten Zweige schwarz und skelettartig in den Himmel zeigen, wirkt er nicht trostlos, eher sehnsuchtsvoll, in Erwartung.

(aus: Kirchoff: Ursymbole, München 1982, S. 61 ff.)

88.1 Die Edertalsperre

88.3 Mähen einer Bergwiese

2. Die Mittelgebirge im Überblick

Die Mittelgebirge liegen mitten in Deutschland, zwischen der Donau im Süden und dem Norddeutschen Tiefland. In ihrem Gesteinsaufbau und in ihrer Entstehung sind sie sehr unterschiedlich. Jedes Mittelgebirge hat eine eigene Besiedlungsgeschichte. Bei allen Unterschieden haben sie dennoch viele Gemeinsamkeiten.

Alle Mittelgebirge liegen zwischen 500 und 1500 Meter über dem Meeresspiegel. Das merkt man oft auch ihren Namen an. Sie sind alle reich bewaldet. In den tieferen Lagen sind sie häufig von Mischwäldern bestanden, in den höheren Lagen herrschen die Nadelwälder vor.

Alle Mittelgebirge sind heute wichtige Naherholungsgebiete für die Bewohner der Verdichtungsräume. Außerdem sind sie Urlaubs- und Sportgebiete im Sommer wie im Winter.

4. Mittelgebirge nennt man auch Regenfänger. Erkläre. Nenne Folgen für das Waldsterben.

5. Die Mittelgebirge sind Quellstuben unserer Flüsse. Wo entspringen Donau, Neckar, Main, Lahn, Fulda, Werra, Saale, Elbe?

6. Wie unterscheiden sich die Mittelgebirge hinsichtlich der Temperaturen und der Niederschläge von den Tiefländern?

7. Lege eine Tabelle nach folgendem Muster an:

Mittelgebirge	höchste Erhebung	Fluß
Rhön	*Wasserkuppe*	*Fulda*
....	....	....
....	....	....

8. Auf welche gemeinsamen Merkmale der Mittelgebirge weisen die Bilder hin?

9. Bearbeite die stumme Karte auf S. 89. Schreibe die Lösungen auf.

88.2 Granitsteinbruch

88.4 Wetterfichten

89.1 Mittelgebirge in Deutschland

Tropischer Regenwald: Nutzung und Gefährdung

1. Lebensgemeinschaft tropischer Regenwald

Vom Flugzeug aus gesehen wirkt der tropische Regenwald wie ein grenzenloser grüner Baumteppich. Braune Flüsse durchbrechen das dichte Grün. Man kann tagelang an den grünen Mauern entlangrudern und findet nichts anderes als Wald, Wald und hinter der nächsten Flußbiegung immer noch Wald. Im 19. Jahrhundert berichteten Forscher und Abenteurer von ihren Reisen durch die tropischen Regenwälder. Ihnen erschien er düster und undurchdringlich, ja sogar feindlich. Sie prägten den Begriff von der „grünen Hölle“. Aber es gibt auch andere Eindrücke:

„Als ich zum erstenmal den tropischen Regenwald betrat, war so ziemlich alles anders, als ich es mir vorgestellt hatte. Der Wald ist nicht der undurchdringliche Busch der Abenteuerromane, durch den man sich mühselig seinen Weg mit der Machete freischlagen muß. Auch das ohrenbetäubende Brüllen und Kreischen der Tiere ist nicht zu hören. Die Pflanzenmasse des Waldes schluckt alle Geräusche. Der Unterwuchs ist licht und leicht zu passieren, sieht man einmal von den stacheligen Trieben einiger Kletterpflanzen ab. Manche Lianen benutzen die Bäume als eine Art Leiter, um nach oben ans Licht zu gelangen, andere hängen wie Seile oder Girlanden von den Bäumen herab.

Die säulenartigen Stämme der großen Bäume verjüngen sich nach oben kaum und treiben erst in 40 m Höhe ihre untersten Äste. Das Dämmerlicht am Grunde des Waldes verleiht mir das Gefühl, mich im Innern einer gewaltigen, aus Holz erbauten Kathedrale aufzuhalten. Meine Augen haben sich auf die Dunkelheit eingestellt. So blenden mich die wenigen Lichtstrahlen, die durch kleine Lücken im Blätterdach zu mir ins Innere des Waldes dringen, schmerzhaft.

Schon nach wenigen Minuten ist mein Körper schweißgebadet. Die warme Luft ist so feucht, daß ich sie fast wie eine Flüssigkeit empfinde. Ich fühle mich bald überhitzt und bin deshalb gezwungen, langsam zu gehen und Pausen einzulegen.

Wind, der kühlen könnte, gelangt nicht ins Innere dieses Waldes. Hier ist nichts von dem frischen Hauch in einem mitteleuropäischen Laubwald zu spüren.“

(nach U. George: Regenwald, München 1985)

90.1 Ureinwohner im tropischen Regenwald in Malaysia (Cameron Highlands)

Für die heutigen Wissenschaftler sind die Regenwälder der Erde ohne Zweifel ein „grünes Paradies“ und keine „grüne Hölle“ mehr. Nirgendwo auf der Welt findet man eine derartige Vielfalt an Pflanzen und Tieren wie im tropischen Regenwald. Der Artenreichtum ist so groß, daß er bisher nicht vollständig erforscht worden ist.

Der Regenwald ist äußerst dünn besiedelt. Ureinwohner leben dort als Jäger und Sammler und haben eine einfache Form des Ackerbaus entwickelt: die Brandrodung. Sie roden Flächen von etwa 100 m Durchmesser, setzen das abgeschlagene Holz nach einigen Wochen in Brand. Die Asche enthält Nährstoffe und dient als Dünger. Die Indianer bestellen meist zwei oder drei Brandrodungsfelder nacheinander, um mehrmals im Jahr zu ernten. Nach wenigen Jahren gehen die Ernteerträge stark zurück, man zieht weiter, rodet neue Flächen und legt neue Felder an.

Die Schädigung des tropischen Regenwaldes durch die Indianer ist seit Jahrtausenden auf kleine Flächen beschränkt und gering. Die verlassenen Rodungsinseln werden schnell von Wildpflanzen überwuchert, und nach 30 Jahren ist ein Sekundärwald nachgewachsen. Im Vergleich zum vorherigen Urwald weist dieser nachfolgende Wald aber z. B. weniger Pflanzenarten auf.

Die Bevölkerung in den tropischen Ländern verdoppelt sich gegenwärtig innerhalb von 25 – 30 Jahren. Wir sprechen deshalb von einer **Bevölkerungsexplosion**. Diese ständig wachsende Bevölkerung muß ausreichend ernährt werden, benötigt Land für ihre Siedlungen, Wege und Straßen. Die Regierungen der betroffenen Länder versuchen die Probleme dadurch zu lösen, daß sie die bisher gering besiedelten Gebiete erschließen. Dabei bieten sich die Regionen des tropischen Regenwaldes scheinbar für die Neusiedlungsprojekte oder für die Plantagenwirtschaft und Großfarmen in Asien, Afrika und Südamerika an.

Immer häufiger gibt es großflächige Eingriffe in das empfindliche **Ökosystem** des Regenwaldes. Es kann sich nach weiträumigen Rodungen kaum wieder erholen, der ursprüngliche Wald wächst nicht mehr nach. Ohne schützende Pflanzendecke ist der Boden der Sonne und dem Starkregen ausgesetzt. Häufig wird der fruchtbare Oberboden fortgeschwemmt. Wissenschaftler warnen vor dieser großflächigen Waldvernichtung; man befürchtet weltweite Auswirkungen auf das Klima.

Es werden Wälder in einer für uns nur schwer vorstellbaren Größe vernichtet, jährlich mindestens 200 000 km^2, das entspricht der zehnfachen Landesfläche von Hessen. Pro Tag werden ca. 550 km^2 des Regenwaldes gefällt, das ist die Größe des Landkreises Friedberg, pro Minute entspricht das der Fläche von 60 Fußballfeldern.

91.1 Brandrodung

2. Der Regenwald Malaysias – ein unendlicher Holzlieferant?

Malaysia deckt 50% des Weltmarktbedarfs an tropischen Hölzern, mehr als 18 Mio m^3 Edelhölzer wurden 1990 exportiert. Dazu gehören z. B. Mahagoni, Teak, Limba und Palisander. Allein in der Provinz Sarawak (Ostmalaysia) werden jährlich 800 000 ha Regenwald eingeschlagen.

Regenwald ist jedoch nicht gleich Regenwald! Die Wälder Südostasiens sind reicher an nutzbaren Hölzern als die Afrikas oder Südamerikas. Daher ist es nicht verwunderlich, daß die dortigen Regenwälder das Ziel vieler Holzfirmen sind.

Das eingeschlagene Holz Ostmalaysias wird fast ausschließlich nach Japan exportiert, wo es für den traditionellen Hausbau verwendet wird, aber auch für Eßstäbchen. Auch deutsche Unternehmen beziehen Holz aus Malaysia. Die Holzfirmen besitzen z. B. in Sarawak die Genehmigung, über einen Zeitraum von 5 bis 10 Jahren ein Waldgebiet zu nutzen. Die Unternehmen versuchen, in dieser Zeit möglichst viel Holz einzuschlagen. Vorschriften zur Aufforstung gibt es zwar, aber sie werden weitgehend umgangen. Die Urwaldriesen sind sehr begehrt, weil bis zu 30 m lange Stammstücke astfrei sind. Es werden nur Bäume geschlagen mit einem Stammdurchmesser von mehr als 75 cm.

Diese Nutzung der tropischen Regenwälder unterscheidet sich deutlich von der Holzwirtschaft in unseren deutschen Wäldern. Unsere Forste sind Kulturen, die der Mensch angepflanzt hat. Dem Holzeinschlag folgt unmittelbar die Aufforstung mit nur wenigen Baumarten. Auch der natürliche Artenreichtum ist unterschiedlich: Während es in den mitteleuropäischen Wäldern insgesamt nur etwa 50 verschiedene Baumarten gibt, wachsen in den tropischen Regenwäldern mehr als 2500.

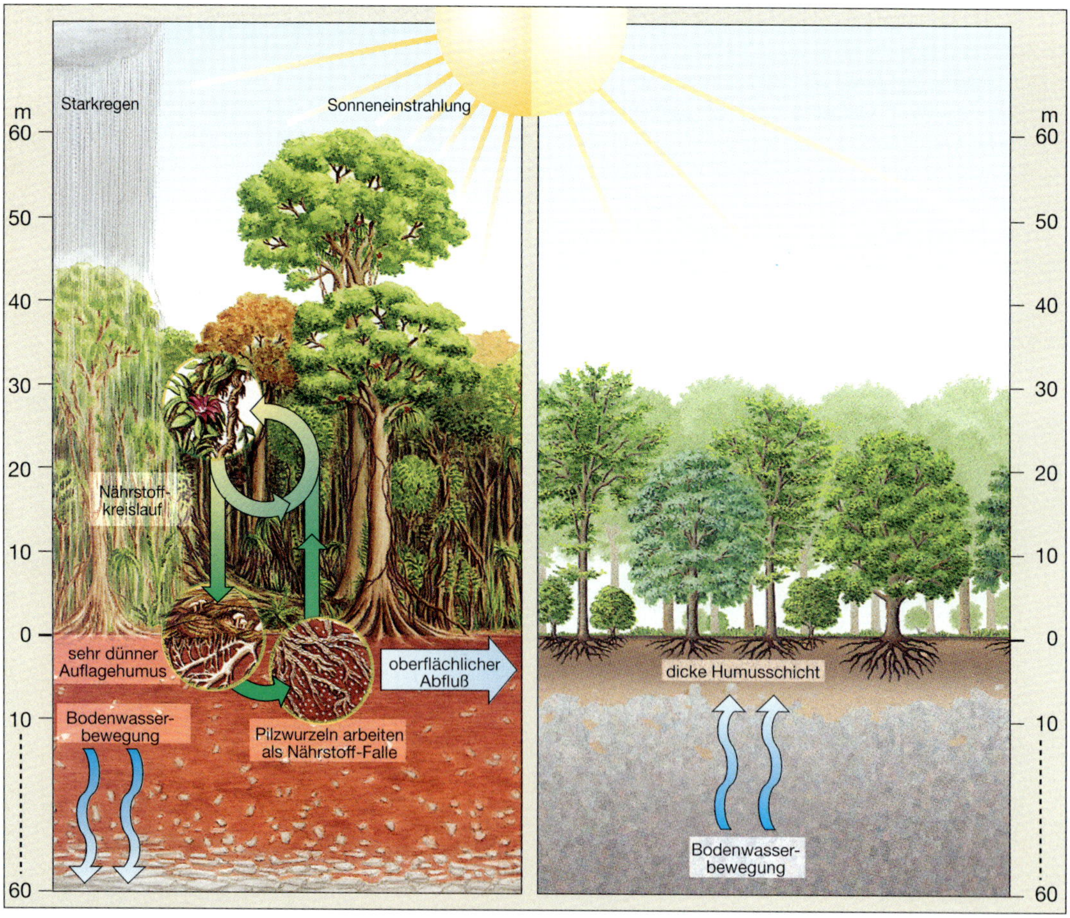

92.1 Tropischer Regenwald und europäischer Laubwald im Vergleich

Auswirkungen des selektiven Holzeinschlags

Eine Forschergruppe hat im Auftrag der UNESCO die Auswirkungen des selektiven Holzeinschlags untersucht. Dabei werden nur wenige hohe und dickstämmige Bäume eines Waldgebietes für den Holzeinschlag ausgewählt.

Diese Forscher berichten:

„Unser Urwaldriese soll für die Wissenschaft gefällt werden. Es ist ein 55 Meter hoher Mahagonibaum mit einer Kronenbreite von 15 Metern. Während des Umsturzes beschädigt dieser einzelne Baum den Regenwald auf einer Fläche von etwa 1200 m^2. Der stürzende Urwaldriese reißt andere hohe Bäume mit, die während ihres Sturzes wieder kleinere mitreißen. Wir zählen 25 Bäume mit unterschiedlicher Höhe und mit verschieden starkem Stammdurchmesser, die umgerissen wurden oder deren Astwerk und Kronen teilweise oder ganz fehlen. Mehrere Bäume wurden auf halber Höhe abgeknickt."

Die Dayak-Stämme von Borneo.

„Wir, die Unterzeichner, erklären hiermit im Namen unseres Volkes in dem Ulu Limbang-, Tutuh-, Baram-Gebiet (Sarawak/Borneo), daß wir nicht einverstanden sind mit dem Holzeinschlag in unserem Heimatland, weil es unsere natürlichen Ressourcen wie Wild, Fisch, klares Wasser, Sagopalmen, Fruchtbäume und Holz für unsere Boote und Häuser zerstört. Selbst das von uns bebaute Land und die Grabstätten unserer Vorfahren werden zerstört. Wir fordern unsere Regierung auf, alle Holzkonzessionen für Flächen innerhalb unseres Gebietes zu widerrufen, weil sie hinter unserem Rücken vergeben wurden. Wir möchten darauf hinweisen, daß die Regierungen aller Länder, die Holz aus unserem Heimatland importieren, verantwortlich sind für die Zerstörung der Lebensgrundlagen unseres Volkes, die ursprünglichen Dayak-Stämme auf der Insel Borneo."

(aus: Regenwald-Report 3/91)

1. Vergleiche die abgeholzte Fläche von 8000 km^2 mit der Landesfläche Hessens.

2. In wieviel Stunden würde eine Fläche in der Größe deines Heimatkreises abgeholzt?

3. Erkundigt euch, welche Gegenstände ganz oder teilweise aus tropischen Hölzern hergestellt werden.

4. Beschreibe die Vielfalt des tropischen Regenwaldes im Vergleich zum europäischen Mischwald. Erkundige dich zusätzlich beim Biologielehrer oder Förster und im Lexikon.

5. Begründe das besondere Interesse der Holzfirmen an der Nutzung der Regenwälder.

6. Warum wehren sich die Dayak?

93.1 Das Ausmaß der Abholzung in Südostasien

3. Plantagenpflanzungen in Westmalaysia

Tee aus den Cameron Highlands

Malaysia erhielt 1957 die Unabhängigkeit von Großbritannien; bis zu diesem Jahr war Malaysia eine britische Kolonie.

Die Kolonialherren konzentrierten sich auf den Gewürzanbau und den Ausbau der Zinnminen an der Westküste. Der tropische Regenwald bot zunächst keine wirtschaftlichen Möglichkeiten, bis Ende des letzten Jahrhunderts Abenteurer und Landvermesser weiter in diese dichten Waldgebiete vordrangen. Einer von ihnen war William Cameron, der 1885 mit der Kartierung des Landesinneren beauftragt war. Er entdeckte ein Hochland, das ideale Voraussetzungen für den Teeanbau erwarten ließ. Mit Tee wurde in England viel Geld verdient, und Erfahrungen waren aus anderen Kolonien (Indien und Ceylon) vorhanden. Bereits nach kurzer Zeit begannen die Rodungsarbeiten für Straßen, Siedlungen und Teeplantagen in den „Cameron Highlands".

Die Briten holten für die Teeplantagen erfahrene Arbeitskräfte aus ihrer indischen Kolonie nach Malaysia. Nun wurden viele Tausend Hektar tropischer Regenwald durch Teesträucher ersetzt.

7. Erkläre, warum die Kolonialherren zunächst an der Westküste siedelten und wirtschafteten.

8. Warum wurden die Arbeitskräfte aus der südindischen Kolonie geholt?

Rashid, ein Arbeiter auf der Teeplantage erzählt:

„Wie ein riesiger dunkelgrüner Teppich bedecken die Teesträucher alle Berge um uns herum, endlos weit erstreckt sich unsere Plantage.

Wir leben schon seit vielen Generationen hier im Hochland. Mein Urgroßvater wurde von den Engländern aus Südindien geholt, weil man dort schon den Teeanbau kannte. Wir fühlen uns auf der Plantage wohl, wo wir wohnen, arbeiten und auch unser Tempel steht.

Meine Frau ist Teepflückerin. Manchmal mähen die Frauen auch den Tee. Sie tragen paarweise eine Maschine über die Teereihen, womit sie die oberen jungen Teeblätter abmähen. Die Blätter werden in einem Sack aufgefangen und zu einer Sammelstelle getragen.

Dort stehe ich an der Waage und trage alle Gewichte der abgelieferten Säcke in mein Buch ein. Anschließend fahre ich die Teeblätter mit dem Lastwagen in die Teefabrik. In den Wochen zwischen den Ernten spritzen wir die Teesträucher gegen Schädlingsbefall. Außerdem müssen wir in dieser Zeit die überalterten Teesträucher durch neue ersetzen.

Wir produzieren fünf verschiedene Teequalitäten auf unserer Plantage. Nur die beiden besten davon exportieren wir ins Ausland."

94.1 Teesammelstelle in den Cameron Highlands

94.2 Teeverpacken für den Export

Kautschuk und Palmöl für den Weltmarkt

Der Kautschuk ist einer der wichtigsten Rohstoffe aus den Tropen. Nachdem es 1876 den Engländern gelang, Samen des Kautschukbaums (Hevea) aus Brasilien herauszuschmuggeln, wurde ihre Kolonie Malaysia ein wichtiges Produktionsgebiet für Gummi. Die klimatischen Mindestanforderungen von 25 – 27 °C Tagesdurchschnittstemperatur und 2500 mm Jahresniederschlag sind in den Ebenen und im Hügelland Malaysias fast überall gegeben. Die Automobilindustrie ließ die Nachfrage nach Naturkautschuk als Rohstoff für Autoreifen zu Beginn des 20. Jahrhunderts ständig ansteigen. Einzelunternehmer und Gesellschaften kauften Land, finanzierten die Produktionseinrichtungen und die Erschließung eines Gebietes, um Plantagen anzulegen. Die Kautschukplantagen besaßen eine Durchschnittsgröße von 2000 ha. Eine zuvor nie gekannte Abholzung des tropischen Regenwaldes begann.

Heute wird der Naturkautschuk außer für Autoreifen im medizinisch-hygienischen Bereich benötigt. Die Waldrodungen finden weiterhin statt, Neupflanzungen entstehen, Baumreihen ohne Ende in stets gleichem Abstand zueinander, die nur vom Flugzeug aus zu überblicken sind.

Herr Souhaimi, der Leiter einer Kautschukplantage, berichtet:

„Ich bin sehr stolz darauf, diese moderne und gut ausgestattete Plantage zu leiten. Es ist eine mittelgroße Pflanzung, 3500 ha groß. Ein malaysisches Großunternehmen ist der Eigentümer, denn die Gründung einer Plantage ist sehr kostenintensiv: Für das Roden, Planieren, den Bau der Wege und Straßen müssen immer wieder hohe Summen bereitgestellt werden. Erst danach folgt das Anlegen der Kautschukkulturen und deren Pflege bis zur ersten Ernte – nach 6 Jahren.

Während dieser Wartezeit haben wir unser Plantagenzentrum weiter ausgebaut, wo unsere Arbeiter und ihre Familien so gut versorgt werden wie in einer mittelgroßen Stadt. Außer den Wohnungen finden sie Sportstätten, eine Schule, den Kindergarten, die Krankenstation und viele andere Einrichtungen. Die Bewohner der umliegenden Dörfer müssen lange Busreisen unternehmen, bevor sie einige dieser Leistungen erhalten.

Unsere Produktionsstätte für die Weiterverarbeitung von Naturkautschuk zu Gummi befindet sich nur wenige hundert Meter von hier entfernt, nahe der Hauptstraße. Dort wird Gummisaft (Latex) in nur wenigen Arbeitsschritten zu festen Gummiblöcken aufbereitet. Wir stapeln sie auf Paletten und transportieren sie mit unseren Lastwagen zum Hafen, von wo aus sie in alle Welt verschifft werden.

Einen Teil der erzielten Gewinne nutzen wir für Erneuerungen und Neuanpflanzungen, denn die Nutzbarkeit der Kautschukbäume ist nach 25Jahren beendet."

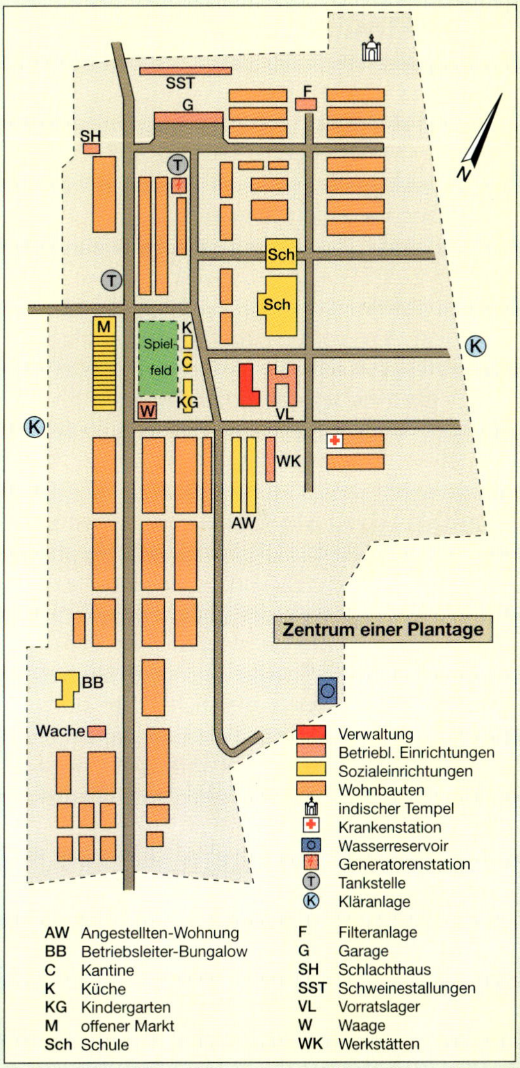

95.1 Plan einer Plantage

96.1 Wohnhäuser der Smallholder

Nach diesem Gespräch erklärt Herr Souhaimi noch eine andere Art des Kautschukanbaus. Er berichtet von den Kleinbauern, die in kleinen Neusiedlungen nahe der Plantagengrenze wohnen. Über eine Stichstraße abseits der alten Landstraße sind sie erreichbar. Sie wohnen abseits, können aber die Stadt und den Markt, wo sie ihr Obst und Gemüse verkaufen, per Bus oder Moped erreichen. Die meisten von ihnen pflanzen Kautschuk auf weniger als 3 ha an. Die Bäume werden bis zu 15 m hoch und wachsen ohne besondere Pflege. Latex ist ebenfalls ohne großen technischen und finanziellen Aufwand aufzubereiten.

Viele Dorf- oder Stadtbewohner machen sich selbständig, sie werden **„Smallholder“.** Sie pflanzen vorwiegend Gemüse und Früchte an. Sie sind wieder Selbstversorger; das Zapfen des Gummisaftes bringt lediglich ein zusätzliches Einkommen. Sie erwirtschaften nicht die hohen Hektarerträge wie die Plantagen, aber dafür sind sie von den Schwankungen des Weltmarktpreises für Kautschuk nicht so stark betroffen. Bei einem niedrigen Kautschukpreis zapfen sie kein Latex.

Einige von ihnen waren Plantagenarbeiter, für viele ist es ein neuer Beruf. Der Staat stellt ihnen das Land zur Verfügung und unterstützt sie finanziell und durch Beratung während der Erschließung und bis zur Zapfreife nach 6 Jahren. Die Arbeitsplatzsicherung der ländlichen Bevölkerung und das Erreichen einer gleichmäßigen Bevölkerungsverteilung sind einige Gründe dieser staatlichen Maßnahme.

Nach 1988 ist bei der Kautschukproduktion Malaysias mal wieder ein Rückgang zu beobachten. Das ist vorwiegend auf die ungünstigen Weltmarktpreise für Kautschuk zurückzuführen (vgl. Tabellen). In den stadtnahen Gebieten werden die Anbauflächen oftmals stillgelegt oder als teueres Bauland an die aufstrebenden Industriebetriebe verkauft. Nahe den Städten fehlen auch die Arbeitskräfte für den Kautschukanbau, weil in den Büros und Fabriken der Industrie höhere und feste Monatslöhne gezahlt werden. Das können Smallholder auf ihren Feldern nicht erzielen.

9. Herr Souhaimi ist sehr stolz auf die Plantage. Nenne Gründe dafür.

10. Beschreibe den Aufbau und die Einrichtungen des Plantagenzentrums (Abb. 95.1).

11. Stelle die Unterschiede zwischen einer Plantage und der Pflanzung eines Kleinbauern in einer Tabelle dar.

12. Warum sind die „Smallholder“ unabhängiger vom Kautschukpreis als die Plantagen?

13. Für die „Smallholder“ werden viele tausend Hektar tropischer Regenwald gerodet. Diskutiert das Für und Wider.

14. Die Kautschukproduktion ist seit Ende der 80er Jahre in Malaysia stark zurückgegangen. Stelle die Gründe, die zu einer Stilllegung des Anbaus auf den Plantagen oder bei den Smallholdern führten, in einer Tabelle gegenüber.

Jahr	Westmalaysia Plantagen	Westmalaysia Felder	Westmalaysia Smallholder	Malaysia insgesamt	Thailand	Indonesien
1988	475	167	954	1596	979	1235
1989	432	154	828	1414	1179	1256
1990	396	153	741	1290	1271	1262
1991	366	154	734	1254	1340	1284
1992	335	164	673	1172	1531	1387
1993	296	151	626	1073	1570	1301

96.2 Produktion von Naturkautschuk (in 1000 t)

Durchschnittspreise für Naturkautschuk

1987	1988	1989	1990	1991	1992	1993
164	206	176	156	152	146	143
(DM je kg, zum Kurs 1,50 malaysische $ = 1,– DM)						

Die Haupterzeugnisse der Landwirtschaft Malaysias sind Kautschuk, Palmöl und Kakao, die neben den Edelhölzern die wichtigsten landwirtschaftlichen Exportgüter sind.

Seit dem starken Preisverfall für Kautschuk ist eine allmähliche Umstellung auf die Erzeugung von Palmöl zu beobachten.

Ebenso wie der Kautschukbaum ist auch die Ölpalme in Malaysia kein „heimisches“ Gewächs, sondern wurde im letzten Jahrhundert zunächst als Zierpflanze aus Westafrika eingeführt. Sie gedeiht unter den gleichen klimatischen Bedingungen wie der Kautschukbaum und ist die ertragreichste aller Ölpflanzen. Aus den Früchten der Ölpalme wird das Palmöl gepreßt, das innerhalb der folgenden 24 Stunden raffiniert werden muß, damit es nicht ranzig wird. Erst nach dieser Weiterverarbeitung ist es ein Speiseöl, haltbar und lagerungsfähig. Damit die Kapazitäten der Raffinerien ausgefüllt sind, werden die Ölpalmen vorwiegend in Plantagen kultiviert. Die 50 000 Smallholder, die Ölpalmen anpflanzen, sind in staatlichen Genossenschaften zusammengeschlossen. Sie beliefern nach festen Terminplänen gemeinsam die zuständige Raffinerie.

Die wirtschaftliche Bedeutung der Ölpalme wurde erst nach 1960 zunehmend erkannt, weil die Nachfrage nach Speiseöl durch das hohe Bevölkerungswachstum anstieg. Der Nachbarstaat Indonesien ist der Hauptabnehmer von malaysischem Palmöl. Die Nachfrage in diesem Land ist weiterhin steigend, denn seit 1960 hat sich die indonesische Bevölkerung mehr als verdoppelt. „Das goldene Speiseöl hat eine goldene Zukunft“ ist die derzeitige Meinung der malaysischen Kaufleute, und sie kaufen Land für weitere großflächige Ölpalmplantagen.

15. Welche Gemeinsamkeiten zeigen der Kautschuk- und der Ölpalmanbau?

16. Weshalb bleibt der Weltmarktpreis für Palmöl stabil, im Gegensatz zum Kautschukpreis?

17. Diskutiert die Aussage: „Nutznießer der Krise beim Kautschukanbau sind die Ölpalmkulturen.“

97.1 Kautschukbaum

97.2 Kautschuk-Plantage

97.3 Frucht der Ölpalme

Projekt: Der Regenwald braucht uns nicht –

Über 300 Schülerinnen und Schüler aus Hamburg zogen am 6. November 1990 mit Transparenten und Gitarren zur Konzernzentrale einer großen Mineralölgesellschaft in der City. Sie trugen zur Melodie des Beatles-Songs „Yellow Submarine" einen selbstverfaßten Text vor. Er handelte davon, daß auch diese Mineralölgesellschaft an der Zerstörung des Regenwaldes und der Bedrohung des Lebensraumes der Indianer in Ecuador beteiligt ist. Die Protestaktion hatte eine Projektgruppe an der Rudolf-Steiner-Schule in Hamburg vorbereitet und dazu nahegelegene Schulen mobilisiert.
In den Bergen Costa Ricas besteht seit vielen Jahren das Nebelwald-Schutzgebiet Monte Verde (Grüner Berg). Schwedische Schulkinder hatten 1988 die Idee, Regenwald zu kaufen, um dieses Schutzgebiet zu erweitern. Inzwischen haben weitere Schülergruppen aus Großbritannien, Schweden, Amerika, Deutschland und Japan die Idee aufgegriffen. Zu einem Preis von 200 Dollar je Hektar wurden bis Ende 1990 fast 10 000 ha Regenwald erworben und einer Naturschutzgemeinschaft zur Betreuung übertragen.

Viele Menschen möchten auf die Gefährdung des tropischen Regenwaldes aufmerksam machen. Diese Beispiele zeigen auch, daß es verschiedene Wege gibt, etwas gegen die Zerstörung des Regenwaldes zu tun.

M1 ***Verbrannter Regenwald***

In den tropischen Regenwäldern fällt die Hälfte des weltweiten Niederschlags. Sie regulieren damit die Wasserversorgung und bestimmen das Klima mit. Die tropischen Regenwälder wirken wie riesige Schwämme. Sie saugen das Wasser während der Regenzeit auf und geben es langsam wieder an die Atmosphäre und die weitverzweigten Flußsysteme ab. Die Tropenwälder funktionieren auch wie riesige Kühlschränke, die die darüberstreichenden heißen Winde abkühlen.

(Deutsche Umwelthilfe, Infoblatt 9, Radolfzell 1988)

M2 ***Ökosystem in Gefahr***

Die tropischen Regenwälder sind gleichzeitig die Heimat ungezählter Tier- und Pflanzenarten. 50 bis 70 % aller Arten sollen hier leben. Durch die massive, großflächige Regenwaldvernichtung werden jedes Jahr rund 500 000 Arten vernichtet. Gleichzeitig verschwindet damit ein ungeheures Genpotential. Der Regenwald ist auch die Heimat von 2,5 Mio Menschen, die in und von diesem Wald leben. Die Zerstörung ihrer Lebensräume ist auch meist gleichbedeutend mit ihrer Ausrottung: der Ethnozid folgt dem Ökozid. (Dritte Welt – Haus Bielefeld: Atlas der Weltverwicklungen, Wuppertal 1992, S. 35)

Wir brauchen den Regenwald.

M3

Der Regenwald wird geerntet

In jeder Minute werden 21 Hektar Regenwald vernichtet
Schon in wenigen Jahren wird es die „Grünen Lungen der Erde“ nicht mehr geben

Wer verdient am Tropenwald?

Bauboom verschlingt Riesenmengen

Japans Hunger nach Holz zerstört Regenwälder
Als Baustoff für Häuser ist es Teil der Kultur/Internationale Kritik am hohen Verbrauch

Forderung an Industrieländer
Gelder für den Regenwald

Regenwaldzerstörung in SO-Asien: Handeln ist geboten – aber wie?

M4

Nordperspektive – Südperspektive
Bis zum Jahre 2020 soll ganz Malaysia ein Industriestaat sein, finanziert mit dem „Holzgeld“. „Das Argument, den »reichen Norden« treffe die alleinige Schuld für ... die ökologische Fehlentwicklung in den EL, ist in der Sache irreführend. Ein besonders häufig vorgebrachtes Argument in diesem Zusammenhang lautet, die externe Verschuldung zwinge die EL zur Umweltzerstörung. Zur Erfüllung ihres Schuldendienstes müssen viele EL ohne Rücksicht auf Verluste exportieren. Von einer sinnvollen Entwicklungsstrategie kann unter solchen Bedingungen nicht mehr die Rede sein, es bleibt nur noch der Ausverkauf des Volksvermögens – Beispiel: der hemmungslose Export von Tropenholz in die IL“. *(Wöhlcke, M.: Der ökologische Nord- Süd-Konflikt, München 1993, S. 47, 70)*

M5

Stellungnahme des Bundesverbandes Deutscher Holzhandel e. V.
Das Problem der Bedrohung der Tropenwälder läßt sich nicht durch einen simplen Kaufboykott lösen, im Gegenteil, er würde die derzeitige Situation letztlich nur noch verschärfen, da er die notwendige Pflege und Bewirtschaftung der Wälder unmöglich – weil nicht lohnend – machen würde.
(Pressedienst des Bundesverbandes)

M6

Malaysia:
Kostbare Bäume werden aus purer Gewinnsucht zu Sperrholz.
Drei Beispiele. Dreimal Beweis für Umweltlügen. Und für überzogene Regenwaldhysterie, die Politiker, Dritte-Welt-Herrscher und Öko-Schwärmer schüren. Ihre gemeinsame Anklage: Die Industrieländer tragen die Hauptschuld an der Vernichtung der Urwälder. Die Industrienationen verlangen wertvolle Hölzer – also werden Teak und Mahagoni geschlagen. Der Westen wolle billiges Rindfleisch und exotische Früchte – also müssen Baumriesen, Weiden und Plantagen weichen. Der Westen sei gierig auf Bodenschätze – also wird im Dschungel heftig gebaggert.
(Quick 24/1992)

Weitere Informationen gibt es z. B. bei:
- *Bundesministerium für wirtschaftliche Zusammenarbeit, Information/Bildungsarbeit, Karl-Marx-Straße 4 – 6, 53113 Bonn*
- *Deutsche Umwelthilfe, Goebenstraße 3a, 30161 Hannover*
- *Greenpeace e. V., Vorsetzen 53, 20459 Hamburg*
- *Rettet den Regenwald e. V., Pöseldorfer Weg 17, 20148 Hamburg*
- *WWF-Infodienst, Postfach 902, 76275 Ettlingen*
- *Zeitbild-Verlag GmbH, Mainzer Straße 255, 53179 Bonn*

1. Diskutiert die Gründe für die Aktionen der Schülerinnen und Schüler in der Klasse.

2. Greift ein Problem eurer Wahl (z. B. Klimaschäden und ihre Auswirkungen; Indianer und ihr Lebensraum) heraus und arbeitet dieses Thema auf. Die Materialien geben Anregungen z. B. für Ausstellungen in der Schule.

3. Überlegt, wie ihr etwas zum Schutz des Regenwaldes beitragen könnt.

4. Neuerdings werden in deutschen Baumärkten Fertigparkettsorten aus dem Holz des Kautschukbaumes angeboten. Sollten wir uns gegen diesen Holzimport wehren?

Großstaudämme – nur Eingriffe in die Natur?

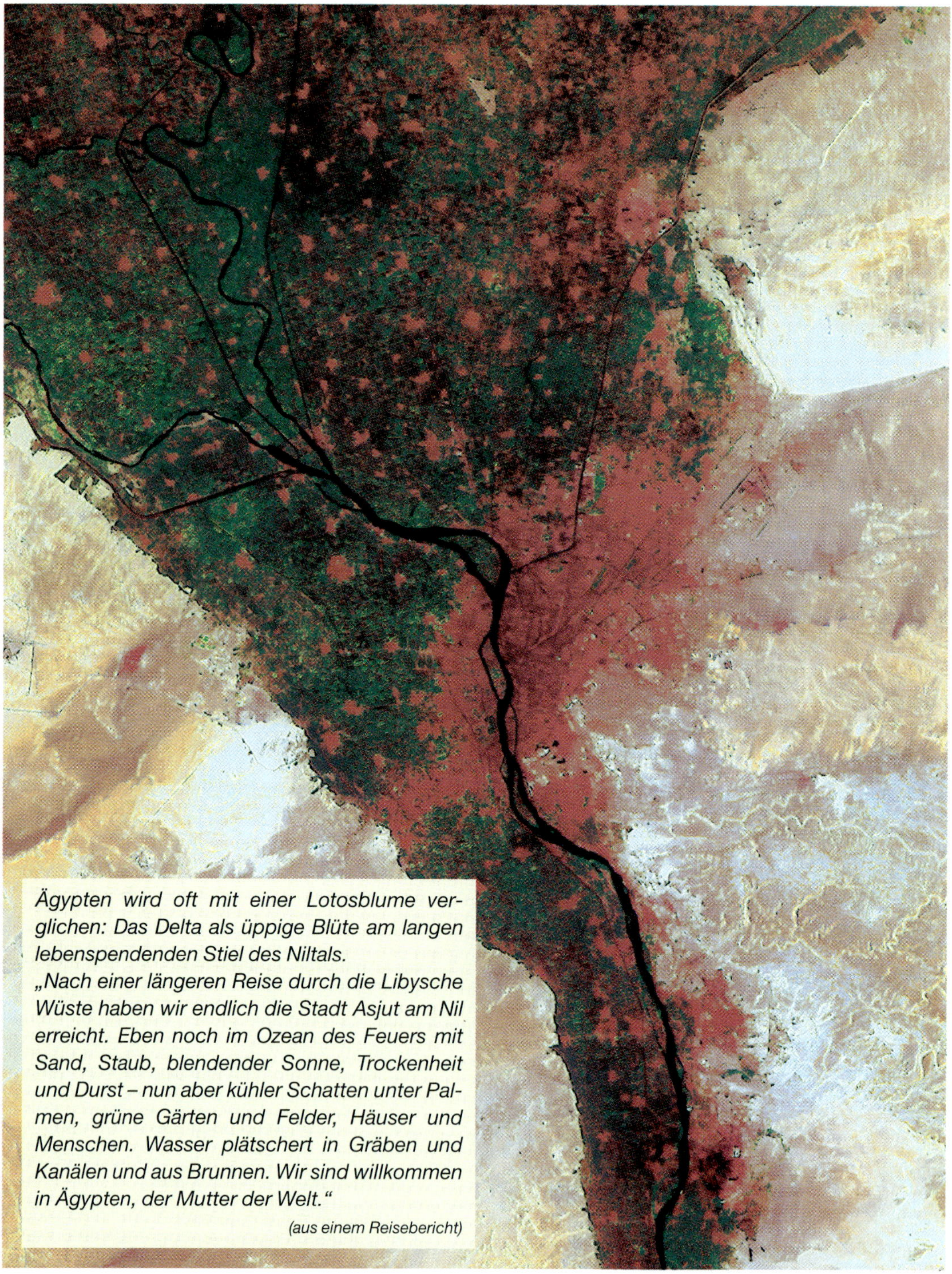

Ägypten wird oft mit einer Lotosblume verglichen: Das Delta als üppige Blüte am langen lebenspendenden Stiel des Niltals.
„Nach einer längeren Reise durch die Libysche Wüste haben wir endlich die Stadt Asjut am Nil erreicht. Eben noch im Ozean des Feuers mit Sand, Staub, blendender Sonne, Trockenheit und Durst – nun aber kühler Schatten unter Palmen, grüne Gärten und Felder, Häuser und Menschen. Wasser plätschert in Gräben und Kanälen und aus Brunnen. Wir sind willkommen in Ägypten, der Mutter der Welt."

(aus einem Reisebericht)

100.1 Niltal und Nildelta (Satellitenaufnahme)

101.1 Informationen zum Sadd-el-Ali-Hochdamm

Jahr	Bevölkerung (Mio)	Landw. Nutzfl./ Einwohner (ha)	Erntefläche/ Einwohner (ha)
1980	41,78	0,068	0,11
1966	30,14	0,09	0,15
1947	19,02	0,12	0,20
1907	11,29	0,20	0,28
1882	6,80	0,25	0,28
1800	2,46	0,53	0,53

102.1 Entwicklungen in Ägypten

1. Der Assuan-Staudamm – Erfolg oder Fehlschlag?

Ägypten besteht zu 96,5 % aus Wüste, nur etwa 3,5 % sind landwirtschaftlich genutzt oder besiedelt. Mit Wasser aus dem Nil entstand durch intensive Bewässerung eine Flußoase.

Die Methoden der **Bewässerung** wurden ständig verbessert. Doch bis zur Mitte unseres Jahrhunderts war in einigen Teilen Ägyptens die Grenze der Leistungsfähigkeit und der Ausdehnung der landwirtschaftlich genutzten Fläche erreicht. Trotz Erhöhung der Erntefläche (landwirtschaftliche Nutzfläche mal Zahl der Ernten) konnte die explosionsartig wachsende Bevölkerung kaum noch ausreichend ernährt werden. Auch die Industrialisierung kam nur langsam voran.

Die Ägypter faßten nun den Plan, den Hochstaudamm von Assuan zu bauen, um das Nilwasser zu speichern. Man wollte Strom gewinnen und hoffte, jederzeit genug Wasser für die Dauerbewässerung überall im Niltal und auf neuen Bewässerungsflächen in der Wüste zu haben. Der Kampf gegen den Hunger schien dadurch für immer gewonnen. Wenige Jahre nach der Fertigstellung des Dammes traten Probleme auf, die man so nicht erwartet oder eingeplant hatte.

1. Ägypten wird auch „Land ohne Land“ genannt. Erläutere.
2. Nenne Gründe für den Bau des Assuan-Staudamms (Abb. 102.1).
3. Erkläre, warum die Erntefläche größer als die landwirtschaftliche Nutzfläche ist.

Sayed Hafi, der Fellache (Bauer)

Sayed Hafi lebt in einem Dorf bei Asjut in Oberägypten. Er sieht mit Freude der Geburt seines elften Kindes entgegen. Sayed ist 39 Jahre alt, seine Frau Aziza ist 33. Ihre älteste Tochter Leila – sie ist 15 Jahre alt – wird nächste Woche heiraten. Sayeds ältester Sohn Tarik, 17 Jahre alt, ist seit einigen Monaten verheiratet. Er und seine Frau Aischa wohnen noch im Hause von Sayed.

Der Vater hat Sayed mit seinen Brüdern 20 Feddan (1 Feddan = 0,42 ha) Land vererbt, und so können sie es sich leisten, den Kindersegen mit Stolz zu betrachten. Wer in Ägypten Land besitzt, gehört nicht zu den Armen. Sayed versteht seinen Nachbarn Faruk nicht, wie dieser seine Familie mit 13 Kindern ernähren kann. Er pachtet von Sayed zweimal jährlich einen halben Feddan Land. Sonst hat er nichts.

57 Mio Menschen leben heute in Ägypten. Das sind, bezogen auf die Kultur- und Siedlungsfläche von 35 000 km², 1560 Einwohner pro km². Jährlich kommen 1 300 000 Kinder hinzu. Das entspricht einem Bevölkerungswachstum von 2,2 %. Davon sterben etwa 80 000 noch im Säuglingsalter. Für die meisten Ägypter sind Kinder eine Gnade Gottes: „insch'allah“ = wie Allah es will.

Achtes Weltwunder oder achte Plage?

Als der Damm 1971 eingeweiht wurde, lobte man ihn als die „vierte Pyramide“ und das achte Weltwunder. Es wurden Gedichte und Lieder über ihn verfaßt. 15 Jahre später sprach der damalige ägyptische Außenminister Butros Ghali davon, daß der nächste Krieg in der Region um das Nilwasser geführt würde. Vielleicht denkt inzwischen mancher an den Abriß des Dammes.

Abdallah Sharifi, Fellache, aus einem Dorf im Nildelta ist entsetzt: Große weiße Salzflecken machen seine Felder immer unfruchtbarer, obwohl er genügend Dünger und Wasser zur Verfügung hat.

Ali Chal aus Oberägypten besitzt 2 Feddan Land und klagt über die hohen Kosten für die Pumpen zur Bewässerung. Er erhält von der Regierung verbilligt Dünger. Aber den verkauft er an andere Fellachen gegen mehr Geld. Seine Baumwollpflanzen düngt er gar nicht.

Dr. Wahib Faoud, Arzt in einem Krankenhaus, hat festgestellt, daß seit dem Dammbau immer mehr Fellachen an Bilharziose erkranken, einer lebensgefährlichen Darm- und Blasenkrankheit.

Ägypten, ein Geschenk des Nils

Ibn Battuta, ein arabischer Reisender, kam Mitte des 14. Jahrhunderts an den Strom und war begeistert: „Der Nil übertrifft alle Flüsse der Erde an Süße und an Fruchtbarkeit."

Ohne diesen Strom wäre Ägypten nur Wüste. Seit über 5000 Jahren sind das Niltal und -delta dicht besiedelt. Das Wasser des Nils und besonders sein jährliches Hochwasser im Sommer und Herbst mit seinen nährstoffreichen Schlammablagerungen waren neben Sonne und Wärme die besten Voraussetzungen für die landwirtschaftliche Nutzung. Hochkulturen entstanden, über deren Leistungen wir heute noch staunen.

Erst im 19. Jahrhundert sind die Quellen des mit 6671 km längsten Flusses der Erde erforscht worden. Der Nil transportiert Wasser aus Zentral- und Ostafrika durch die Sahara ins Mittelmeer. Der Weiße Nil erhält sein Wasser aus dem Gebiet am Victoria-See, wo es im Frühjahr und Herbst starke tropische Regenfälle gibt. Der Blaue Nil und der Atbara sammeln und führen die im Sommer und Herbst niedergehenden Starkregen heran. Eine Hochflut bis zu 10 m Höhe entsteht im Nil.

Mit abgespültem, fruchtbarem Schlamm angereichert, wälzt sich die **„Nilschwelle"** in dieser Zeit in Richtung Ägypten. Die Wasserführung des Nils hängt zu drei Vierteln von den Regenfällen in Äthiopien ab. Die dortigen Niederschläge schwanken stark und sind manchmal sogar dürftig. Daraus ergeben sich die großen Unterschiede von „fetten" zu „mageren" Jahren.

4. Erläutere die Abb. 103.1 und 103.2.

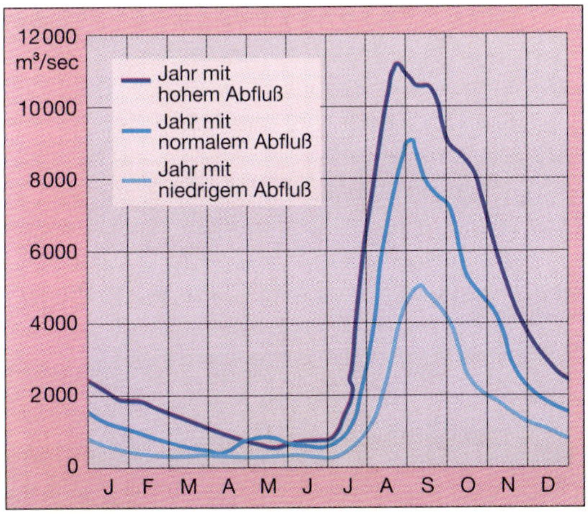

103.1 Die „Nilschwelle"

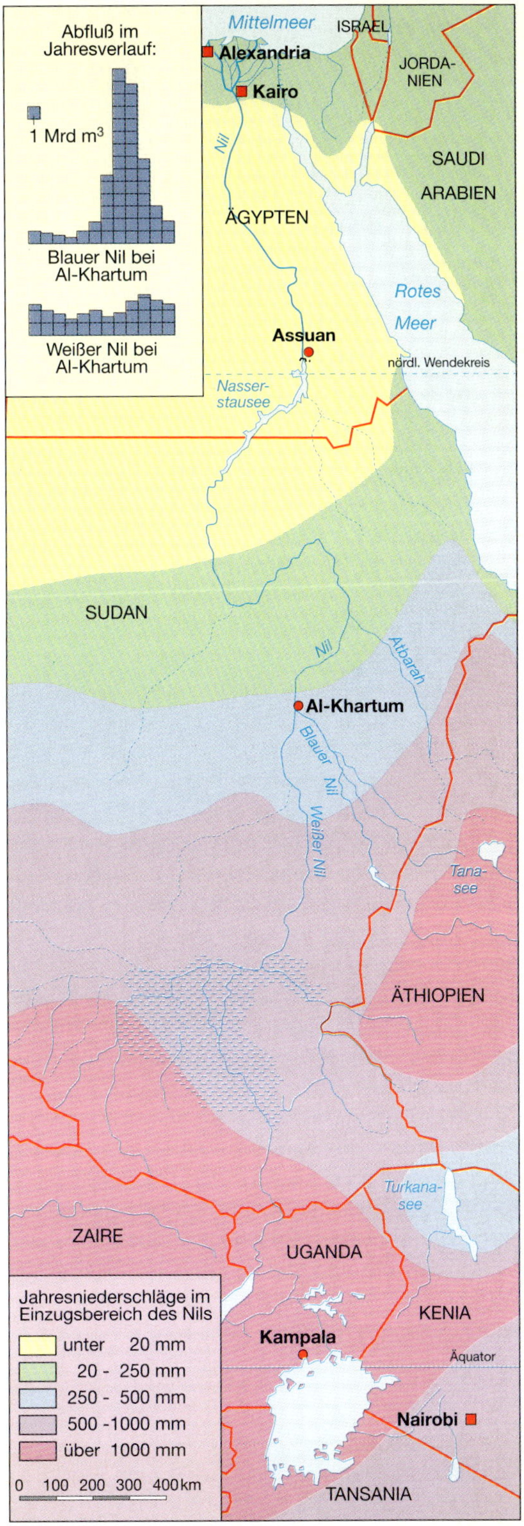

103.2 Einzugsbereich des Nils

Der Pharao sah im Traum, daß auf einem Weizenhalm 7 volle und dicke Ähren wuchsen, dann sah er 7 dünne Ähren aufgehen, die waren vom Ostwind versengt. Josef, der Sohn Jakobs, deutete den Traum: Es werden 7 reiche Jahre kommen in ganz Ägypten, und nach diesen werden 7 Jahre teure Zeiten herrschen. Die teuren Jahre werden so schlimm sein, daß man die gute Zeit ganz vergessen wird, und die unfruchtbare Zeit wird das Land verzehren. Darauf erließ Pharao Befehle zum Bau von Speichern und Lagerhäusern, um die Überschüsse der guten Zeit als Vorrat für die teuren zu sammeln und zu lagern.

(aus 1. Buch Mose, Kap. 41, ca. 1500 v. Chr.)

104.1 Der Traum des Pharao

104.3 Archimedische Schraube

Traditionelle Landwirtschaft am Nil – Nutzung der Überflutung

Seither hat es immer wieder solche Jahre oder Perioden gegeben, in denen genug oder zuwenig Wasser da war.

Bereits im Altertum verstanden es die Ägypter, die sommerliche Hochflut der Nilschwelle für planmäßige Bewässerung zu nutzen. Zuerst säte man wohl nur auf das schlammige Land nach der Flut. Dann aber wurden als Kernstück des Bewässerungssystems Becken oder Bassins erfunden, die mit Erdwällen umgeben waren. Diese füllten sich während der Flutwelle mit Nilwasser. Man ließ das Wasser einige Zeit darin stehen, bis der Boden gründlich durchfeuchtet war, und sich der Schlamm abgesetzt hatte. Danach wurde der Rest des Wassers abgelassen und durch **Drainage-Kanäle** (Drainage = Ableitung) dem Fluß wieder zugeführt.

Anschließend bestellte man den noch nassen Boden. In der Herbst- oder Winterzeit trocknete die Erde nicht so schnell aus, und die Feldfrüchte konnten gut gedeihen. Schon damals gelang es, Seitenkanäle oder -gräben vom Nil aus anzulegen. Mit Muskelkraft von Mensch und Tier wurde das Wasser vom Fluß oder von den Gräben aus auf höher gelegene Flächen gehoben. Dazu setzte man besondere Hebewerke ein. Man nutzte Wasserräder, Hebebalken oder archimedische Schrauben. Diese Hilfsmittel werden auch noch bis in die heutige Zeit in Ägypten verwendet.

Im allgemeinen waren Aussaat, Wachstum und Reife, Ernte und Brache bis zur nächsten Flut der an die Natur angeglichene Jahresgang. In der Zeit nach der Ernte, der Brache, wurden die Becken und Felder wieder auf die Zeit der Flut vorbereitet, d. h. mit Dämmen umgeben.

5. Beschreibe die althergebrachte Nutzung des Nilwassers. Warum gab es meist nur eine Ernte?

6. Nenne Maßnahmen, mit denen man vor allem in jüngerer Zeit eine ganzjährige Bewässerung erreicht.

7. Nenne Folgen, die es früher bei zu geringer Wasserführung des Nils gab. Erkläre den Traum des Pharao (Kastentext).

8. Erkläre den Begriff „Flußoase“ am Beispiel des Nils (Text S. 102 und Abb. 105.2).

9. Die archimedische Schraube hat ein Schnekkengewinde. Erkläre den Wasserhub.

10. Notiere die im Text aufgeführten Pflanzen und beschreibe ihre Verwendung (S. 105).

11. Informiere dich über die 7 Plagen Ägyptens .

	J	F	M	A	M	J	J	A	S	O	N	D	Summe
Kampala/Uganda	100	86	141	280	257	98	65	91	87	108	146	126	1585 mm
Addis Abeba/Äthiopien	16	44	70	86	95	136	282	294	192	21	15	6	1256 mm
Assuan/Ägypten	0,1	0,2	0	0	0,5	0	0	0	0	0,1	0,1	0,1	1,1 mm

104.2 Niederschlagsangaben

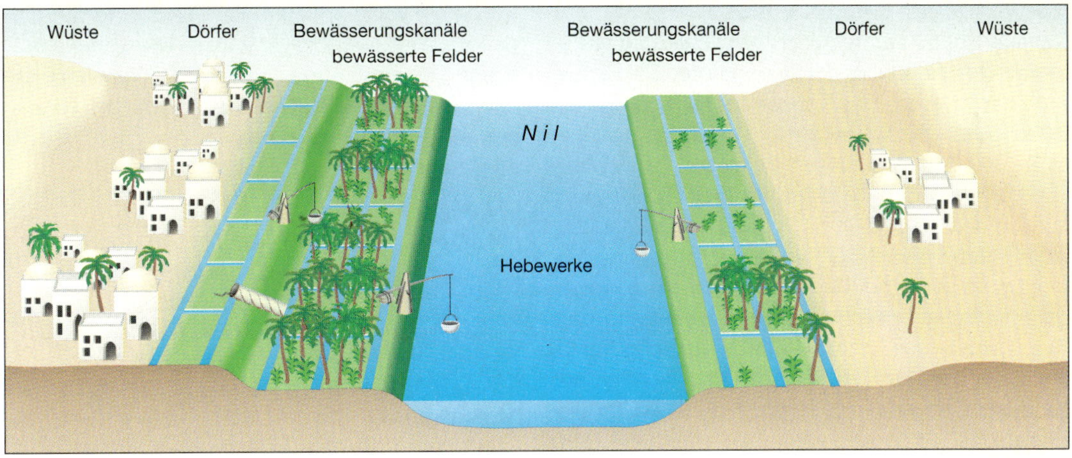

105.1 Querschnitt durch die Nil-Oase

Intensivierung der Landwirtschaft – Stauwehre und Kanalbewässerung

Im 19. Jahrhundert führten die britischen Kolonialherren den Baumwollanbau im Frühling und Sommer ein. Ab 1848 begann man daher mit dem Bau von 5 Stauwehren an verschiedenen Nilabschnitten und ab 1902 mit dem Bau des alten, niedrigen Assuan-Staudammes. Von diesen Stauanlagen wurde das Wasser durch Kanäle, Gräben und Furchen auf den Anbauflächen zu den Pflanzen hingeführt. Die Erfindung von Dampf-, Diesel- und Elektropumpen machte es möglich, Wasser aus Tiefbrunnen zusätzlich zu fördern und auf neue, höhere Anbauflächen zu pumpen. Viele Fellachen konnten sich nur nach Gründung von Genossenschaften landwirtschaftliche Maschinen und die Motorpumpen leisten. Durch die **ganzjährige Bewässerung** konnten neben Getreide, Bohnen und Klee neue Nutzpflanzen wie Baumwolle, Zuckerrohr, Hirse, Reis, Oliven, Gemüse und Obst angebaut werden. Ein Zyklus von drei Anbauzeiten wurde entwickelt: Winter-, Sommer- und Herbstfrucht.

Man öffnete die Wehre und den Assuan-Staudamm bei der Nilschwelle, damit sie nicht verschlammten. Über 30 Mio m^3 Wasser flossen ungenutzt hindurch und gefährdeten weiterhin die technischen Anlagen, Kanäle und Siedlungen. Dämme mußten gefährdete Stellen schützen.

Durch diese Eingriffe in die natürlichen Gegebenheiten kam es erstmalig in einem größeren Ausmaß zu Bodenversalzungen und Bilharziose.

105.2 Im Niltal

Auswirkungen des Dammbaus

Der sich enorm vermehrenden Bevölkerung drohten im 20. Jahrhundert Hungersnöte. So lag es auf der Hand, das gesamte Nilwasser zu speichern, um noch mehr landwirtschaftliche Nutz- und Ernteflächen zu bewässern.

Die Planungen für einen riesigen Hochdamm südlich des alten Damms von Assuan begannen etwa 1950. Der 1971 eingeweihte Staudamm fängt jetzt auch das Wasser der Nilschwelle auf, garantiert einen gleichmäßigen Wasserstand des Nils, bietet das ganze Jahr über genügend Bewässerungswasser und dient der Stromerzeugung. Der ehemalige Flutbereich ist frei für die Besiedlung.

Die Errichtung des Dammes war von der ägyptischen Regierung mit größter Eile vorangetrieben worden. 120 000 Nubier, ein Volk mit einer jahrtausendealten Kultur, das im Überflutungsbereich des Sees lebte, wurden ungefragt in andere Teile Ägyptens und des Sudans zwangsumgesiedelt. Ihre Kultur gilt seitdem als zerstört.

Wenig bedacht wurde der einschneidende Eingriff in die Natur. Der Nil unterhalb des Damms wurde ein völlig anderer Fluß. Als schwerwiegende Probleme auftraten, waren die Menschen überrascht. Es entbrannte Ende der 70er Jahre bis heute ein Meinungsstreit darüber, ob die Vorteile oder die Nachteile überwiegen.

Die Bilharziose

Die Biharziose, eine Wurmkrankheit, ist in vielen tropischen Bewässerungsgebieten verbreitet. Sie ist für die dort lebenden Menschen zu einer Volksseuche geworden. Erkrankte leiden an schlimmen Entzündungen des Darms und der Harnblase. Sie haben Geschwüre und Schäden an Nieren, Milz und Leber. Die Krankheitserreger kommen nur im stehenden Wasser der warmen Zonen vor. Sie durchlaufen eine komplizierte Entwicklung, bei der eine Süßwasserschnecke als Zwischenwirt dient. Diese Schnecken können nur in stehenden, schilfreichen Gewässern leben. Vor dem Bau des Assuan-Dammes war die Bilharziose in Ägypten bei weitem nicht so verbreitet wie heute. Während des Niedrigwassers war der Lebensraum der Schnecken eingeschränkt. Heute dagegen können sie sich in den ganzjährig mit Wasser gefüllten Gräben und Kanälen ideal entwickeln. Die ständige Bewässerung trägt somit zur ungehemmten Ausbreitung der Bilharziose bei. Die meisten Fellachen leiden unter Bilharziose, weil sie bei ihrer Feldarbeit mit dem verseuchten Wasser in Berührung kommen.

Nutzen

- *In Afrika gab es zwischen 1982 und 1987 mehrere Dürrejahre. Dennoch gab es in Ägypten keine Hungerkatastrophe.*
- *1988 entstand eine besonders große Nilschwelle. Sie richtete keine Schäden an.*
- *400 000 ha neues Bewässerungsland wurden gewonnen.*
- *In Oberägypten zwischen Kairo und Assuan kann nun auf 300 000 ha Land 2 bis 3 mal geerntet werden.*
- *Die Erträge von Zuckerrohr, Mais und Reis konnten mehr als verdoppelt werden.*
- *Die Kraftwerke am Staudamm liefern über ein Viertel des Stroms in Ägypten, vor allem für den Ausbau der Industrie und fördern so die Mechanisierung.*

Nachteile (Gefahren und Fragen)

- *Die **Bodenversalzung** (Abb. 107.1) ist das Hauptproblem der ägyptischen Bauern.*
- *Rattenplagen in den Kanälen und die **Bilharziose** gefährdeten die Ernten und die Gesundheit der Menschen.*
- *Durch die ganzjährige höhere Fließgeschwindigkeit des Nils und die fehlende Schlammfracht tieft sich das Nilbett ein (Tiefenerosion), brechen Uferränder ab (Seitenerosion), werden die Fundamente von Brücken und Stauwehren unterspült, und das Nildelta verkleinert sich wieder.*
- *130 Mio Tonnen fruchtbaren Schlamms gehen den Fellachen auf den Feldern als Dünger verloren und setzen sich im Stausee ab. Der Schlamm würde außerdem dringend für die Ziegeleien benötigt.*
- *Aus der Wüste angewehter Sand wird auf den Feldern nicht mehr fortgespült oder vermischt.*
- *Die Stromgewinnung erreichte nur ein Drittel des Ziels.*
- *Was geschieht, wenn im Niltal bei einem Erdbeben der Damm brechen sollte?*
- *Warum wurde noch kein ausreichender Ausbau der Drainage vorgenommen?*

Der kostbare Stoff, der den Frieden bedroht

Die Befürchtung, daß der nächste Krieg im Nahen Osten um das Nilwasser geführt würde, ist nicht unberechtigt. In den Staaten, die Anteil am Nil haben, wächst die Bevölkerung äußerst schnell. Daher ist der Bedarf an Wasser sehr hoch.

Während der Dürre von 1984 beschuldigte Ägypten Äthiopien und den Sudan, mehr Wasser aus dem Nil zu zapfen, als in den gemeinsamen Verträgen festgelegt war. Den Nilwasservertrag von 1902, der die Aufstauung des Blauen Nils und des Atbaras verbietet, hat Äthiopien mittlerweile gekündigt. Der Sudan möchte aus den Nilabkommen von 1929 und 1959 aussteigen, um neue Staudämme anzulegen oder die alten kleineren aufzustocken.

Derzeit lebt über die Hälfte der Weltbevölkerung an Flüssen oder Flußmündungen. Streitigkeiten zwischen Ländern und sogar innerhalb von Staaten um die Ober- und Unterläufe von Flüssen werden ständig schärfer. Der Niger durchströmt zehn, der Nil neun, der Sambesi acht, der Amazonas und die Donau sieben und der Rio de la Plata fünf Länder.

Zwischen Ungarn und der Slowakei herrscht Streit um das slowakische Kraftwerk Gabcikowo an der Donau, da der Grundwasserspiegel auf ungarischer Seite bereits bis zu 1,5 m gefallen ist. In Ungarn fürchtet man um die geregelte Wasserversorgung der wertvollen Feld- und Feuchtgebiete.

Portugal wirft Spanien vor, Wasser der großen Flüsse zu verschwenden.

In Palästina sorgt die Nutzung des Jordanwassers für politische Spannungen.

Bei den Streitigkeiten um Kaschmir zwischen Indien und Pakistan geht es um die Quellen des Indus. „Wasser ist die Quelle des Lebens", steht im Koran geschrieben.

Sowohl an Euphrat und Tigris als auch in anderen Teilen der Welt könnte Wassermangel bald zur Quelle des Krieges werden.

12. Was könnte es für die Betroffenen bedeuten, wenn von „Zerstörung der Kultur der Nubier" gesprochen wird?

13. Die schlimmste Dürre in Afrika nach dem Staudammbau war Mitte der achtziger Jahre. Welche Folgen hatte sie für Ägypten und welche hätte sie haben können?

14. Begründe, warum die Verwendung von Lehm aus Nilablagerungen für die Ziegelherstellung heute nicht mehr erlaubt ist.

15. Erkläre wie die Bodenversalzung entsteht und wie sie verhindert werden kann.

16. Welche Lösungen für die Beseitigung oder Abminderung der Probleme nach dem Dammbau könnte es geben?

17. Welcher Nutzen und welche Probleme oder Nachteile sind durch den Bau des Assuan-Staudammes erkennbar? Fertigt eine Tabelle an. Wie steht ihr zu dem Versuch den Damm abzureißen?

18. Suche die genannten Konfliktgebiete mit ihren Flüssen im Atlas.

19. Begründet die Aussage, daß der Streit um Wasser den Frieden bedroht.

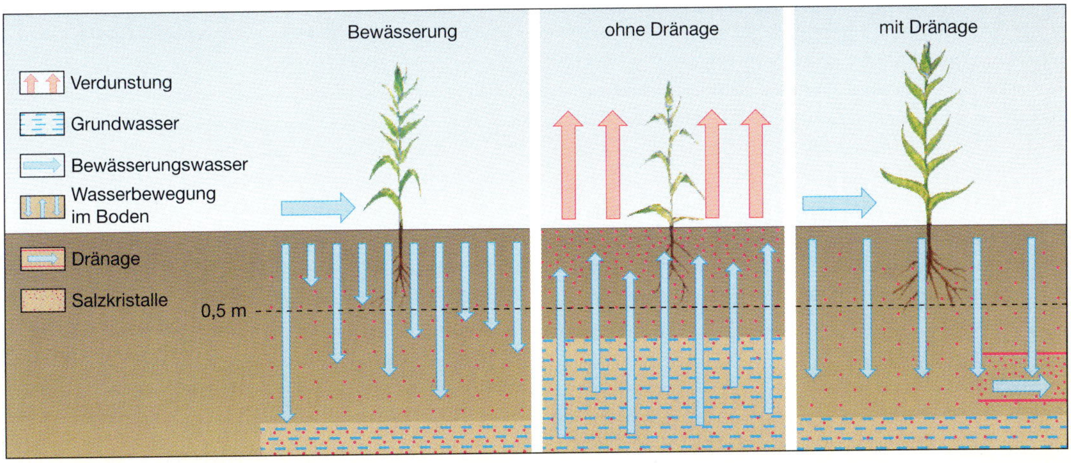

107.1 Bodenversalzung

108.1 Der Atatürk-Damm

2. Der Atatürk-Stausee – Beginn eines Konflikts?

Wassertunnel sichert Türkei politischen Trumpf

Türkei startet Bewässerungsprojekt an Euphrat und Tigris – Syrien und Irak fürchten um Versorgung.

In Südostanatolien, im Land der rebellischen Kurden, hat der türkische Staatspräsident gestern feierlich den ersten von 2 Bewässerungstunneln eröffnet. Mit 26 km Länge und einem Durchmesser von 7,6 m ist der Urfa-Tunnel der größte der Welt. 2,5 Mio m^3 Wasser sollen nun täglich vom Atatürk-Staudamm in die trockene Harran-Ebene fließen. Der Tunnel ist Teil des Südost-Anatolien-Projektes (GAP), mit dem die Türkei die Flüsse Euphrat und Tigris für die Bewässerung und Energiegewinnung nutzbar machen will. Das Wasser soll „brüderlich" geteilt werden. Syrien und der Irak zweifeln daran.

(nach: Frankfurter Rundschau, 10. 11. 1994)

Urfa. Weite Ebenen ohne Baum und Strauch, von Trockenheit aufgerissene Böden, auf denen selbst Ziegen und Schafe verenden. Hitze von bis zu 60 Grad im Schatten lähmt alles Leben. Die Lehmhäuser einsamer Dörfer verschwinden in den endlosen ockergelben Flächen nahe der syrischen Grenze. Die Dorfbrunnen sind nahezu ausgetrocknet. „Das Wasser reicht für uns und die Tiere kaum noch", sagt eine in bunte Tücher gehüllte Bäuerin, „im vergangenen Jahr hat die Dürre unsere Weizenernte zerstört." „Jetzt müssen wir sogar unser Jungvieh verkaufen, sonst muß die achtköpfige Familie verhungern", klagt ihr Mann. „Wenn das Wasser kommt ...", träumen sie beide.

(nach: Frankfurter Allgemeine Zeitung, 11. 10. 1994)

Garten Eden durch Staudämme

„Stolz derjenige, der sich Türke nennen kann." Der vom türkischen Staatsgründer Atatürk geprägte Satz beschreibt das Gefühl vieler Türken in den Tagen der Eröffnung des Urfa-Kanals. Ein Traum wird wahr: Das GAP wird dem Land an Euphrat und Tigris, der Heimat Abrahams, der Wiege der Zivilisation, seine legendäre Fruchtbarkeit wiedergeben. Politiker preisen den Atatürk-Staudamm als Jahrhundertwerk. Ein 173 m hoher Riegel, aufgehäuft aus 85 Mio m^3 Gestein und Beton staut einen See von etwa 900 km^2 mit 27 Mrd m^3 Wasser. Über Tunnel und Kanäle sollen 750 000 ha in den Ebenen fruchtbar gemacht werden. Über 25 000 neue Arbeitsplätze sollen entstehen.

(nach: Berichten aus Tageszeitungen, 10. 11. 1994)

Bewässerungsland am Euphrat	
Türkei	1 100 000 ha
Syrien	640 000 ha
Bewässerungsland am Tigris	
Türkei	550 000 ha

Energiegewinnung aus den Stauseen	Baujahr	Kapazität in MW
Keban-Stausee	1974	1200
Karakaya-Stausee	1986	1800
Atatürk-Stausee	1992	2400
Assad-Stausee	1968	800

109.1 Geplante Wassernutzung am Euphrat

Wasser als Wirtschaftsfaktor und Konfliktstoff in Nahost

Das Südost-Anatolien-Projekt (GAP), das den Bau von 23 Dämmen an Euphrat und Tigris vorsieht, soll einmal 3,1 Mio ha Land (etwa so groß wie Nordrhein-Westfalen) ackerbaulich nutzbar machen. Ernten von Weizen, Mais, Reis, Baumwolle und Zuckerrüben sollen die türkischen und internationalen Märkte beliefern.

19 Energiegewinnungsanlagen sollen durch Wasserkraft 27 Mrd kWh Strom liefern und damit die Industrialisierung der gesamten Türkei fördern. Für dieses Entwicklungsprojekt werden Hunderte von Dörfern und aus dem Altertum stammende historische Baudenkmäler im aufgestauten See versinken. Rund 200 000 Menschen werden ihr Zuhause verlieren und müssen umsiedeln.

Erste ernste Umweltprobleme sind schon eingetreten. Im Bereich der drei bereits fertiggestellten Stauseen ist die Luftfeuchtigkeit so gestiegen, daß einige Obstkulturen nicht mehr gedeihen. Die Malaria breitet sich aus. Umweltschützer befürchten die Zunahme der Versalzung.

„Dieses Land eint unser Volk. Vor uns liegen bessere Tage", schwärmte 1990 Präsident Özal. Im Land des GAP leben viele Kurden. Dort tobt ein Bürgerkrieg zwischen dem türkischen Militär und kurdischen Guerillakämpfern. Die PKK, die „Arbeiterpartei Kurdistans", kämpft für einen eigenen Kurdenstaat.

„Dieses Wasser ist unser Wasser. Wasser gehört wie Öl demjenigen, der es hat", sagte 1992 der türkische Präsident Demirel. Sollte die Türkei die Schleusen am Atatürkdamm schließen oder die Förderung drosseln, so hätte das für Syrien und den Irak, die zu 90 % vom Euphrat- und Tigriswasser abhängen, katastrophale Folgen. Ein Konflikt droht! Es wird immer wichtiger, mit internationalen Verträgen zu verhindern, daß die Wasserfrage zu einer dauernden Kriegsgefahr wird.

20. Was verspricht man sich in der Türkei vom GAP?

21. Welche Gründe könnte die Türkei haben, die Abgabe des Wassers an Syrien oder den Irak einzuschränken?

22. Nenne Vergleichbares zwischen dem GAP und dem Assuan-Projekt.

23. Diskutiert die Frage, ob man den Besitz von Öl mit dem von Wasser vergleichen kann.

Leben im Sahel

110.1 Weidegebiet in der Trockenzeit

110.3 Weidegebiet nach der Regenzeit

1. Nomaden in der Sahelzone

In der **Sahelzone,** dem Übergangsgebiet von der Savanne zur Wüste, gibt es keine Jahreszeiten wie bei uns, sondern nur eine **Regenzeit** und eine **Trockenzeit** im Jahr. Die längste Zeit des Jahres, etwa acht bis elf Monate lang, ist die Trockenzeit. Die Regenzeit ist kurz.

Die Niederschläge sind derart gering und unsicher, daß Ackerbau eigentlich nicht möglich ist. Aber Büsche und Gräser, vereinzelt auch Bäume, haben sich den trockenen Bedingungen angepaßt und bilden eine spärliche Vegetation. Sie bieten den Kamelen, Ziegen, Schafen und Rindern der viehzüchtenden Nomaden ausreichend Nahrung.

Da die Niederschläge im Sahel zeitlich, räumlich und mengenmäßig sehr unterschiedlich fallen, liegen die guten Weideflächen sowie die natürlichen Wasserstellen weit auseinander. Kamele kommen zwar tagelang ohne Wasser aus, auch Ziegen können Durst ertragen, Schafe und Rinder brauchen dagegen täglich Wasser. Früher gruben sich die Nomaden in ihrem angestammten Weidegebiet die Brunnen mit einfachen Werkzeugen selbst. Deshalb waren diese nicht sehr tief und nicht sehr ergiebig, und die Herden mußten folglich klein bleiben. Wehe, ein fremder Stamm versuchte, sein Vieh hier zu tränken!

Die Nomaden haben eine Lebensform entwickelt, die an die Bedingungen dieses Trockenraumes optimal anpaßt ist. Uralte Erfahrungen bestimmten die Wanderwege, die oft Hunderte von Kilometern lang waren. Drohten die Brunnen zu versiegen, verließen die Hirten frühzeitig die nördliche Sahelzone und zogen mit ihren Herden nach Süden in feuchtere Gebiete.

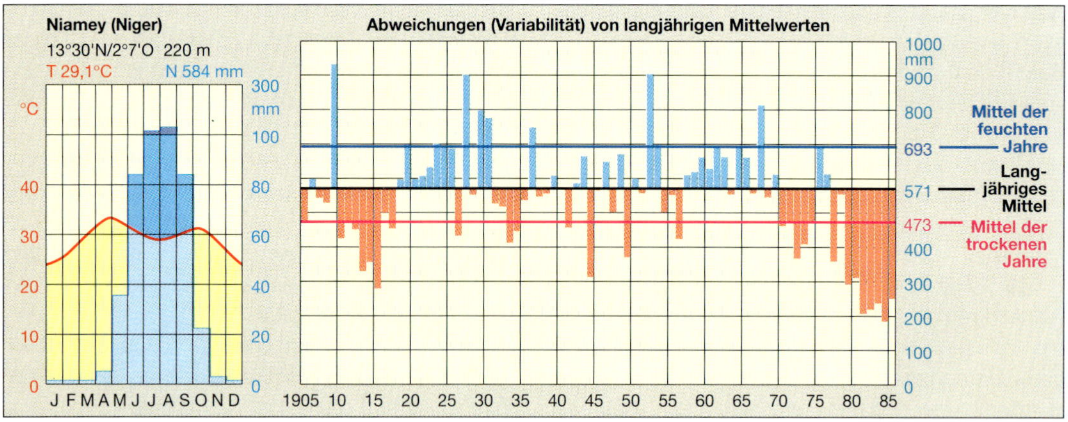

110.2 Niederschlagsverhältnisse

Heute ist die Situation der Nomaden völlig anders. Die Regierungen der Sahelländer haben ergiebige Tiefbrunnen anlegen lassen. Sie sind so tief, daß aus ihnen ganzjährig Wasser gefördert werden kann. Kraft Gesetz können sie von jedem benutzt werden. Dies hat die Lebensweise der Nomaden grundlegend geändert, denn sie sind nun nicht mehr an ihr angestammtes Weidegebiet gebunden. Weil genügend Wasser vorhanden ist, konnten sie auch die Herden vergrößern. Da sich allerdings die Weidefläche nicht vergrößert hat, haben die einzelnen Tiere nun weniger Futter – eine große Gefahr für die Herden in Dürrezeiten.

Veränderte Lebensbedingungen

Die Vergrößerung der Herden hatte bereits im 19. Jh. begonnen. Durch den Einfluß der europäischen Kolonialherren erfuhren die Menschen im Sahel erstmals eine medizinische Versorgung. Die nun allmählich wachsende Bevölkerung mußte sich ernähren können, d.h., die Nomaden brauchten mehr Vieh. Dies war möglich geworden, weil die Medizin nicht nur den Menschen zugute kam. Auch die oftmals verheerenden Tierseuchen konnten bekämpft werden.

In den Savannen Afrikas wird traditionell Hirse angebaut, das Grundnahrungsmittel der seßhaften Bewohner. In diesem Jahrhundert werden jedoch die besseren Böden in den feuchten Regionen zunehmend für den Anbau von **cash crops** genutzt. Diese Produkte dienen nicht der Selbstversorgung, sondern werden auf dem Weltmarkt verkauft – im Sahel sind es Baumwolle und Erdnüsse. Erdnüsse brauchen gute Böden, um erfolgreich angebaut zu werden. Noch höhere Ansprüche an Böden und Klima stellt die Baumwolle, die zudem besonders anfällig für Krankheiten ist. Aus diesem Grund wird ein Feld nur alle zwei Jahre mit Baumwolle bestellt; Hirse wird dann als Zwischenkultur angebaut.

Mit dem Anbau von cash crops können die Bauern mehr Geld verdienen als mit dem Hirseanbau. Deshalb sind heute die besten Böden für die Hirse verloren. Um sie dennoch anbauen zu können, wurde die Ackerbaugrenze um 300 km nach Norden ausgedehnt und in die traditionellen Nomadengebiete hinein verschoben.

Die Nomaden verloren damit ihre letzten Gebiete, in die sie vorher in Dürrezeiten ausweichen konnten. So sind die jetzt größeren Stämme mit ihren größeren Herden in den ungünstigen Nordsahel abgedrängt worden. Ihre Lebensbedingungen haben sich verschlechtert.

1. Übertrage die Sahelzone auf eine Europakarte (Atlas). Erläutere das Ergebnis.

2. Beschreibe das Klima der Sahelzone und vergleiche mit den Bedingungen bei uns.

3. Beschreibe die traditionelle Lebensweise der Nomaden.

4. Wie haben sich die Lebensbedingungen der Nomaden verändert? Nenne die Ursachen.

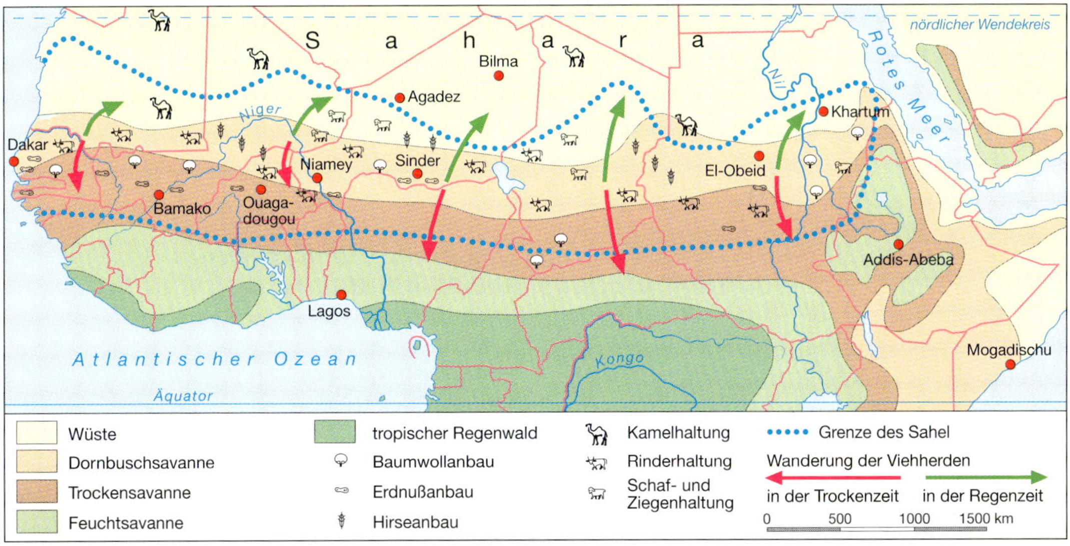

111.1 Die Sahelzone

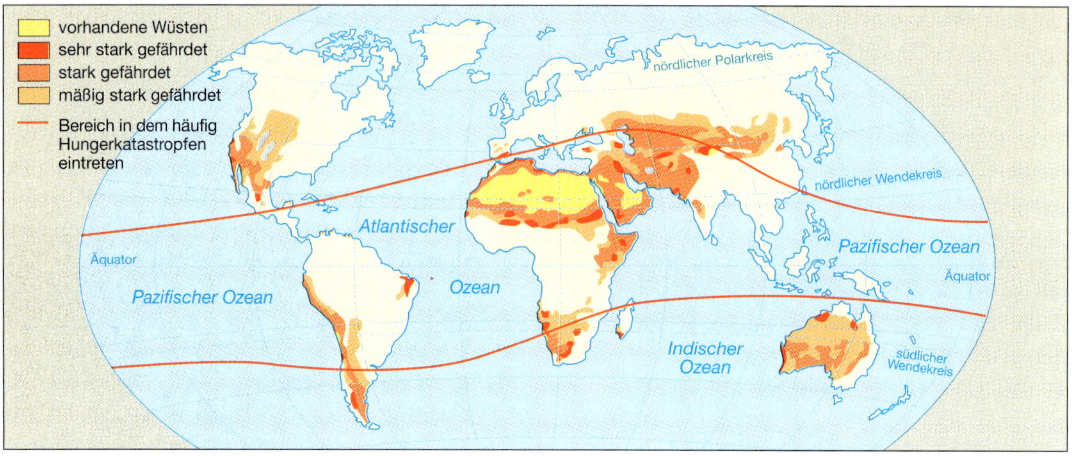

112.1 Ausbreitung der Wüsten

2. Dürre und Desertifikation

Die Sahelzone ist Teil des erdumspannenden Hungergebietes, das man auch als **Hungergürtel** bezeichnet. Sie wird immer wieder von langanhaltenden Dürren heimgesucht.

Zwischen 1910 und 1917 geschah dies im Sahel schon einmal. Europa stand kurz vor dem Ausbruch des Ersten Weltkriegs. Die Menschen hier nahmen die Hungersnot im Sahel kaum wahr.

1973 berichteten die Medien von einer neuen Dürre. Seit 1970 hatte es kaum oder gar nicht mehr geregnet. Riesige Viehherden konzentrierten sich um die Tiefbrunnen, die aber immer noch Wasser spendeten. Bald war deren Umgebung völlig abgeweidet oder von Tausenden von Viehhufen zertrampelt, so daß es kein Futter mehr gab. Zu spät hatten die Nomaden die Gefahr erkannt. Dann begann das große Sterben der Herden.

Mit den Herden starben auch die Menschen. Täglich waren es Tausende, insbesondere Alte und Kinder. Trotz der bald anlaufenden massiven Lebensmittelhilfe der Industriestaaten konnte das Elend nicht verhindert werden. Wahrscheinlich hungerten 1973 mehr als 20 Millionen Menschen in der Sahelzone!

1982 – die Region hatte sich noch nicht wieder erholt – brach die nächste Dürrekatastrophe über das Land herein.

Viele Viehzüchter haben nach dem Sterben ihrer Tiere ihre Existenz verloren. Sie konnten ihre frühere Lebensweise nicht wieder aufnehmen, weil sie nicht über Geldreserven verfügen. Die Herden waren ihr ganzer Besitz.

Dürren treten in allen **ariden** und **semiariden** Gebieten der Erde in unregelmäßigen Abständen auf. Sie verwandeln die betroffenen Gebiete zeitweilig in einen wüstenähnlichen Zustand. Nach den Dürren stellt sich in Naturräumen jedoch nach kurzer Zeit wieder der alte Zustand ein: Die Vegetation erholt sich, die Pflanzengemeinschaft wird allmählich wieder die gleiche wie vorher, und bald erinnert nichts mehr an die Dürre.

Ganz anders war dies im Sahel nach den beiden letzten Dürren: Große Gebiete, die vorher noch die für diese Landschaft typische Vegetation gehabt hatten, erholten sich nicht wieder und blieben kahl, Bäume starben ab, und neue wuchsen nicht mehr. Manche Hirsefelder blieben unfruchtbar – das Land hatte sich in eine Wüste verwandelt. Das Land war vor allem in denjenigen Bereichen unumkehrbar zur Wüste geworden, wo der Mensch die Natur durch falsche oder unangepaßte Nutzung nachhaltig gestört hatte. Man nennt diesen Vorgang Desertifikation (engl. desert = Wüste).

Folgenreiche Eingriffe in den Naturhaushalt

Überstockung: Die Herden waren vor der Dürre zu groß, weil es viele Jahre lang überdurchschnittlich feucht gewesen war. Als mit der Dürre das Futter knapp wurde, fraßen die Tiere auch den spärlichsten Bewuchs. Die Pflanzen konnten sich nicht mehr vermehren. Der nackte Boden war der Abtragung (Erosion) durch Wind schutzlos ausgesetzt. Er wurde vielfach bis auf den steinharten Untergrund abgetragen.

Wanderfeldbau (shifting cultivation): Dabei wird die Vegetation für den Anbau von Hirse entfernt (abgebrannt) und der Boden ohne Düngerzufuhr in 2 bis 5 Jahren bis zu seiner Erschöpfung ausgenutzt. Danach wird ein neues Feld angelegt. Da die Vegetation fehlt, wird seine Bodenkrume vom Wind abgetragen. Bevor er sich erholt hat, wird die Bodenkrume durch Erosion abgetragen.

Anbau von **cash crops:** Sie können nur auf den besseren Böden angebaut werden. Deshalb wird die zur Eigenversorgung nötige Hirse auf den schlechteren und nach der Ernte erosionsanfälligen Sandböden angebaut. Cash crops tragen deshalb indirekt zur Verschlechterung (Degradation) der Böden bei.

Brennholzeinschlag: Holz ist im Sahel zum Kochen, für den Hausbau und zum Einzäunen der Tiere unverzichtbar. Eine Person benötigt im Jahr etwa 1,3 m^3 Holz. Ein Dorf von 500 Einwohnern entwaldet so jährlich 25 bis 30 ha. Die nun fehlende Beschattung fördert das Austrocknen des Bodens und die Anfälligkeit für die Erosion. Während der Dürre wurde die Holzvernichtung dadurch beschleunigt, daß die noch grünen Äste und Zweige abgeschlagen wurden und als Viehfutter dienten.

Gegenmaßnahmen

Damit die Desertifikation gestoppt wird, sind u.a. folgende Maßnahmen erforderlich:

- **Erosionsschutz** durch Verkleinerung der Herden, Dezentralisierung der Brunnen, Aufforstung und Schutz der Bäume, Hangverbauung, Rücknahme der Ackerbaugrenze um mindestens 100 km, um Abspülungen zu verhindern;
- **Intensivierung** des Ackerbaus durch Bewässerung, Düngung und Pflanzenschutz;
- Einrichtung von **Vermarktungsmöglichkeiten** für zahlreiche landwirtschaftliche Produkte.

5. Warum wanderten die Nomaden zu Beginn der Dürre nicht frühzeitig in feuchtere Gebiete im Süden? Nenne mindestens zwei Gründe.

6. Welche Bedeutung hat Katastrophenhilfe, wo sind ihre Grenzen?

7. Welche Existenzmöglichkeiten hat ein Nomade, der keine Herde mehr besitzt?

8. Erläutere den Vorgang der Desertifikation.

9. Nenne Möglichkeiten, die Desertifikation zu bekämpfen.

113.1 Holzverkauf

113.2 Zerstörte Vegetation

113.3 Hangverbauung gegen Abspülung

Schatten über dem

Kalifornien war früher dünn besiedelt und konnte seine wenigen Bewohner kaum ernähren. 1930 wohnten erst 5,7 Mio Menschen in diesem Staat, aber 1995 hatte er fast 30 Mio Einwohner. Damit ist Kalifornien der bevölkerungsreichste Staat der USA – und die Bevölkerung wächst weiter.

Kalifornien liegt im Übergangsbereich zwischen der subtropischen Trockenzone im Süden und Südosten sowie dem feuchten gemäßigten Klima im Norden. Der größte Teil gehört jedoch zum **subtropischen Winterregengebiet.** Das Klima ähnelt sehr dem **Mittelmeerklima** mit heißen, trockenen Sommern und kühleren, feuchten Wintern. Auch die Vegetation (Hartlaubgewächse) ist ähnlich.

Zwischen der Küstenkette im Westen und der Sierra Nevada im Osten liegt das **Kalifornische Längstal.** Es ist durchschnittlich 65 km breit und ca. 650 km lang.

Wenn Kalifornien im Winter in den Bereich der feuchten Westwindzone gelangt, fallen die meisten Niederschläge als **Steigungsregen** an der Küstenkette im Westen sowie in der noch höheren Sierra Nevada.

Das Kalifornische Längstal liegt dagegen im **Regenschatten** der Küstenkette und ist mit weniger als 300 mm Niederschlägen pro Jahr (Fresno: 285 mm sehr trocken). Ackerbau ist ohne Bewässerung unter diesen Bedingungen kaum möglich.

114.1 Pazifikküste bei Monterey

114.2 Kalifornisches Längstal

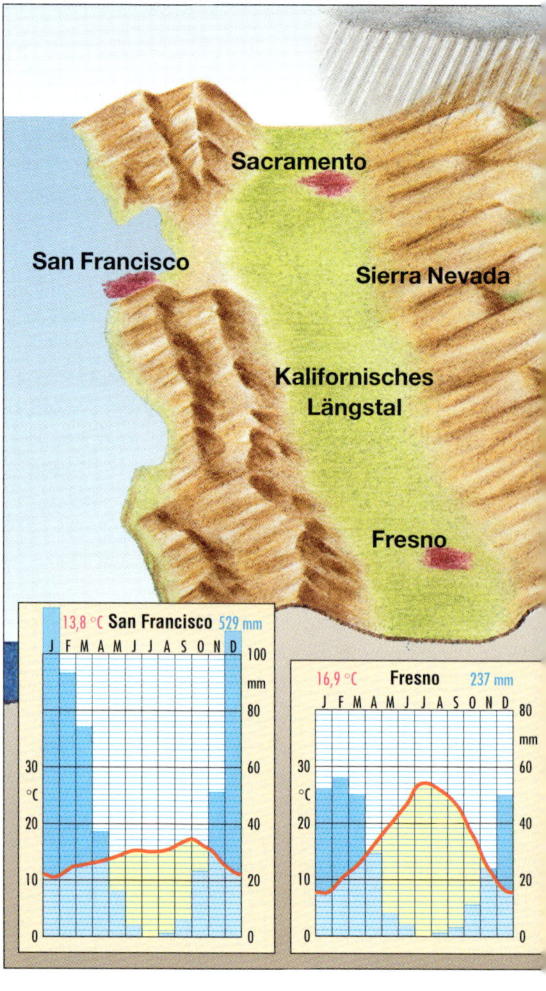

Sonnenstaat Kalifornien

Heute werden im Kalifornischen Längstal Obst und Gemüse angebaut, und man erzielt die höchsten Erträge der USA. Dies ist allerdings nur möglich, weil man die hohen Niederschläge der Gebirgsketten beiderseits des Tales in zahlreichen Talsperren abfängt und mit Hilfe eines Leitungssystems zur **Bewässerung** auf die Felder im Tal leitet.

Es gibt auf der Erde kaum einen Raum, in dem die Landwirtschaft alle Gunstfaktoren in gleicher Weise vorfindet wie im Kalifornischen Längstal: ebene Flächen, Wärme und Licht im Überfluß und Wasser in erreichbarer Nähe, dazu als riesiger Absatzmarkt die zahlreichen Großstädte sowie die Metropolen Los Angeles und San Francisco.

Die **Sierra Nevada** ist so hoch, daß ihre Gipfel trotz der südlichen Lage bis in das Frühjahr hinein mit Schnee bedeckt sind. Die Feuchtigkeit, die sich in der Küstenkette noch nicht abgeregnet hat, kommt mit den landeinwärts ziehenden Wolken schließlich hier zum Niederschlag.

Im Regenschatten östlich der Sierra Nevada ist es so trocken, daß sich Wüsten ausgebildet haben, z. B. die **Mojave-Wüste** im Südosten mit dem berüchtigten Death Valley. Hier kann es extrem heiß und trocken werden. Das Tal des Todes weist eine weitere Besonderheit auf: Es liegt 89 m unter dem Meeresspiegel.

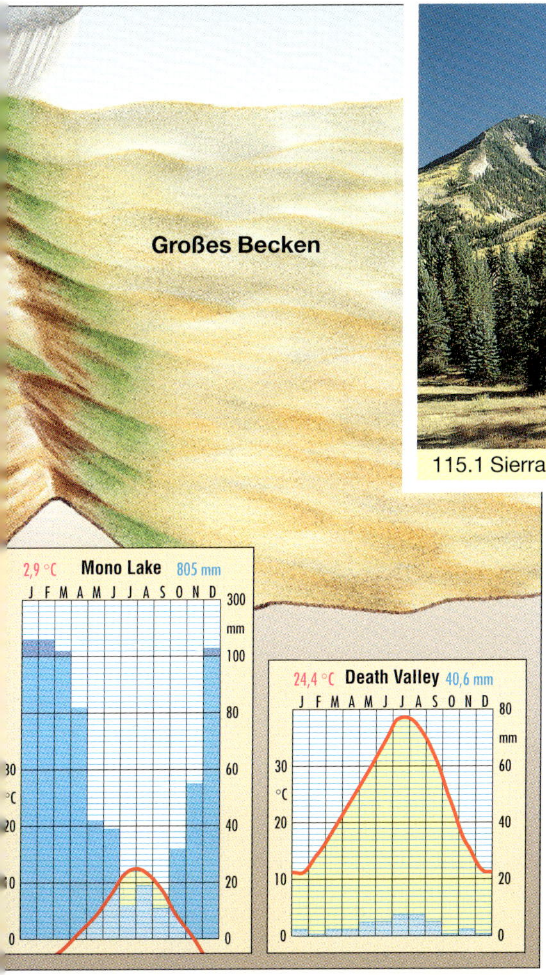

115.1 Sierra Nevada

115.2 Death Valley

M7 Klimadaten und Wasserversorgung

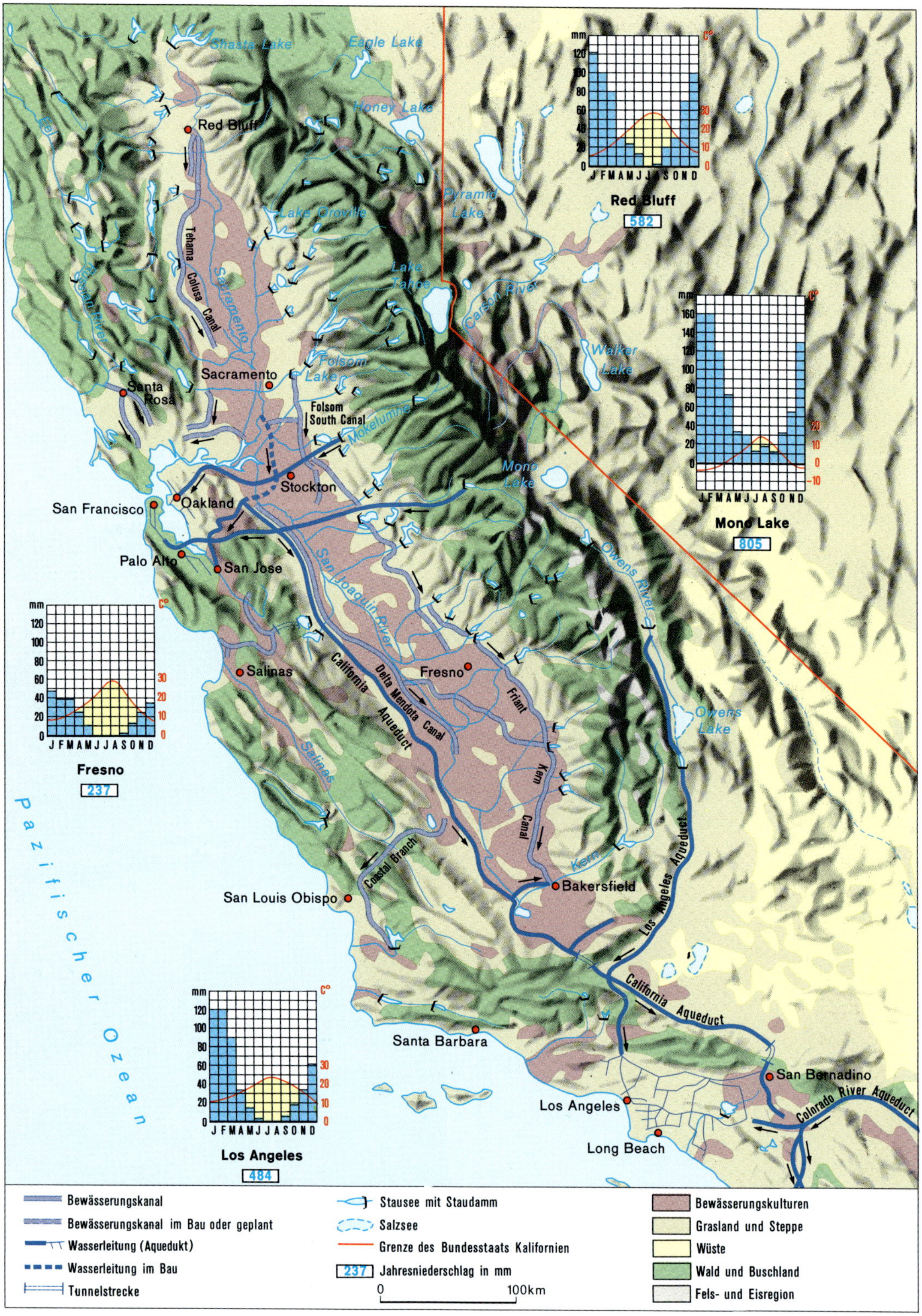

116.1 Das Wasserversorgungssystem in Kalifornien

1. Intensive Landwirtschaft durch Bewässerung

Seit man die Natur mit einem aufwendigen Bewässerungssystem überlistet hat (Karte S. 108), ist das Kalifornische Längstal der größte Garten der Welt. Das Wasser aus den Stauseen wird über ein dichtes Netz von Kanälen zu den Feldern geleitet. Das Wasser des Sacramento wird gleich mehrfach genutzt: Gewaltige Turbinen pumpen es kurz vor der Mündung in 30 m höher gelegene Kanäle. In ihnen gelangt es bis Südkalifornien, wird zu Bewässerungszwecken über das Land verteilt und fließt schließlich über den San Joaquin ins Meer.

In Kalifornien wächst heute nahezu jede Kulturpflanze der Welt. Es kann mehrfach im Jahr geerntet werden. Je nach Klima- und Bodenverhältnissen haben sich verschiedene Anbauzentren herausgebildet: im Norden riesige Weizenfelder, im Süden Plantagen mit Orangen, Zitronen und Pampelmusen. Obst, Gemüse und Wein wachsen fast überall.

Die Farmen sind sehr groß (rund 185 ha) und weisen eine starke **Mechanisierung** auf. Obst, Tomaten, Wein und sogar Salat werden maschinell geerntet. Alles ist auf die Erfordernisse der maschinellen Bearbeitung ausgerichtet: Die Abstände zwischen den Beeten und Bäumen sind groß, spezielle Pflanzenzüchtungen sollen den Maschineneinsatz erleichtern (z. B. „eckige", hartschalige Tomaten). Beim Reisanbau werden Aussaat und Düngung vom Flugzeug aus durchgeführt.

Es gibt einige **Megafarmen** mit über 1000 ha Land. Sie gehören weltbekannten Firmen wie Coca Cola, Unilever oder Standard Oil. Man nennt sie **Agrarfabriken,** denn sie werden wie Industriebetriebe geführt. Es zählt nur der Gewinn. Anbau, Verarbeitung und Vermarktung liegen in einer Hand, und die Vermarktung der Produkte geschieht weltweit (z. B. Sunkist, Del Monte). Man spricht von Agrarindustrie.

Aus Kostengründen beschäftigen diese Farmen kaum eigene Arbeiter; die wichtigsten Arbeiten werden von Fremdfirmen durchgeführt.

Eine große Rolle spielen die etwa 100 000 Wanderarbeiter. Meist sind sie mexikanischer Herkunft. Man nennt sie „Chicanos". Sie ziehen im Wohnmobil der Ernte nach: Von Dezember bis April ernten sie z. B. Gemüse im Imperial Valley, im Mai pflücken sie Erdbeeren im mittleren Tal, und im Herbst lesen sie Wein im Norden.

117.1 Salaternte

117.2 Traubenernte

Neben den billigen Wanderarbeitern gibt es auch noch die illegal nach Kalifornien eingereisten Mexikaner. Immer davon bedroht, von der Polizei aufgegriffen und wieder über die Grenze abgeschoben zu werden, arbeiten sie für noch niedrigere Löhne. Sie gefährden damit die Existenz der Wanderarbeiter. Diese versuchen, durch Streiks höhere Löhne zu bekommen. Aber meistens ist nur ein verstärkter Einsatz von Maschinen die Folge.

1. Beschreibe das Klima Kaliforniens (Profil auf S. 114/115, Klimadiagramme).
2. Beschreibe und erläutere das Bewässerungssystem im Kalifornischen Längstal.
3. Erläutere die Erntemethoden.
4. Welcher Unterschied besteht zwischen Farmen und Agrarfabriken?
5. Erläutere die Rolle und die soziale Situation der Wanderarbeiter.

118.1 Bewässerung im Salinas-Tal

118.2 Bewässerung im Baumwollfeld

2. Wasser für Kaliforniens heißen Süden

Während ein Nomade in der Sahelzone am Tag bestenfalls 6 Liter Wasser zur Verfügung hat, verbraucht jeder Deutsche in seinem privaten Bereich 143 Liter (vgl. S. 76). Rechnet man den Bedarf von Industrie und öffentlichen Einrichtungen hinzu, so benötigt er täglich 320 Liter. In den USA sind es pro Kopf fast dreimal so viel (900 Liter). In Kalifornien aber sind es 6300 Liter! 82 % davon verbraucht die Landwirtschaft.

Etwa 180 Stauseen in der Sierra Nevada speichern die Niederschläge des Winters und stillen den unersättlichen Durst des Landes. Es ist ein Problem, daß 70 % der natürlichen Wasserzufuhr aus Niederschlägen oder Flüssen im Norden stammen und nur 30 % aus dem Süden, denn beim Verbrauch ist es umgekehrt: 80 % des Wassers benötigt der Süden und nur 20 % der Norden. Das Wasser muß deshalb über ein riesiges System von Aquädukten, Pumpwerken und Kanälen von mehreren Tausend Kilometern Länge zu den Abnehmern gebracht werden (Karte S. 116).

In den Dürrejahren 1975 – 77 und 1987 – 89 reichten die natürlichen Vorkommen nicht mehr aus, und es mußte verstärkt Wasser aus Tiefbrunnen dazugewonnen werden. Dies aber führte zu Grundwasserabsenkungen.

Neue Schwierigkeiten kommen in letzter Zeit hinzu: Mexiko und der Bundesstaat Arizona wollen nicht mehr akzeptieren, daß Kalifornien seinen Wohlstand mit „ihrem" Wasser verdient. Die Nachbarstaaten erheben Anspruch auf ihren Anteil am Wasser des Colorado (vgl. Text S. 117).

... Es ist möglich, die Wasserüberschüsse des regenreichen Oregon nach Kalifornien zu leiten.
Auch die North American Water and Power Alliance (NAWAPA) plant ein gigantisches Projekt. Damit könnten Kaliforniens Wasserprobleme für immer behoben sein: Eine mehrere tausend Kilometer lange Pipeline soll den Yukon in Alaska sowie den Piece River in Kanada anzapfen und Wasser in den kalifornischen Süden leiten.Wegen der gewaltigen Eingriffe in die Natur regen sich gegen diese Pläne Bürgerproteste in Oregon, Washington, British Columbia und Alaska. „Soll aus dem Yukon ein Rinnsal werden?" „Warum sollen die nördlichen Provinzen ihr Wasser für die Verschwendung in der Wüste hergeben?" *(Aus einem Zeitungsbericht)*

Bewässerungsgebiete in ariden Zonen sind immer von Bodenversalzung bedroht. Im trocken-heißen Klima steigt die Bodenfeuchtigkeit in den feinen Haarrissen (Kapillaren) nach oben und verdunstet. Dabei lagern sich die mitgeführten Salze ab. Bewässerung im ariden Klima erfordert deshalb immer Entwässerung (Drainage).
In Kalifornien ist ein riesiges Reservoir für Drainagewasser so stark mit giftigen Substanzen (Selen) belastet, daß das Drainagewasser nicht mehr abgeleitet werden darf. Damit ist die Agrarproduktion in dem betroffenen Gebiet gefährdet. *(Aus einer Fachzeitschrift)*

6. Erkläre und bewerte den hohen Wasserverbrauch Kaliforniens.

7. Nenne Probleme der Wasserversorgung in Kalifornien. Erläutere.

8. Welche Umweltprobleme sind heute zu erkennen? Erläutere die Gedanken der Kritiker.

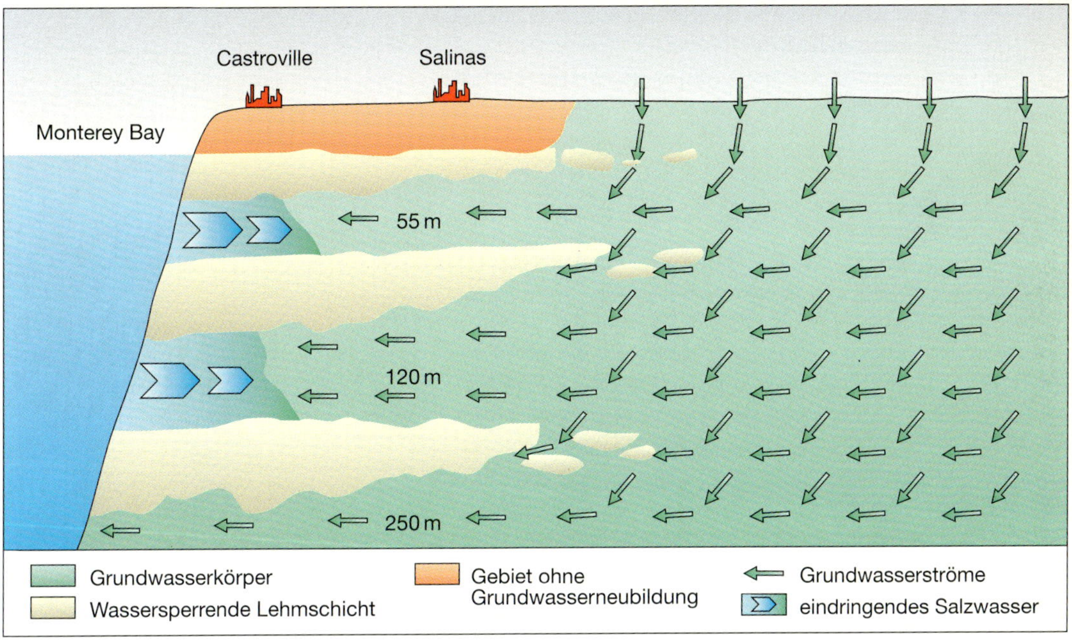

119.1 Grundwasser- und Salzwasserbewegung im Salinas-Tal

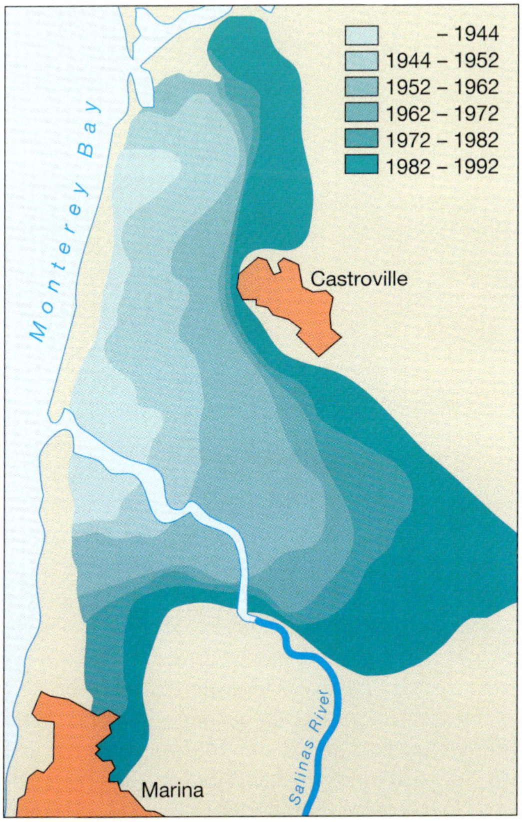

119.2 Eindringen des Salzwassers

3. Grundwasserprobleme im Salinas-Tal

Noch vor 70 Jahren sprudelte an der Küste der Monterey Bay Süßwasser in solchen Mengen empor, daß Schiffe ihren Trinkwasserbedarf direkt aus dem Meer decken konnten.

Dank intensiver Bewässerung ist das Salinas-Tal eines der wichtigsten Gemüseanbaugebiete Kaliforniens geworden. Allerdings wird dafür Grundwasser genutzt, weil es keine Fernversorgung gibt. Es wird mehr verbraucht als nachströmt. Schon vor 50 Jahren war dies bekannt: Die Übernutzung betrug damals etwa 30 Mio m^3/Jahr. In den folgenden Jahren stieg dieser Wert auf 55 Mio m^3. Während der Dürre von 1987 bis 1992 fehlte Oberflächenwasser. Man entnahm deshalb verstärkt Grundwasser. In den Grundwasserkörpern sank der Wasserdruck, und dies führte zum verstärkten Eindringen des Meereswassers in die Grundwasserkörper. Es hat jetzt fast das Trinkwassereinzugsgebiet der Stadt Salinas erreicht. Inzwischen ist nicht nur die Landwirtschaft beeinträchtigt. In Zukunft ist auch die Trinkwasserversorgung der Bevölkerung in Gefahr.

9. Erläutere die Veränderung der Wasserströme anhand der Abbildungen 119.1 und 119.2.

Überblick:
Unser Lebensraum verändert sich

120.1 Berliner Straßenszene (Gemälde von 1863)

Hugo Wauer, ein Zeitzeug berichtet 1907 aus Berlin

„Wer nicht bis vor die Einrichtung der Kanalisation (um 1860) zurückdenken kann, der kann sich gar keine Vorstellung von Berlin um 1835 machen.

Die Leipziger Straße war auch damals schon eine der vornehmsten Straßen Berlins. Das Haus Nr. 128 gehörte einem Schlächter, der, wie damals alle Schlächter, in seinem Hause schlachtete. Dann lief wöchentlich mehrere Male das Abwasser durch des Hauses Abflußkanal an den Straßenrinnstein, in dem es dampfend nach beiden Seiten abfloß und sich erst nach 15 – 20 m im Schmutz des Rinnsteins verlief. Im Winter blieb die ganze Schmutzerei liegen, bis Schnee und Eis weggetaut waren! Wie es in der vornehmen Leipziger Straße war, so war es auch in allen anderen Straßen. In allen Straßen trennte auf jeder Seite ein tiefer, stets mit dickflüssigem und meistens stinkendem Schmutz angefüllter Rinnstein den Bürgersteig vom Fahrdamm. Auf jedem Hof mußte ein Brunnen und eine Senkgrube für Abwässer und Exkremente vorhanden sein. Die Anlagen waren aber fast überall so verständnisinnig einge-

121.1 Müllentsorgung

richtet, daß die ausgegossenen Abwässer nicht in die Senkgrube liefen, sondern durch den Abflußkanal. Bedeckt mit starken Bohlen, zog sich dieser in der Mitte eines jeden Hausflurs und unter dem Bürgersteig hin. Die Abwässer ergossen sich dann in den Rinnstein und zwar unter der ebenfalls aus starken Bohlen bestehenden „Brücke". Sie führte in einer Länge von etwa 4 m vor jeder Hauseinfahrt vom Bürgersteig bis zum 20 – 40 cm tiefer liegenden Fahrdamm.

Alles Trink-, Wasch- und Wirtschaftswasser mußte vom Hof-, oder sogar von einem Straßenbrunnen geholt, jeder mit Abgang gefüllte Eimer nach dem Hof hinuntergetragen werden. Tatsächlich eine schwere, bittere, menschenunwürdige Arbeit! Ich habe die armen Dienstmädchen immer herzlich bedauert. Aber sie wußten sich einigermaßen schadlos zu halten, denn unten, wo sich bei jedem Gange mindestens zwei trafen, wurde geklatscht, daß die Zeit mit Windeseile dahinflog."

(nach W. Pöls: Deutsche Sozialgeschichte, München 1988, S. 16)

1. In Deutschland leben heute 9 von 10 Menschen in Städten. Ermittle aus den Berichten des 19. Jahrhunderts und den Bildern Veränderungen der Lebensbedingungen.

2. Heute sind wir es gewöhnt, daß aus der Wasserleitung sauberes Trinkwasser kommt und Abwässer in der Kanalisation abgeleitet werden, um Krankheiten zu vermeiden. Erkundet, wie in eurer Gemeinde beides geregelt wird.

3. Geben die Mainzer Hausfrauen ein Beispiel für die Vermeidung unserer heutigen Müllberge?

Mainzer Metzgergewerbe vor 100 Jahren

Die Verkaufsräume der Metzger waren in der denkbar einfachsten Form zum größten Teil in Hauseingängen eingerichtet. Um 10 Uhr morgens war der Verkauf vollendet. Dann wurde das Fleisch in den Keller geräumt. Gewöhnlich hingen in den Morgenstunden an den Türpfosten die Hinterviertel oder ganzes Kleinvieh. Um 1850 waren Schaufenster in Geschäften eine seltene Errungenschaft. Noch Anfang der 60er Jahre holten die Hausfrauen im allgemeinen das Fleisch von den Nachbarmetzgern auf einem Porzellanteller ohne zugedeckt heim. Es lag darin etwas so ganz Selbstverständliches, auch ein gewisser Stolz, man prangte förmlich als Hausfrau. Fleisch in Papier zu wickeln, hielt man damals für unappetitlich, daran man sich allmählich erst später gewöhnte.

(nach W. Pöls (Hrsg.): Deutsche Sozialgeschichte 1815 – 1870, München 1988, S. 68)

121.2 Lebensmittel-Abteilung im Kaufhaus

122.1 Naturlandschaft

Veränderung der Naturlandschaft

Unberührte Naturlandschaften gibt es kaum noch auf der Erde. Die Menschen formen überall die Landschaft nach ihren Vorstellungen und Bedürfnissen zu einer **Kulturlandschaft** um.

So hatte zum Beispiel in der mittelalterlichen Stadt der Handwerker in seinem Haus sowohl seine Werkstatt mit Verkaufsstelle als auch seine Wohnung. Erst im 19. Jahrhundert wurde es in den Städten üblich, daß Wohnung und Arbeitsplatz in den Fabriken räumlich getrennt lagen. Die Arbeitskräfte mußten dadurch einen längeren Weg zurücklegen. Heute erscheint uns das „Pendeln" zwischen Arbeitsplatz oder Schule und Wohnung selbstverständlich. Dazu kommt, daß wir heute für die Versorgung mit Lebensmitteln und anderen Waren meistens auf den Einkauf in Läden angewiesen sind, die man häufig nicht mehr zu Fuß erreichen kann. Für alle diese Wege brauchen wir Straßen und Verkehrsmittel. Da bisher dafür vor allem das Auto benutzt wird, entstehen besonders in größeren Orten Verkehrsprobleme, die mit Luftverschmutzung, Lärmbelästigung und Staus verbunden sind.

Die Ansprüche an Wohnungen sind gestiegen. Noch vor rund 100 Jahren waren Bäder und Kinderzimmer, ja sogar ein eigenes Bett für jedes Kind, selten. Häufig lag die Toilette hinter dem Haus und mußte von mehreren Familien genutzt werden. Immer mehr Menschen wünschen sich größere Wohnungen, möglichst in einem eigenen Haus mit großem Garten. Das bedeutet, daß sich besonders nach dem Zweiten Weltkrieg die Wohnviertel der Städte weit in das Umland ausdehnten.

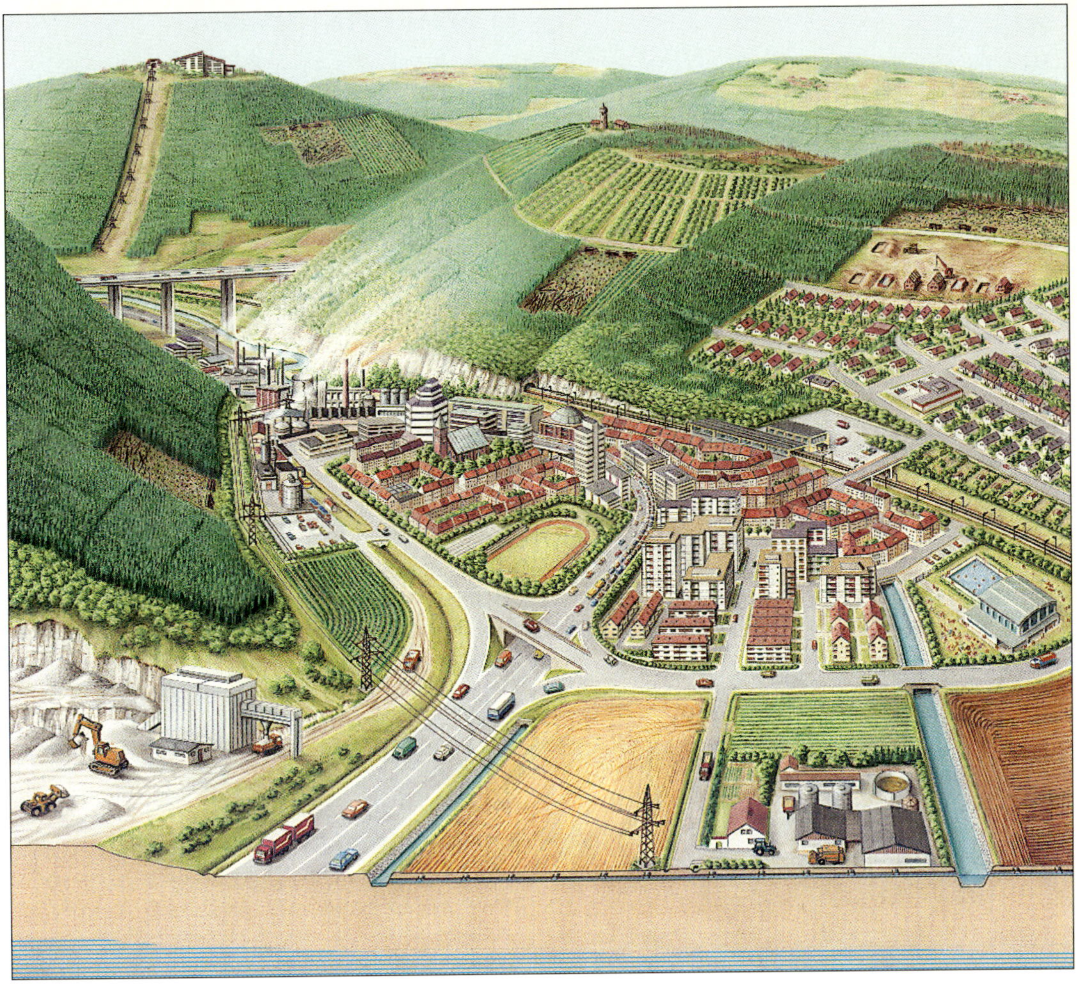

123.1 Kulturlandschaft

In vielen Industriestaaten haben die Menschen mehr Freizeit, unter anderem durch verkürzte Arbeitszeiten. Der Bedarf an Freizeiteinrichtungen wächst. Vor allem in der Nähe von Siedlungen werden daher z. B. Schwimmbäder, Freizeitparks und Sportplätze gebaut. Auch dadurch wird Landschaft umgestaltet. Aber auch außerhalb von Dörfern und Städten kann man heute keine echte Naturlandschaft finden. Bauern haben schon vor Jahrhunderten begonnen, Waldstücke zu roden, um Äcker anzulegen. Das Holz der Wälder diente den Handwerkern als Rohstoff oder wurde als Brennstoff genutzt. Große Waldflächen gingen dadurch verloren. Viele Wälder sind heute Forste. Anders als im natürlichen Wald bestehen sie oft aus nur einer Baumart, die schnell wächst und deren Holz sich gut verkaufen läßt.

4. In den Bildern hat der Zeichner typische Teile der Natur- und Kulturlandschaft zusammengestellt. Beschreibt die beiden Abbildungen. Notiert die wichtigsten Inhalte in Stichworten.

5. Vergleiche die beiden Bilder in bezug auf erkennbare Veränderungen. Stelle in einer Tabelle die wesentlichen Unterschiede der beiden Abbildungen in Stichworten zusammen.

6. Nenne Maßnahmen, die die Natur- zur Kulturlandschaft umformen.

7. Versuche zu erklären, wie unsere Ansprüche die Umwelt verändern.

8. Erkundet in eurem Wohn-/Schulort, welche Landschaftsteile der Bilder dort zu finden sind.

9. Überlegt, wie wir den „Verbrauch an Landschaft" einschränken können. Sammelt Vorschläge dazu.

1. Arbeiten mit Tabellen

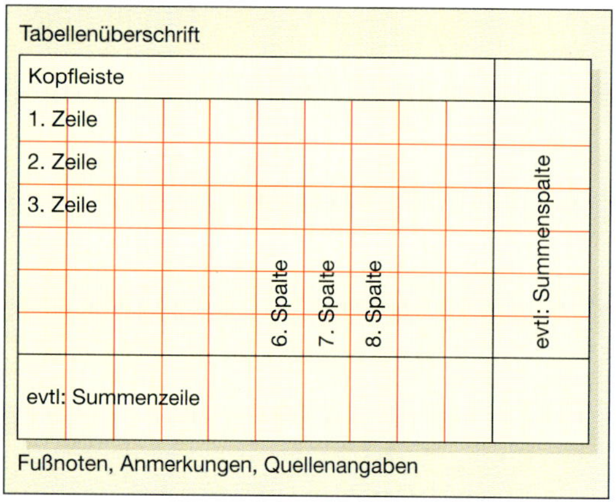

124.1 Aufbau einer Tabelle

	Bevölkerungszahl (Mio)			**0–14jährige** (%)	
	1990	2000	2025	1990	2025
Ägypten	52	62	86	39	24
Brasilien	150	178	237	37	24
Indien	850	1006	1348	37	24
Australien	17	20	23	22	18
Japan	124	128	128	18	15
USA	250	270	307	22	18
Deutschland	79	80	78	16	15

	Nahrungsmittelproduktion (je E.) (1980 = Index 100)			**Warenhandel 1990** (Mrd $)	
	1984	1987	1990	Einfuhr	Ausfuhr
Ägypten	104	106	118	10	3
Brasilien	105	107	115	22	31
Indien	103	109	119	23	18
Australien	98	97	95	39	36
Japan	110	109	101	231	286
USA	102	97	92	515	372
Deutschland*	110	112	112	341	398

	Verteilung des BSP (in %)					
	Landwirtschaft		Industrie		Dienstleistung	
	1965	1990	1965	1990	1965	1990
Ägypten	29	17	27	29	44	54
Brasilien	19	10	33	39	48	51
Indien	44	31	22	29	34	40
Australien	9	4	39	32	52	64
Japan	10	3	44	42	46	55
USA	3	2	38	33	59	65
Deutschland*	4	2	53	39	43	59

**Deutschland (alte Bundesländer)*

124.2 Strukturdaten im Vergleich

Zu einer Tabelle gehören die Tabellenüberschrift sowie Angaben zur Größenordnung, zur Herkunft der Daten (Quellenangabe) und zum Zeitpunkt der Datenerhebung. Die angeführten Daten können durch Messungen, durch Zählungen, durch Befragungen oder durch Erhebungen gewonnen werden. Hierbei kann es sich um **absolute Zahlen** (z. B. Industriebeschäftigte eines Landes) oder um **relative Zahlen** handeln. Letztere geben entweder Prozentwerte an (z. B. Anteil am Welthandel) oder Indexwerte (z. B. Veränderung der Erdölförderung gegenüber einem Ausgangsjahr, dem der Indexwert 100 zugeteilt wird), oder sie setzen verschiedene Zahlen zueinander in Beziehung (Einwohner/km^2).

1. Schritt: Annäherung an den Inhalt

- Wie heißt die Überschrift?
- Welche Zahlenart ist dargestellt (absolut, relativ, Index)? Welche Größenordnung liegt vor?
- Wie ist die Tabelle gegliedert (Kopfleiste, Spalten, Reihen, Zeitraum)?
- Handelt es sich um gerundete, geschätzte, vorläufige oder vorausgesagte Zahlen?

2. Schritt: Beschreibung des Inhaltes

- Welche räumlichen Abgrenzungen liegen vor?
- Welcher Zeitraum wird dargestellt? Werden ggf. verschiedene Zeiträume miteinander verglichen?
- Welche Werte sind welchem Zeitpunkt zugeordnet?
- Welche Daten fallen auf/aus der Reihe?
- Was ist die zentrale Aussage der Tabelle?

3. Schritt: Erläuterung des Inhaltes

- Haben die Einzeldaten einen Zusammenhang?
- Lassen sich Regelhaftigkeiten („Trends“) oder Abweichungen erkennen?
- Welches geographische Vorwissen kannst du anführen, um den Inhalt näher zu erklären?

4. Schritt: Bewertung des Inhaltes

- Sind bei Zahlenreihen die Abstände der Erhebungsjahre gleichmäßig oder unterschiedlich?
- Sind bei relativen Zahlenangaben die absoluten Bezugswerte genannt?
- Reichen die Daten für eine gesicherte Aussage aus, oder benötigst du weitere Informationen?
- Liegt ein Verdacht auf „Zahlenspielerei“ vor?

2. Arbeiten mit Diagrammen

Viele Tabellen werden oft in Diagramme umgesetzt, wodurch die Aussage anschaulicher wird: Zeitliche Entwicklungen fallen sofort ins Auge, Größenverhältnisse kann man sich schneller und besser einprägen, Beziehungen und ihre Zusammenhänge werden „auf einen Blick“ deutlich, mehrere Sachverhalte können gleichzeitig „überblickt“ werden.

1. Schritt: Annäherung an den Inhalt

- Um welche Art Diagramm handelt es sich?
- Welches Thema wird dargestellt?
- Welche Über- oder Unterschrift ist vorhanden?
- Welche Zahlenart wird dargestellt (absolut, relativ, Index, Durchschnittswerte)?
- Handelt es sich um eine Zeitreihe oder um Vergleichsdaten?
- Welche Quellenangaben liegen vor?

2. Schritt: Beschreibung des Inhaltes

- Welche räumlichen Abgrenzungen liegen vor?
- Welcher Zeitraum ist erfaßt worden?
- Welche zeitlichen Entwicklungen kann man ablesen?
- Welche Größenangaben wurden gewählt?
- Was ist die zentrale Aussage des Diagramms?

3. Schritt: Erläuterung des Inhaltes

- Lassen sich zwischen den Einzeldaten Zusammenhänge herstellen?
- Ist ein Vergleich mit anderen geographischen Materialien möglich?
- Werden zur Erklärung zusätzliche Informationen benötigt?
- Welche Gesamtaussage ermöglicht das Diagramm?

4. Schritt: Bewertung des Inhaltes

- Stehen Über- und Unterschriften in sinnvollem Bezug zur optischen Darstellung des Inhaltes?
- Sind bei relativen Zahlenangaben die absoluten Bezugswerte genannt?
- Entspricht die dargestellte Größe der Zahlenwerte ihrer realen Bedeutung?
- Reicht die Darstellung für eine eindeutige Aussage?
- Besteht die Gefahr einer „Manipulation“ durch die Datenauswahl oder durch die Art der Darstellung?

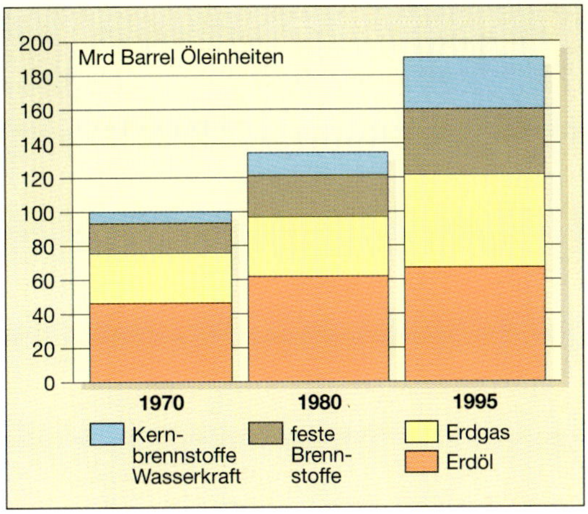

125.1 Weltweiter Energiebedarf 1970 – 1995

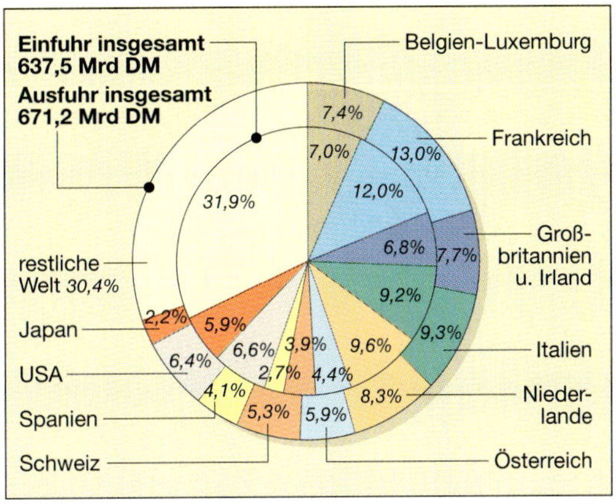

125.2 Ein- und Ausfuhr Deutschlands 1990

Arbeite mit Tabelle 124.2

1. Stelle die Bevölkerungsentwicklung in Form eines Kurvendiagrammes dar. Berücksichtige dabei, daß unterschiedliche Zeitabstände vorliegen!
2. Füge in deine Darstellung den Anteil der 0 bis 14jährigen in Form senkrechter Balkendiagramme hinzu.
3. In welcher Form läßt sich die Entwicklung der Nahrungsmittelproduktion am besten darstellen?
   Verdeutliche bei deiner Darstellung, welches Entwicklungsländer und welches Industriestaaten sind.
4. Stelle die Verteilung des BSP in Form von Kreis- oder Säulendiagrammen dar. Orientiere dich an den Abb. 125.1 und 125.2.

Register

A
Ablagerung 16
Abrasion 80
Absolute Zahlen 124
Abtragung 14
Aggregatzustand 10
Agrarfabriken 117
Atmosphäre 70

B
Bannwald 33
Bergsturz 32f
Bevölkerungsexplosion 91
Bewässerung 102, 105, 115f
Bilharziose 106
Biogas 49
Biomasse 48
Blockheizkraftwerk 48
Bodenversalzung 106, 107
Bohrung 10
Borealer Nadelwald 61
Brandrodung 91
Brennholzeinschlag 113

C
Canyon 15
Cash Crops 111, 113
Chemische Verwitterung 14

D
Dauerfrostboden 61
Delta 16
Deponiegas 48
Desertifikation 112
Diagramm 125
Dornsavanne 63
Drainage 104
Düne 16
Dürre 112

E
Eis- und Schneewüste 61
Eiszeit 70
Endmoräne 15, 22
Endogene Kräfte 14
Energiepflanzen 49
Energieversorgung 51
Energiebedarf 41
Epizentrum 26, 27
Erdachse 55
Erdbeben 26f, 37
Erdkruste 7, 12
Erdwärme 47
Erdwärmeanlage 51
Ergußvulkan 31
Erosion 14, 17
Erosionsschutz 113
Exogene Kräfte 14
Explosivvulkan 31

F
Fernwasser 77
Feuchtsavanne 63
Firn 15
Flachküste 24
Fossiler Rohstoff 41
Frostsprengung 14

G
Geest 20, 80
Gemäßigte Zone 60
Gletscher 22, 23
Gletscherbach 22
Gletscherschramme 15
Gletscherspalte 22
Gletscherzunge 22
Glutball 7
Grundmoräne 15, 22
Grundwasser 76, 119

H
Halbwüste 62
Hallig 80f
Hartlaubwald 62
Hochdruckzone 57
Hochwasser 36

I
Immerfeuchter Wald 62
Innertropische Convergenzzone (ITC) 57
Intensivierung des Anbaus 113, 117

J
Jahreszeit 54f

K
Kaltfront 56
Karren 14
Kautschuk 95f
Kaverne 43
Klärgas 49
Kliff 24
Klimaänderung 70
Klimadiagramm 58
Klimazone 58f, 64
Kollektor 44
Konvektionsströme 12
Kruste 7
Küstenschutz 24, 81
Kulturlandschaft 122

L
Landschaftsgürtel 61f, 65
Laufwasserkraftwerk 43
Lawine 32f
Löß 16

M
Magma 30
Marsch 80
Mechanische Verwitterung 14
Mechanisierung 117
Meeresspiegelanstieg 72
Megafarm 117
Mittelgebirge 88
Mittelmeerklima 114
Moräne 22
Mure 32f

N
Nährgebiet 22
Nationalpark 83
Naturlandschaft 122
Nilschwemme 103
Nomade 110
Nordostpassat 57

O
Ökosystem 91, 98
Ozon 74f
Ozonloch 75

P
Palmöl 95
Passat 57
Planzengesellschaft 61
Photovoltaik 44
Planet 7
Planetarische Zirkulation 56
Plantage 94f
Plattentektonik 12
Polare Zone 60
Polarnacht 55
Polartag 55
Primärenergie 41
Pumpspeicherkraftwerk 43

Q
Quellwasser 76

R
Regenerative Energiequelle 41
Regenschatten 114
Regenwald →
Tropischer Regenwald
Regenzeit 110
relative Zahlen 124

S
Sahelzone 110
Salzsprengung 14
Sander 22
Saurer Regen 84f
Savanne 62
Schalenaufbau 7, 10
Schelfrand 12
Schichtvulkan 31
Schlucht 15
Schneegrenze 22
Schöpfungsmythos 6
Sediment 18
Sedimentation 80
Seismische Messung 10
Seismogramm 10
Seismograph 26
Seitenmoräne 15
Sekundärwald 91
Shifting cultivation →
Wanderfeldbau
Smallholder 96
Solarzelle 44
Sommergrüner Laub- und Mischwald 61
Sonnenenergie 44
Sonnenkraft 44f, 50
Speicherkraftwerk 42
Staudamm 100f, 108
Steigungsregen 114
Steilküste 24
Steppe 62
Subduktionszone 12
Subtropisches Klima 59, 114
Subtropenzone 59
Südostpassat 57

T
Tabelle 124
Tageszeitenklima 55
Taiga 61
Tal 15
Tee 94
Tektonischer Vorgang 12
Thermalwasser 47
Therme 47
Tiefdruckwirbel 56
Tiefdruckzone 57
Tiefenvulkan 31
Treibhauseffekt 72f
Trinkwasser 76f
Trockensavanne 63
Trockenzeit 110
Trogtal 15, 22
Tropenzone 59
Tropischer Regenwald 63, 90f, 98f
Tsunami 29
Tundra 61
Typische Pflanzengesellschaften 61

U
Überstockung 112
Umwandlungsgestein 19
Uratmosphäre 7
Urknall 7
Urkontinent 12
Urmeer 7
Ursonne 7
Urstromtal 22

V
Vermarktung 113
Verwitterung 14
Vulkan 30f

W
Wärmedämmung 51
Wärmekraftwerk 42
Waldschaden 85
Waldsterben 66, 84
Wanderfeldbau 113
Warft 80
Warmfront 56
Wasserkraft 42
Wasserkraftwerk 42f, 50
Wasserkreislauf 78f
Wattenküste 24
Wattenmeer 75
Wendekreiswüste 57
Wetterbeobachtung 68
Wettervorhersage 68
Windkraftanlage 46, 50
Winterfeuchter Hartlaubwald 62
Winterregengebiet 114
Wirbelsturm 34f
Wüste 62

Z
Zehrgebiet 22

Bildquellen:

Archiv für Kunst und Geschichte, Berlin: 120.1
Arnold, Wuppertal: 14.2
Bavaria, Gauting: 16.2 (Binder), 66.1 + 85.1E (Saller), 115.1 (Nägele), 118.1 (Scholz)
Eck, Ammerbuch: 88.3
CDZ-Film, Stuttgart: 68.2
Deutsche Luftbild, Hamburg: 67.2
Deutsche Forschungsanstalt für Luft- und Raumfahrt, Wessling: 100.1
Dietze, Freiburg: 68.1
dpa, Frankfurt a. M.: 26.1a + b, 30.1, 32.1 (Ansa-Foto), 34.1 (Agence France)
Eichler, Heidelberg: 98.1
Fischer, Hamburg: 30.2
Frenzel, Sylt: 24.2a + b
Gehrke, Mahlberg: 14.1
Globisch, Schwarzenbach am Wald: 114.2
Greenpeace, Zürich: 33.1
Günl-Baxmeier, Langen: 90.1a + b, 94.1 + 2, 96.1, 97.3
Hanel, Walter. Frankfurter Allgem. Zeitung v. 1. 2. 94: 36.1
Heuser, Herborn: 5.1, 33.2
Ibrahim, Wunstorf: 101.1a
Jahn, Pürgen: 121.1, 121.1 (E)
Japan. Botschaft, Bonn: 29.1, 37.1
Julius, Vöhl: Titelbild, 4.1 + 2, 40.1 und 3, 40.1u, 40.2o, 40.3u, 40.4o, 42.1, 44.1c, 44.2, 46.1 + 2, 48.1, 81.1a – c, 81.2, 82.2, 88.1, 108.1
Keiser, Wiesbaden: 44.1b
Klohn, Vechta: 117.1 + 2, 118.2
Krensel, Hameln: 104.3
Kurbetriebe Wiesbaden: 47.2
Martin, Wiesbaden: 40.1o, 40.2u, 40.3o, 40.4u, 44.1a, 79.1, 91.1, 114.1, 115.2
Mauritius, Mittenwald: 16.3 (Kiene), 23.1 (Hackenberg), 27.1b (Photri), 97.1 (Cassio)
Müller-Moewes, Königswinter: 37.2
Oberhessische Versorgungsbetriebe AG (OVAG), Friedberg: 45.2
Österreichischer Alpenverein, Innsbruck, aus: ÖAV-Jahrbuch I, 1865, S. 58: 71.1a
Preussen Elektra, Hannover: 43.1
Reichert, Badenweiler: 86.1 (1 + 2), 87.1 (1 – 8), 88.4
Retter, Lienz: 71.1b
Rohmeyer, Ottersberg: 21.1
RWE Energie AG, Essen: 45.3
Schreiber, Vöhl: 105.2
Steenmans, Korschenbroich: 67.1
Steyer-Heidenreich, Simmertal: 17.1 – 4
Taubert, Springe: 40.4, 110.1 + 3, 113.1 – 3
The Image Bank, München: 101.1b (Colliva Giuli)
Verlagsarchiv: 16.1, 40.2, 52 + 53, 61.1, 62.1, 63.1, 121.2
Wetzel, Freiburg: 15.2
Wirtschaftsverband der deutschen Kautschukindustrie, Frankfurt a. M.: 97.2
Wittum, Baden-Baden: 88.2
Wölfel, Tröstau: 19.1
Zefa, Düsseldorf: 15.1 (Schlapfer)
Globus-Grafik: 76.1